品成

阅读经典 品味成长

古罗马帝国的辉煌

THE GRANDEUR OF ANCIENT ROME

第 II 卷　共和蜕变

赵 林 著

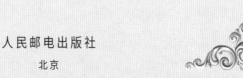

人民邮电出版社

北京

第 II 卷 **共和蜕变**

THE
GRANDEUR OF
ANCIENT
ROME

第 I 章

罗马社会矛盾激化与格拉古兄弟改革

　　公元前 133 年对于罗马共和国来说是一个重要的历史转折点，一方面，随着科林斯、迦太基、努曼提亚的焚毁和帕加马的赠予，罗马人已经分别在东方的希腊和小亚细亚、南方的北非、西方的西班牙站稳了脚跟，无可置疑地显现出地中海霸主的恢宏气概；另一方面，由版图的迅猛扩展而产生的一系列新问题，使罗马共和国传统的政治制度和社会形态面临着前所未遇的巨大挑战，最终引发了罗马从共和制向帝制的转化。

第Ⅰ节

共和政制的危机

老伽图之问

对马其顿、迦太基、西班牙等地的征服意味着罗马对外战争的主要阶段基本结束，外部的强劲对手已经不复存在，但内部的矛盾却开始激化。皮洛士、汉尼拔、腓力五世等危险敌人均已作古，不再对罗马国家构成威胁，然而罗马权贵政治的内部敌人——无论是为民请命的格拉古兄弟，还是野心勃勃的马略、恺撒——却相继崛起，共和国的堡垒正在从内部被攻破。

早在这个重要的历史转折点到来之前，对罗马未来命运忧心忡忡的保守派元老老伽图就提出了一个发人深省的问题，罗马史专家蒙森在《罗马史》第四卷中记载道：

"在数目有限、拥有固定财富而世负政治声望的旧家族执政之处，当危急之秋，他们必显出无可比拟的坚韧和英勇的自我牺牲，而在平静时也必显出无可比拟的眼光短浅、自私自利、怠忽政事——二者都在本质上脱胎于世袭制和同僚制。……伽图的问题：'罗马若不复有足畏的国家，则将成何状态？'实有深长的意义。现在他们已达到这种地步，每个可以使它畏惧的邻国都已在政治上沦胥以亡；而且那些生长于旧制度之下、受过汉尼拔战争的严格锻炼、一息尚存仍发出伟大时代的遗响的人士，已被死神一个又一个地召了去，到后来，其中最末一个老伽图的声音也终至不复闻于元老院和佛罗广场。一辈少年当权，对于那位爱国老人所提出的问题，他们的政策却是个恶劣的答复。……统治阶级唯一的念头便是维持其所篡夺的特权，并且如果可能，把它增大。"

在数百年来节节胜利的过程中，罗马传统的权贵家族和以其为主体的元老院发挥了重要的领导作用，而同僚制和年度制的执政官制度又有效地防止了那些在战争中建立功勋的军事统帅——往往由当年的执政官担任——的个人专权，保证了共和政制的顺利运行。作为共和国政治权力的实际操控者，罗马元老院汇集了一批德高望重的贵族，尤其是出身名门的血统贵族，他们在公共社会中表现出舍我其谁的牺牲精神和以身垂范的担当意识，兼具虔诚的宗教信仰和高尚的道德品行。正是在这些有情怀、有信念的权贵人士的领导之下，罗马人才能在面对强敌时坚忍不拔、勇往直前，取得了一次又一次的伟大胜利，创建了"条条大道通罗马"的强大帝国。然而，随着版图的扩大，强敌的灭亡，大量战利品和海外财富流入罗马，共和国的领导阶层就开始在荣誉和财富的侵蚀下走向酥软和腐败，逐渐丧失了父辈的崇高品性。胜利和强权就像一把双刃剑，它既增强了光荣和自信，也激发了骄矜和慵惰。

作为共和国中期最后一批有忧患意识和自律精神的罗马元老之一，老伽图不仅代表着罗马传统的保守派势力，也一贯自觉地捍卫罗马日益衰落的古典道德价值。他一方面在元老院里大声疾呼"迦太基必须毁灭！"，另一方面也在佛罗广场上极力告诫罗马年轻一代，千万不要被希腊文化的柔靡之风腐蚀。虽然老伽图难免有些泥古不化，甚至冥顽可笑，但是他却在罗马捷报频传之时提出了上述发人深省的问题：失去了强敌的罗马将何去何从？老伽图逝于公元前 149 年，他虽然没有亲眼看到迦太基的毁灭，却对与自己的价值观念迥异但同样具有高尚情怀的后起之秀小西庇阿寄予厚望（老伽图曾引用荷马的诗句赞美小西庇阿："只有他是个活人，其余的都是游魂。"）。三年以后，当不负厚望的小西庇阿攻占并焚毁迦太基城的时候，他面对熊熊燃烧的烈焰也产生了与老伽图相同的忧思。到了公元前 133 年这个历史的转折关头，当罗马人已经消灭了地中海世界的所有强劲对手时，老伽图的问题再一次显示出它的深刻意蕴。

共和政制的时空背景和矛盾变化

与老伽图之问紧密相关的是共和国政治体制的时空背景，这是罗马政坛和人心发生激变的一个重要客观因素。在第 I 卷中我们可以看到，共和政制是在协调罗马内部两大利益集团——贵族与平民——之间权力博弈的动态平衡过程中逐渐建立和完善的。当罗马还只是一个弹丸之地的小城邦，或者尚在实现意大利的统一之时，这种政治体制可以通过不断的立法建设，与时俱进地适应罗马社会的需要，维系共和国的正常运转和发展演进。但是当罗马人快速走出意大利，开创了一个地跨欧亚非三大洲的超级帝国以后，罗马社会就开始面临一系列新问题，而这些新问题绝非适应于单一小国和同盟盟主的共和体制所能解决的。在新的形势之下，原来可以充分发挥领导作用的旧贵族和元老院，由于罗马社会内部矛盾的激化，以及自身才能丧失和品性蜕变等主客观因素的影响，已经无力应对时代的挑战；而一批野心勃勃的政治冒险家则应运而生，利用在加速的贫富分化中怨声载道的下层民众的支持，借重手中掌握的军队，逐渐取代了元老院的领导地位，共和国的政治体制因此而危机四伏，摇摇欲坠。

在罗马共和国的早中期阶段，贵族和平民这两种政治势力的权力博弈构成了共和政制发展演进的主要内容，罗马的许多立法都是为了协调这二者之间的平衡关系，通过化解双方的利益冲突而实现二者携手共进、一致对外的国家发展目标。但是到了公元前 2 世纪下半叶，随着罗马版图的迅猛扩展，一些新的矛盾开始出现，而以往的旧矛盾也日益激化。这些矛盾概括而言表现在三个方面：

第一，由于罗马内部财富分化而日益加剧的穷人与富人之间的矛盾。这种经济矛盾与此前平民与贵族的政治矛盾叠加在一起，导致了尖锐的阶级斗争，激化了罗马社会的动荡。

第二，对外战争致使大量战俘沦为奴隶，从而使罗马社会内部产生了奴隶与奴隶主之间的矛盾。这最终激起了奴隶起义，酿成了一种特殊性质的内战。

第三，意大利各族群对于罗马盟主的反抗。他们由于不能享受应有的罗马公民权，因而要求摆脱罗马人的统治，建立自由独立的国家，这种族群矛盾导致了同盟战争的爆发，对罗马社会造成了严重的冲击。

自耕农沦为无产者

罗马人在最初的扩张中，对待意大利的战败者是非常宽容的。对于意大利中部的拉丁族群，罗马人不仅不加以奴役，还给予他们部分的罗马公民权，大家一起并肩战斗，利益均沾。对于拉丁族之外的意大利各部族的战败者，罗马人同样比较宽大，只要对方不进行殊死抵抗，罗马人总是会网开一面的。虽然这些意大利人不能像拉丁人那样享受罗马公民权，但是也会被罗马人赋予自治的权利，并且罗马人不对之进行奴役。然而，一旦罗马人走出意大利之后，情况就完全不同了，战败者往往会沦为奴隶，丧失一切权利。罗马人在向地中海世界扩张的过程中，除了对待希腊人比较宽厚之外（毕竟罗马人一向仰慕希腊文化的风采），对于其他被征服的民族却格外严苛，如西班牙人、高卢人，尤其是迦太基人，一旦战败就沦为牛马不如的奴隶，被贩运到罗马从事繁重的体力劳动，或者被训练成角斗士供罗马人取乐。因此，罗马人通过扩张战争不仅获得了大量的战利品和财富，而且将被征服地区的战俘和人民掳为奴隶，让其成为罗马农业生产和家政服务的廉价劳动力。

这种特殊战利品——奴隶——的大量流入，一方面为罗马的农业，尤其是大土地经营提供了充足的劳动力，另一方面也极大地破坏了罗马传统的经济结构，酿成了严重的社会问题：作为社会基础的自耕农流离失所，沦落为城市无产者。

从前，以农业立国的罗马共和国一直以自耕农经营为经济结构的主体，除了依附大贵族的门客之外，绝大多数罗马自由民都是自耕农。他们平时以耕作为生，自食其力；战时则应征入伍，为国效劳。一旦战争结束，刀枪入库，罗马战士们就重新回到田地中继续耕耘。然而，随着大量奴隶的涌入，有钱有势的大地主开始运用奴隶来进行农业生产，大土地经营的效率远远高于自耕农的劳作。更加重要的是，以往的战争都是在意大利境内发生，小规模的战斗往往在十天半个月之内就能结束，因而罗马人可以作战耕田两不误。但是随着战线不断拉长，战争已经推向了遥远的海外，战役的规模也极大地扩展了，一场仗打下来至少需要一年半载，甚至三年五载。如此一来，那些应征入伍的自耕农打完仗回到家乡，土地不仅已经荒芜，而且已经被那些利用奴隶进行劳作的大地主兼并。

这样就造成了大量的自耕农失去土地，流离失所，来到罗马城里，成为无立锥之地的城市贫民，即所谓的"无产者"（指除子女之外一无所有者）。这些无产者涌进罗马城，没有固定的职业和收入，只能靠政府的救济为生。由于他们是自由人，享有充分的罗马公民权，可以参与平民大会来行使政治权利，所以无产者数量的激增不仅致使城市人满为患，而且极大地激化了穷人与富人、平民与贵族之间的阶级矛盾。虽然此时罗马国力强盛，通过战争掠夺了丰富的经济资源，可以给这些寄生于城市的无产者适当的救济，保证他们不至于饿死，但是这些为国奋战的罗马公民现在落得一贫如洗，无处栖身，而那些兼并土地、养尊处优的豪门权贵却恣睢跋扈，声色犬马。两相对照，失去土地的农民们自然会义愤填膺，对整个社会充满了戾气，通过平民大会来宣泄他们心中的怨恨。于是，这种经济上的贫富分化就促使罗马此前两大政治机构——元老院与平民大会——之间的权力斗争更加激烈，最终导致了内战的爆发。

此外，大量的自耕农沦为无产者涌入城市，不仅使罗马的经济结构和政治格局发生了重大的改变，而且也衍生出另一个恶劣后果——兵源衰竭。由于罗马共和国实行兵民一体的公民兵役制度，自耕农不仅是农业经济的基础，同样也构成了罗马军队的主体。随着大量的自耕农沦为无产者，罗马军队的来源就开始面临衰竭的危机。按照罗马法律的规定，无产者不用纳税，通常也是免服兵役的；另外，越来越多的自耕农也不愿意参军打仗，因为打仗对于自己没有任何好处，最后反而会让自己落得贫无立锥之地的下场。因此，在公元前 2 世纪中叶以后的数十年里，罗马兵役的应征人数连年递减，军队的战斗力也持续下降。这些新问题都对共和国的政治体制提出了严峻的挑战，同时也进一步激化了穷人与富人、平民与贵族之间的阶级冲突。

奴隶起义频发

罗马共和国的第二重威胁来自奴隶的反抗，这种新形式的革命在以往的罗马共和国中未曾发生过，因为大规模的役用奴隶是在布匿战争之后才出现的。作为重要战利品的奴隶都是来自异国他乡，这些外邦的战俘和妇孺被贩卖到罗马以后，就被有权势的大地主、大贵族们役使在大庄园中从事农业耕作，在皮鞭的驱策下如同牛马一般从事繁重的体力劳动。在罗马，奴隶是没有任何权利、地位的，任凭主人生杀予夺，过着极其悲惨的苦难生活。而这些奴隶以前都是各国的自由人，有些甚至还是富贵阶层，然而一旦沦为奴隶，就权利尽失，因此奴隶们的心中充满了复仇的怒火。而罗马人最初在获得了大量战俘奴隶以后，不善于管理，他们往往把同一族群的奴隶聚集在一起役使，这样就埋下了隐患。因为这些奴隶彼此语言相通，具有统一的民族意识，所以在奴隶主的残酷压迫以及内心强烈的复仇情绪的作用下，就很容易爆发大规模的奴隶起义。

公元前 137 年，西西里岛爆发了首次奴隶起义。西西里岛是罗马的谷仓，土地肥沃，盛产粮食，一些大地主将大量奴隶运用到此地的农业生产中，获利丰厚。这些奴隶中有许多人来自小亚细亚和西亚，他们中间有一位自称具有通神大能的叙利亚人，名叫优努斯（Eunus，？—公元前 132 年），他宣称自己得到了神灵的感召，以安条克国王的名义自居，得到了一批同乡奴隶的拥戴。于是，优努斯就领导奴隶们揭竿而起，以西西里岛中部的恩那城为中心，发起了罗马历史上第一次大规模奴隶起义。优努斯联合西西里岛西南部阿格里真托的另一支奴隶起义队伍，并且吸引了西西里岛上的许多贫苦农民加入。起义者对富裕的大地主们大开杀戒，掠夺财产，捣毁庄园，其活动很快就演变成为一场血腥的烧杀掳掠暴行。这次起义像烈火一样在整个西西里岛迅速蔓延开来，最后甚至扩展到了意大利本土，参加起义的奴隶和穷苦民众达到了十万之众。罗马共和国在五年的时间里，几度派出军队镇压均遭失败，直到公元前132年，罗马执政官鲁庇利乌斯才最终攻陷了恩那城，平息了这场奴隶起义。优努斯本人战败被俘，后来死于狱中。这场起义虽然被镇压了，但是从此以后奴隶骚乱就像地壳下面的岩浆一样，随时就会喷发而出。

公元前104年，西西里岛又爆发了第二次奴隶起义，分别起事于赫拉克利亚城和利利贝城的两支起义军合兵一处，以叙利亚籍奴隶萨维阿斯为王，攻取了西西里岛的广大地区，参加者达三万人。罗马人同样在屡遭败绩之后，于公元前101年由执政官阿奎利乌斯率重兵剿杀，才弹压了这场起义。

到了公元前73年，意大利本土又爆发了另一次奴隶大起义，即斯巴达克斯领导的角斗士起义。斯巴达克斯出身于希腊北方色雷斯的富贵之家，由于战败被俘，被罗马人送到角斗士训练所学习角斗术，以供罗马人取乐。在训练所里，斯巴达克斯集结了一批角斗士密谋起事，他们个个身强力壮，视死如归，格斗技艺也非常高超。角斗士起义很快就得到了广大奴隶和贫苦农民的支持，义军人数迅猛增加，极盛时期竟达到十二万人之多。斯巴达克斯是一位颇具指挥才能的军事领袖，治军有方，军纪严明，虽攻城略地，却无犯小农的生命财产，不像前两次奴隶起义那样烧杀掳掠。他率领起义军在意大利半岛南征北战，下抵塔兰托湾，上至波河流域，纵横罗马全境，几度重创罗马军队。一时间，斯巴达克斯就如同当年的汉尼拔一样令罗马人闻风丧胆，罗马权贵中竟无人敢于挂帅领军来与之对阵。后来元老院宣布国家进入紧急状态，授以罗马首富克拉苏相当于独裁官的统帅权力。克拉苏倾尽全力来对付起义军，并且得到了另外两位罗马大将卢库鲁斯和庞培的襄助和增援，才在公元前71年镇压了这次奴隶大起义。斯巴达克斯本人在战斗中壮烈牺牲，数以万计的起义奴隶横尸战场，六千名被俘者被钉死在从加普亚到罗马的大道两旁的十字架上。

这几次奴隶起义虽然都被罗马人镇压了，但是罗马共和国却因此元气大伤，显现出焦头烂额、捉襟见肘之窘态。

意大利同盟战争

除了自耕农沦为无产者和奴隶起义之外，第三个新问题就是意大利同盟的权利要求和独立战争。罗马开始向海外扩张以前，首先完成了意大利的统一。虽然罗马人没有像对待海外殖民地的人民那样，对那些被征服的意大利部族进行奴役，而是将其纳入罗马同盟，但是这些表面上与罗马人并肩战斗的意大利同盟国人民，却不能享受罗马公民权。

在意大利，罗马共和国的公民是名副其实的一等公民，他们享有完全的政治、经济权利。而罗马共和国周边的那些最初被兼并的拉丁各族人民，他们与罗马人有着共同的语言、宗教信仰和文化习俗，所以很早就逐渐融合，在财产权、迁居、通婚等方面都享有平等的罗马公民权利，只是不能参与罗马人的公民大会和政治生活。但是除罗马人和拉丁族群之外，意大利中南部地区还分布着许多意大利部族，例如坎帕尼亚人、萨莫奈人等，以及最南端大希腊地区的人民；北边则有伊特鲁里亚人、利古里亚人，还有居住在阿尔卑斯山以南的高卢人。这些人不属于拉丁民族，而是广义的意大利人。当罗马人征服了这些地方的族群之后，依然给予他们比较宽容的待遇，吸纳他们加入罗马同盟。但是这些意大利人却没有任何罗马公民权，充其量只是罗马人的附庸而已。他们虽然享有自治的权利，但在通婚、迁徙、财产转移等方面却受到很多限制，更不能参与罗马的政治活动。

当罗马发动对外战争时，意大利各同盟国被要求为罗马军团配备一定的辅助兵力，战后他们也可以分配到一部分战利品，但是远不如罗马公民所获的那样优厚。意大利同盟国不仅在战利品的分配上受到不公正待遇，而且经常感受到罗马人颐指气使的霸道，因此他们一直对罗马人心存不满，当年汉尼拔正是利用意大利人的这种不满情绪来离间他们与罗马人的同盟关系。与此相应，罗马人也始终对意大利人另眼相待，要求他们为罗马人的海外扩张履行军事义务，却一直不将罗马公民权给予他们。

到了公元前 2 世纪末叶，随着罗马土地兼并的加剧，共和国需要更多的土地来安置那些流离失所的自耕农，于是罗马元老院就把目光投向了意大利同盟国的一些未开垦的荒地，试图将这些土地分配给失去土地的罗马农民。这种做法进一步激起了意大利人的强烈不满，促使他们更加坚定了与罗马人相分离的决心。当时的意大利人和罗马人并没有形成统一的民族意识，他们之间缺乏政治上和文化上的认同感，正是这种隔阂导致了意大利同盟战争的爆发。

在西方历史中，分离主义的倾向一直顽强地存在着，古代意大利的萨莫奈人、西班牙的凯尔特人、巴尔干的希腊人等一直想要摆脱罗马人的统治，就如同今天富裕的加泰罗尼加地区和贫穷的巴斯克地区都要求与西班牙相分离，苏格兰人和北爱尔兰人具有很强烈的脱英倾向，布列塔尼人一直谋求从法国独立出去，巴伐利亚长期与德国格格不入……如果说中国社会自从秦始皇统一六国之后就形成了大一统的基本格局，"合"的趋势构成了历史的主旋律，那么在西方历史中，"分"的势头似乎更加强大。且不论曾经的罗马大帝国最终分崩离析，分解为今天欧亚非三大洲的几十个国家；即使在 20 世纪，也发生了不少"合久必分"的事例，例如一个苏联分解成 15 个独立的国家，一个南斯拉夫分裂为塞尔维亚、克罗地亚、斯洛文尼亚、黑山、波黑、北马其顿以及具有争议的科索沃等国家和地区，统一的捷克斯洛伐克一分为二，等等。由此可见，中西方的历史发展趋势是大相径庭的。

在希腊城邦时代，分离主义就构成了小国寡民的城邦和谐相处的基本原则。到了罗马人通过不断扩张来推行一统天下的帝国政策时，这种分离的趋向仍然具有强大的感召力。当时意大利的一些族群就表现出与罗马人相分离的强烈要求，他们希望从罗马霸主的强权之下获得完全的独立自由。面对意大利人的分离倾向，罗马元老院内部出现了一些绥靖派，他们主张采用比较和缓的政策来安抚意大利人，给予他们部分罗马公民权，提高他们的经济待遇和政治待遇。但是这种温和的改革主张遭到罗马保守派的抵制，这样就使得意大利同盟者与罗马共和国之间的矛盾走向白热化，结果就引发了公元前 91 年至公元前 89 年爆发的意大利同盟战争，即意大利的一些族群联合起来共同对抗罗马，要求彻底摆脱罗马人的统治。

社会贫富分化的加剧和政治冲突的激化

罗马共和国早中期的社会矛盾主要表现为平民向贵族索要政

治权利的斗争，当时平民向贵族争取权利的重要手段就是"脱离运动"。贵族一旦过分地侵害了平民的利益，平民就会选择离开罗马，另建国家。而罗马共和国在创建之初只是弹丸之地，平民一旦撤离，剩下的贵族人口较少，根本无法对外扩张，甚至连保家卫国也做不到。所以面对平民对基本权利的正当要求，共和国早中期的贵族们不断地做出让步，制定了相关的法律，进行了适当的改革。

但是到了公元前 133 年以后，随着罗马对外扩张的主要战争告一段落，罗马共和国内部的社会矛盾也发生了根本性的变化。由于贫富分化的加剧，平民与贵族之间的政治博弈日益演变为弱势群体与强权集团之间的尖锐对立，特别是失去土地而流离失所的无产者与土地财富激剧增长的权贵者之间，形成了一种剑拔弩张、不共戴天的对峙。与此相应，冲突的形式也发生了重大变化，从相对温和的脱离运动和立法斗争演变为暴戾的社会革命和内战杀戮，从而在罗马社会内部造成了严重撕裂和刻骨仇恨，共和国陷入了深重的危机之中。

早在公元前 6 世纪下半叶，王政时期的第六位国王塞尔维乌斯就在人口统计的基础上，把罗马人按照财产资格分为六个等级。第一等级是罗马最富有的贵族，他们的财产在 10 万阿司以上；以下几个等级的财产分别为 7.5 万 ~ 10 万阿司、5 万 ~ 7.5 万阿司、2.5 万 ~ 5 万阿司和 1.25 万 ~ 2.5 万阿司。而财产在 1.25 万阿司以下的人就是所谓的无产者，他们基本上除了子女以外一无所有。

罗马共和国早期也是按照财产资格来划分等级的，并且以此来确定不同等级的权利和义务，等级越高的人享有的政治权利越多，但是需要履行的社会义务也相应较多。比如第一等级和第二等级实际上构成了罗马的权贵阶层，他们有权有势，不管是靠血缘传承的旧贵族，还是靠后天掌握财富而暴发的新贵族，他们在罗马政坛上都具有举足轻重的作用。他们共同组成了元老院，世代承袭着元老的身份，出任执政官等政府官员，控制了重要的政治资源和军队指挥权。与此相应，他们也需要尽更多的社会义务，比如打起仗来，他们组成骑兵和重甲兵，装备精良（武器装备最初都是由参战者自己配置），冲锋在前，因而血溅沙场的概率比较高，当然获取军功的可能性也比较大。正是由于罗马权贵在战场上身先士卒，以自我牺牲的精神给平民树立了良好的榜样，所以罗马军队才能所向披靡，战无不胜。

相比之下，等级越低的人，享受的权利就越少，承担的义务也更少。比如，第三、第四、第五等级，打仗时组成轻甲兵或轻兵，装备和兵器都相对简陋，在战场上发挥的作用相对较小，获取军功的机会也比较少。而等级最低下的无产者，他们由于没有财产，所以通常是免服兵役的，充其量只是从事一些修补道路、吹号打鼓之类的战争辅助工作，完全没有建功立业的可能性。由此可见，在以财产资格为等级划分标准的罗马共和国中，不同等级享受的权利和应尽的义务是成正比的。

在共和国早期，贫富分化并不严重，因此罗马第一等级和第五等级之间的财产差距并不是太大，第一等级的财产资格相当于第五等级的 4 ~ 8 倍。由此可见，当时的贫富差距还是比较有限的，这样的状况持续了很长时间。但是到了公元前 3 世纪中叶以后，随着罗马不断发起对外战争，越来越多的财富资源流入罗马，罗马社会内部的贫富分化现象也逐渐变得严峻起来。

公元前 241 年，罗马共和国在第一次布匿战争结束之后重新进行了人口统计，并且在此基础上，根据 35 个特里布斯重新组建了百人团。虽然这一次百人团的数量大大地增加了（从 193 个增加到 373 个），但是用来划分等级的财产资格并没有发生变化，仍然按照塞尔维乌斯当年确定的标准，可见近 300 年来罗马人的贫富分化并不明显。但是到了公元前 146 年第三次布匿战争结束时，罗马共和国又进行了一次人口统计，然后在此基础上重新调整了不同等级的财产资格。时隔不到 100 年，公元前 241 年和公元前 146 年确定的划分标准完全是天壤之别！此时第一等级的财产资格已经不是 10 万阿司了，而是提高到 100 万阿司；相应地，第二、第三、第四等级的财产资格则分别提高为 30 万 ~100 万阿司、10 万 ~30 万阿司、5 万 ~10 万阿司。然而，第五等级的财产下限却反而从 1.25 万阿司下降到 6 400 阿司，到公元前 130 年甚至下降到 1 500 阿司。

表 1-1 罗马共和国按照公民财产资格划分的等级

等级	公元前 241 年（财产 / 阿司）	公元前 146 年（财产 / 阿司）
第一等级	100 000 以上	1 000 000 以上
第二等级	75 000~100 000	300 000~1 000 000
第三等级	50 000~75 000	100 000~300 000
第四等级	25 000~50 000	50 000~100 000
第五等级	12 500~25 000	6 400~50 000 （公元前 130 年财产下限降为 1 500）
无产者	12 500 阿司以下者为免税阶级， 免服兵役	6 400 阿司以下者为免税阶级， 免服兵役

由此可见，不到 100 年的时间罗马共和国的贫富差距已经发生了急剧的变化，到公元前 130 年时，第一等级的财产下限（100 万阿司）几乎是第五等级财产下限（1 500 阿司）的 666 倍，而不再是以前的 8 倍（10 万阿司与 1.25 万阿司）。这就意味着大量第五等级的人，尤其是那些小规模经营的自耕农由于土地兼并而逐渐失去了土地，最后沦为无产者。第五等级人数的减少对罗马军队的兵源造成了极大的影响。在罗马共和国，虽然贵族和骑士构成了军队的精锐力量（骑兵和重甲兵），但是军队的主要成分还是由广大平民所组成的轻兵。

大量的自耕农失去土地，沦为无产者，而无产者是免服兵役的，这就导致了军队的应征人数逐年下降。到了公元前 130 年，罗马军队的应征人数已经降到最低点，仅为 31 万多人。尽管此时罗马依然在对外扩张，总人口也在不断地增长，但是应服兵役的人数却在逐年减少。这也充分说明，此时罗马共和国的贫富分化状况已经发展到非常严重的地步了。

罗马政制三要素的失衡

由于贫富分化的日益加剧，罗马共和国的政坛上就出现了越来越强烈的改革要求。从公元前 133 年开始，格拉古兄弟率先开启了罗马政治改革的源流。虽然他们的改革只是昙花一现，而且兄弟两人最后都以失败而告终，但是他们的改革悲剧却揭开了罗马共和国后期一系列政治变革和社会革命的序幕。从此以后，一大批忧国忧民之士和政治野心家纷纷鸣锣上场，不管他们各自怀着什么样的动机，或是想建立平民的统治，或是要维护贵族的特权，甚至是怀着个人独裁的野心，这些具有雄才大略的变革人物都对罗马的历史产生了重要影响，最终导致了罗马共和国向帝制的转变。而共和国后期的这一切波谲云诡的政治动荡，都是从格拉古兄弟开始的。

罗马共和政制的三要素是执政官、元老院和公民大会，这三个政治要素在相互博弈的过程中达成动态平衡，从而保证共和国能够不断地发展壮大。自从公元前 509 年共和国建立以来，实行同僚制和年度制的两位执政官作为国家最高的行政长官，掌握着国家的行政权力。他们在和平时期负责主持元老院会议和公民大会（百人团大会），处理重要的司法案件，具有颁布行政法令的权力；在战争时期则作为罗马军队的统帅，率兵出征。而罗马元老院虽然在法理上只是一个咨询机构，但是它实际上却在共和国的政治实践过程中成为一个由罗马权贵所掌控的重要权力机关。从共和国建立一直到格拉古兄弟进行改革之时，罗马元老院始终是由 300 位元老组成，他们不仅执掌罗马的财政、裁判、外交、宗教等事务，掌握着执政官、独裁官等高官的任命权，而且元老院议决的法令和公民大会通过的法案一样具有法律约束力。公民大会（包括百人团大会和越来越成为平民大会的特里布斯大会）则是由全体罗马公民所组成的立法机构，它代表了共和国的民主因素。

在罗马共和国的发展过程中，执政官、元老院、公民大会这三大要素一直保持着一种动态平衡的关系，在其中，元老院长期构成了罗马共和国的"压舱石"，维持着国家的稳定发展。虽然三者之间存在着不同的组合情况，但是总的来说，执政官通常都是站在元老院一边，共同制衡公民大会的。因为执政官一般都是出身名门或者功勋卓著的人物，他们依靠家族的渊源和元老们的支持而成为罗马最高行政长官，并且在卸任之后会自动进入元老院，因此执政官和元老院往往是利益攸关的。但是，共和国的历史中，也会出现一些雄心勃勃的执政官，他们试图笼络民众，限制元老院的权力，在重大的公共事务上大权独揽。因此，在三要素的政治博弈中，元老院与公民大会往往是相互对立的，而执政官则是游移于二者之间的一个重要角色，尽管在大多数时候他们都是站在元老院一边的。在三者此消彼长的权力关系中，元老院的强势地位——通常表现为对执政官的控制和对公民大会的引导——往往维系着共和国的平稳发展和兴旺发达；而元老院权势的旁落则意味着，共和国或者遭到了外敌的军事威胁，或者面临着内部的政治危机。

元老院在罗马政坛上的"压舱石"地位是随着共和国发展的不同阶段而逐渐变化的，牛津大学著名古典学家安德鲁·林托特在《罗马共和国政制》中对数百年来元老院政治权重的涨落情况进行了如下概括：

> "公元前 4 世纪末和公元前 3 世纪初的政制，是一种魅力型领袖和人民参与的混合物，它不利于元老院，用波利比乌斯的话说，乃君主制和民主制的混合物。公元前 3 世纪的其余时间，可以视为元老院统治的时期，第二次布匿战争期间和公元前 2 世纪前期肯定也是如此。……当元老院的统治约公元前 2 世纪中再度受到挑战时，其部分原因正是保民官传统的支持平民的活动……随着提必略·格拉古出任保民官，对政制进行重新解释的第一步开始迈出。"

从共和国建立到公元前 4 世纪初的一百多年时间里，罗马元老院一直卓有成效地发挥了政治领导者的作用，团结罗马人民共同推动了国家的成长壮大。但是在公元前 390 年发生了高卢人对罗马的入侵，罗马出现了一位具有雄才大略的政治领袖卡米卢斯，这位继罗慕路斯之后被称为"祖国之父"的大英雄曾先后五次被元老院授命出任大权统揽的独裁官，相继打败了维爱人、高卢人、伏尔西人等强敌。从此以后，由于罗马人不断地面对高卢人和周边其他异族的威胁，此后又开始与南方强敌萨莫奈人发生了持续的艰苦战争，险恶的处境迫使元老院不得不经常任命独裁官，授予其全权来领导罗马军队和人民共同御敌。而这些独裁官往往都具有杰出的军事才能和政治领导力，率领罗马人抗御外敌屡建功勋，从而得到了军队和人民的拥戴。在这种情况下，就形成了个别魅力型领袖与罗马广大民众上下呼应、荣辱与共的现象，相形之下，元老院的政治权重则处于弱势地位。

但是从公元前 3 世纪上半叶的皮洛士战争之后，随着罗马人实现了意大利半岛的统一，外来的威胁已经不复存在，罗马人接下来的事情就是全力以赴地进行海外扩张了。在这种情况下，解除了后顾之忧的罗马共和国已经不再需要魅力型的独裁官来力挽狂澜了，于是，元老院的政治权重又开始逐渐上升。尤其是从公元前 3 世纪中叶到公元前 2 世纪中叶的一百多年间，元老院在发起和领导罗马人民进行三次布匿战争和四次马其顿战争的过程中，发挥了重要的作用，并且取得了辉煌的胜利。在此期间虽然没有出现卡米卢斯式的杰出领袖，但是在元老院的推举和支持下涌现出法比乌斯和大、小西庇阿等优秀的军事将领，他们在元老院的集体领导下不断地取得战争的胜利，同时其权力也受到元老院保守派势力的有力制约。法比乌斯虽然曾在汉尼拔入侵之初被元老院授予独裁官之职，但是其拖延战略很快就遭到了元老们的普遍质疑，他不得不交出权力，直到坎尼之战罗马人遭受惨败之后才再度被元老院委以重任。大西庇阿更是一直受到以老伽图为首的元老院保守派人士的掣肘，即使拥有打败汉尼拔的旷世奇功最后也只落得了郁郁而终的下场。在此期间，虽然前线统帅与元老院关系不和，但罗马人民对元老院的敬重和遵从程度却提升到最高点，大家在元老院的坚强领导下同仇敌忾，携手并进，取得了一次又一次的伟大胜利，终于使罗马共和国成为地中海的霸主。

　　但是在布匿战争和马其顿战争结束以后，已经在战前获得了立法保障——如公元前 287 年通过的《霍腾西阿法》等——并且在战争中得到充分发展的罗马平民势力，由于罗马内部贫富分化等因素的影响，与元老院权贵之间的矛盾又开始趋于紧张。越来越多失去土地的自耕农沦为城市无产者，他们怀着愤慨的情绪，利用罗马公民的身份，积极参与平民大会的集会和表决活动，要求实现自己的经济利益和政治主张。在对外战争期间，平民大会在与元老院密切合作的过程中也获得了长足的发展，尤其是作为平民大会领袖的保民官，在罗马政坛上的重要地位不断提升。但是随着战后利益分化的日趋严重，罗马平民大会又开始与元老院分道扬镳，甚至走到了剑拔弩张、针锋相对的地步。民间的仇富心理随着两极分化的加剧而不断高涨，平民大会中充斥着不平的怨恨和暴戾之气。贫无立锥之地的无产者要求得到维持生计的土地和粮食，强烈呼吁进行经济改革和政治改革，在巨大的生存压力之下，如果国家不能以合法的方式来进行改革，他们就不惜诉诸暴力，甚至发动社会革命。与此相应，以保护人民利益为天职的保民官也极力试图利用平民的不满情绪来实现自己的政治理想，在共和国的政坛上发挥更加重要的领导作用。正是在这种强烈的社会变革要求下，罗马共和国出现了格拉古兄弟的改革。

第 II 节

格拉古兄弟改革

出身豪门的平民改革家

格拉古兄弟中的哥哥名叫提必略·格拉古（Tiberius Gracchus，公元前 164 年—公元前 133 年），弟弟名叫盖乌斯·格拉古（Gaius Gracchus，公元前 155 年—公元前 121 年），两人相差九岁。格拉古兄弟出生于罗马的豪门望族，他们的父亲提必略·森普罗尼乌斯·格拉古（Tiberius Sempronius Gracchus）曾经两度出任罗马执政官（公元前 177 年和公元前 163 年），一次出任罗马监察官（公元前 169 年）。虽然格拉古家族不属于罗马的血统贵族，而是后来崛起的财富精英，但是该家族很早就已经跻身共和国的统治阶层，并且通过家族联姻与罗马传统贵族融为一体，格拉古兄弟的外公就是罗马最有权势的血统贵族普布利乌斯·科尔内利乌斯·西庇阿（即打败汉尼拔的罗马名将大西庇阿）。

格拉古兄弟

  在公元前2世纪，罗马元老院的贵族们掌握着国家权力，但是贵族们在政治态度上分成两派：一派是保守派，他们对外推行严厉的帝国扩张政策，对内则坚持传统的价值观念和道德作风，保守派的重要领袖就是老伽图；另一派是温和派，他们深受希腊文化的影响，比较开放和宽容，而温和派的领袖就是大西庇阿。大西庇阿在第二次布匿战争中一劳永逸地打败了汉尼拔，但是他推崇高雅的希腊文化，对于被征服的迦太基和希腊等地采取较为宽厚的策略。在罗马共和国的政坛上，这两派之间长期存在着分歧和冲突。

  第二次布匿战争结束后，罗马的保守派势力越来越强大，大西庇阿在政治上受到指控和排挤，晚年不得不赋闲在家，直至与他的年长敌手汉尼拔同年而逝。虽然大西庇阿本人在政治上渐趋消沉，但是他所属的科尔内利乌斯家族却是罗马最具权势的豪门之一，也是出任罗马执政官人数最多的家族。大西庇阿的女儿名叫科尔内利娅·阿非利加娜（Cornelia Africana），嫁给了老格拉古，生下了格拉古兄弟和其他子女。

科尔内利娅是一位非常杰出的罗马妇女，具有良好的教养，品性高洁，而且精通希腊文化。出身于名门的科尔内利娅与骑士阶层的老格拉古缔结秦晋之好，反映了罗马上流社会中盛行的血统贵族与财富贵族之间的政治联姻。当大西庇阿把女儿许配给老格拉古的时候，老格拉古比科尔内利娅要年长 20 多岁。婚后科尔内利娅一共为老格拉古生下了 12 个孩子，其中只有 3 个孩子长大成人，这就是格拉古兄弟和他们的姐姐森普罗莉亚，她后来嫁给了大西庇阿的养孙、第三次布匿战争的胜利者——小西庇阿。

由此看来，格拉古兄弟和小西庇阿都是大西庇阿的孙辈，格拉古兄弟是大西庇阿的外孙，而小西庇阿则是大西庇阿的养孙，是大西庇阿的儿子所认的养子，后来又娶了格拉古兄弟的姐姐。尽管存在着亲密的姻亲关系，但是格拉古兄弟和小西庇阿的政治立场却不尽相同，甚至相互抵牾。此时保守派的代表人物老伽图已经去世了，而小西庇阿由于彻底毁灭了迦太基而功勋卓著，成为罗马元老院中举足轻重的政治领袖，曾经在公元前 147 年和公元前 134 年两度出任罗马执政官，其间还出任过监察官（公元前 142 年）。随着地位的跃升，小西庇阿的政治立场也日趋保守。虽然他不同于老伽图那样的极端保守派，而且与其养祖父大西庇阿一样热衷于希腊文化，但是他对于平民派的改革企图仍然持反对的态度。因此，当格拉古兄弟站在平民的立场上进行一系列经济和政治改革时，小西庇阿是明显地倒向罗马权贵阶层一边的。

在格拉古兄弟的幼年时代，父亲就去世了，是母亲含辛茹苦地把他们抚养成人。一般来说，当时罗马豪门出身的妇女在丈夫去世以后，往往很快就会改嫁。因为罗马权贵阶层盛行政治联姻，待字之女或丧夫之妻都是重要的政治资源，必须尽快再结连理，重建姻亲联盟。然而科尔内利娅却恪守坚贞，拒绝再嫁，悉心照料和教育子女，成为罗马上流社会中传为美谈的妇德典范。

据说当时埃及托勒密王国的王位争夺者托勒密八世（Ptolemy VIII）非常仰慕科尔内利娅，曾经向她求婚并赠予她王后冠冕，却被科尔内利娅拒绝。科尔内利娅在丈夫去世后一直守寡，含辛茹苦地将几个孩子抚养长大，并且以他们为傲。有一次她的贵媛闺密来家中做客，向她炫耀价值不菲的珠宝首饰，科尔内利娅却指着刚刚进来的两个儿子说道："他们才是我最珍贵的珠宝！"

科尔内利娅与格拉古兄弟

　　科尔内利娅虽然守身如玉，但是她在罗马权贵圈中却交往甚广，许多显贵名媛都是她的座上客，一些希腊的文人墨客也时常光临她的客厅，与她谈论学问，切磋文艺。格拉古兄弟从小就在这种温馨的家庭氛围中受到了良好的熏陶，既秉承了罗马传统美德的质朴精神，也濡染了希腊时尚文化的典雅气质，特别是养成了追求理想不惜杀身成仁的英雄情怀。正是早年的良好教养，使得他们日后在走向罗马政坛时，能够义无反顾地投身于体察民间疾苦、缓解社会危机的改革事业中。

提必略·格拉古与土地改革

提必略·格拉古（即大格拉古）率先揭开了罗马社会改革的序幕，这与他敏锐地觉察到罗马共和国的现实弊端直接相关。大格拉古早年曾经参加过小西庇阿指挥的第三次布匿战争，出任军事保民官，在战场上表现得非常勇敢优秀，得到了将士们的高度赞扬。后来他又出任财务官，参加了西班牙的努曼提亚战争，在一次罗马军队陷入敌人包围圈的困境中，大格拉古凭借自己的睿智和声望，深入敌营与努曼提亚人签订了和平条约，拯救了数万名被围困的罗马士兵。但是罗马元老院却拒绝承认大格拉古与努曼提亚人缔结的和约，反而指责他丧失了罗马人应有的英勇气节；而广大民众却对他明智地解救了平民的性命感激不尽，并通过公民大会赦免了元老院拟对他实施的惩罚。这件事使大格拉古与元老院之间产生了最初的裂痕，使得他后来立场坚定地站在平民一边，矢志不移地为民请命。

据说有一次大格拉古在执行公务时，路过意大利北部的伊特鲁里亚（今托斯卡纳地区），在那里他发现了一个令人震惊的现象——农田里面进行耕作的人都是被贩来的奴隶，而不再是当地的罗马农民。以往罗马共和国的经济结构和社会秩序都是建立在自耕农——他们也是服兵役的主体——经营的基础上，但是现在愈演愈烈的土地兼并现象却使得自耕农失去了土地，这无疑会对整个罗马社会结构造成严重的冲击。这种亲身感受令大格拉古终生难忘，后来他出任罗马保民官时，曾在一次公开演讲中发表了流传后世的经典名言：

> "在意大利漫游的每一头野兽都有它的栖避之所，然而为意大利而奋战的人却除了空气和阳光之外，什么也无权享受。他们没有住所，携妻带儿四处流浪。他们的统帅悠然自得地躺在床上，鼓动他们为保卫祖先的墓冢和庙堂而战，但是没有一个罗马士兵拥有世袭的祭坛或灵牌，他们是在为保卫他人的财富和奢侈而战死。他们名义上是世界的主人，实际上却没有一块立锥之地。"

提必略·格拉古体察民间疾苦，又出身于功勋世家，因此得到了广大平民的拥戴，公元前 133 年，他当选为罗马保民官。保民官作为罗马的平民领袖，其主要职责就是保护人民的利益，与通常站在元老院和贵族立场上的执政官成为罗马政坛上相互制约的双雄。大格拉古在出任保民官之后，就利用手中的权力，大刀阔斧地进行了土地改革。

随着罗马共和国在意大利的扩张，其地域面积也极大地得以拓展，这些新占地原本属于公有土地，却被一些有权势的土地贵族占用。这些大地主无限制地侵吞公地，然后贩用奴隶来进行农业耕作，挤压和兼并自给自足的小农田产。面对这种愈演愈烈的恶性后果，大格拉古推动土地改革的主要目的，就是限制大地主占有土地的面积，帮助势单力薄和失去土地的农民重新获得应有的耕地。因此，这种土地改革是有利于广大自耕农和丧失土地的无产者的，但是它却触犯了大地主和贵族们的利益。

身为保民官的提必略·格拉古绕开元老院，直接召开公民大会（特里布斯大会）通过了《森普罗尼亚土地法》。该法案明确规定，每一个罗马公民占据的公有土地面积不得超过 500 尤格（约为 130 公顷），多出来的土地必须退还给国家，由国家重新分配给那些失去土地的农民。每个失地农民都可以分到一块 30 尤格（约为 7.8 公顷）的土地，这些土地是国家租给农民的，农民只需要支付一份小额的租金即可使用；租予的土地可以由子孙来继承，但不能用于自由买卖。同时，大格拉古为了落实这项土地法案，还成立了一个由他本人和弟弟盖乌斯·格拉古以及岳父阿皮利乌斯·克劳狄乌斯共同组成的三人委员会，负责领导和落实土地改革方案。

提必略·格拉古在进行土地改革的过程中，还想推进其他一些改革，比如司法改革和兵役改革等，这些改革后来分别被盖乌斯·格拉古和马略实行。提必略·格拉古在有生之年未能进行这些改革，他甚至没有来得及把土地改革方案真正地加以落实，因为罗马保民官和执政官的任期一样，只有一年的时间。

到了公元前 133 年末，提必略·格拉古意识到自己很快就要卸任了，而一旦失去了保民官的职位，他就没有权力来继续推进改革了。因此，大格拉古试图谋求连任，但是这样做显然是违反罗马惯例的。在罗马共和国，数百年来执政官和保民官的任期都是以一年为限，二者可以在卸任若干年后再次参加竞选，但是不可以连选连任。在这样的情况下，为了保证改革措施的连续性和有效落实，大格拉古决心打破规矩，利用平民的支持来竞选下一年的保民官。大格拉古寻求连任的决定得到了广大平民，尤其是失去土地的城市无产者的大力支持，但是这种破坏规矩的做法却遭到了罗马元老院和另一位保民官马可·屋大维（Marcus Octavius，勿与百年后罗马"后三头同盟"的盖乌斯·屋大维相混淆）的强烈反对。虽然屋大维与大格拉古同为平民保民官，两人此前的私交也不错，但是屋大维却在罗马权势人士的利诱拉拢之下与大格拉古分道扬镳，运用保民官的否决权，坚决反对大格拉古破坏惯例寻求连任的做法。

大格拉古曾试图改变屋大维，在劝说无效的情况下，只能铤而走险，孤注一掷。他在召开的公民大会上，利用人民的支持公开罢免了不肯妥协的屋大维的保民官职务，并将其强行赶出了会场。大格拉古的这种做法公然践踏了罗马的法律——在罗马共和国，保民官是由人民选举产生的，一位保民官是无权对另一位保民官进行罢免的。

提必略·格拉古的违法举措给伺机寻衅的贵族们以把柄，激起了很多罗马元老的强烈愤慨。大格拉古不仅侵害了罗马的法律，还公然使用了暴力（将屋大维强行驱逐）。此前罗马平民与贵族之间虽然存在着利益之争，但是双方都是在法律的框架内进行博弈，很少诉诸暴力来解决问题。大格拉古首开强力罢免同僚之端，罗马的贵族们很快就以其人之道还治其人之身，将暴力活动迅速升级，竟然将其发展成为对保民官人身安全的伤害。

踌躇满志的提必略·格拉古带领一批身藏武器的平民拥趸来到公民大会的会场，准备操纵群情激愤的平民以实现连任保民官的夙愿。与此同时，元老院则在卡庇托尔山上召开集会，聚集了一大批反对大格拉古的贵族及其门客，而且这些早有预谋的权贵人士还组织了一批武装随从和奴隶，在公民大会的会场四周布好了阵势。在元老派中为首的就是大格拉古的表兄科尔内利乌斯·西庇阿·纳西卡（Cornelius Scipio Nasica），这位卸任的执政官代表着罗马权贵阶层的利益，而且与大格拉古本人曾有过利益龃龉。就在大格拉古向他的支持者们发表演讲之际，纳西卡带领着武装随从冲入会场，双方发生了拥挤互殴。由于大会现场一片嘈杂，大格拉古的演讲声音根本传不出去，于是他便指着自己的头做了一个手势，意思是告诉站在远处的支持者们，自己的生命现在受到了威胁。但是纳西卡却马上向周围的人群大声宣称，大格拉古要求人民给他一顶王冠，他想成为罗马的国王。

罗马人自从公元前 509 年建立共和国以来，对国王一直深恶痛绝。第二任执政官瓦列里乌斯就曾经颁布了一条法律："任何人自立为王，人人得而诛之。"这条法律在罗马共和国深入人心，牢不可撼，过去几百年间从来没有人敢于冒天下之大不韪而充当国王。后来罗马一代枭雄恺撒被元老们刺杀，也是因为他有僭窃王位之嫌。对于曾经通过革命推翻暴君的罗马贵族和普罗大众来说，共和国是绝对不能容忍国王的存在的。无论是什么人，创建了多么辉煌的功勋，只要胆敢妄自为王，必定招致杀身之祸。

因此，当提必略·格拉古指着头颅表示自己有生命危险的时候，纳西卡等贵族却以讹传讹，宣称他想要获取国王之冠。这样就激起了围观的贵族和群众的极大愤慨，整个会场迅即发生了剧烈的骚乱。纳西卡高喊着诛杀暴君的口号，率领一帮贵族和打手冲入会场。大格拉古见势不妙，转身而逃，结果被追上来的暴徒们乱棍打死，三百多名平民支持者也惨遭杀戮。

罗马政坛上暴力的"潘多拉魔匣"

这一暴行在罗马共和国的政治史上首开先河，从此以后，罗马政坛上的暴力冲突就愈演愈烈。究其原因，暴力之肇端首先是由于提必略·格拉古破坏规矩而致，他第一次非法强行罢免了另一位保民官，由此埋下了僭越法律之隐患。接着则是贵族们变本加厉，公然在公民大会上使用暴力，杀害了人身安全受到法律保护的平民保民官。更有甚者，这种在大庭广众之下不经审判而夺人生命的暴行践踏了罗马的一条根本大法。罗马共和国之初颁布的最重要的法律中，除了"任何人自立为王，人人得而诛之"以外，还有一条就是：任何罗马公民被处以死刑都享有上诉权。未经审判而剥夺一个公民——更不用说是担任公职的保民官——的生命，既是对基本人权的严重侵害，也是对法律原则的恶劣亵渎！然而在公元前 133 年，罗马的贵族们竟然在未经审判的情况下，悍然杀害了保民官提必略·格拉古，使暴力行为公然肆行于罗马的政治舞台上。

早在公元前 494 年设立平民保民官时，共和国就制定了"保民官在任期间其人身安全神圣不受侵犯"的法律，以保障保民官可以无所顾忌地捍卫人民的权益。由于保民官总是站在平民一边，很容易得罪权贵，而保民官手中既没有军权，也不像执政官那样有"法西斯"随从护卫，加之他的宅院必须全天候向罗马人民开放，所以保民官的人身安全必须受到法律的保护。然而，提必略·格拉古却在担任保民官期间被一群贵族暴徒杀害，这种肆意侵凌法律的暴行从此便在罗马政坛上大行其道，竞相迸发了。

从格拉古兄弟开始，到稍后的马略和苏拉，再到恺撒、庞培、安东尼、屋大维等人，暴力活动逐渐成为一种时尚的政治行为方式：最初是拳脚相向，然后是棍棒相加，最后则是兵戎相见，最终演变为血腥暴戾的罗马内战。

提必略·格拉古去世的时候才 31 岁，可谓英年早逝。他进行土地改革的初衷想解决罗马失地农民的生计问题，这个问题后来成为罗马共和国的一个生死攸关的社会症结，很多后续的改革家都试图去解决这个问题。由于大量的农民在激烈的土地兼并过程中流离失所，难以为生，而他们又是罗马公民，担当着保家卫国的重任，一旦他们的生计面临困境，共和国的社会危机也就迫在眉睫了。面对这个紧迫问题，国家只有重新给他们分配土地，使他们在稼穑耕耘中安居乐业，才能解除社会危机。因此，大格拉古启动了最初的土地改革法案，试图以限制富人多占土地的方法来解决失地农民的再置业问题；接下来他的弟弟盖乌斯·格拉古（小格拉古）又在此基础上进一步推动了粮食改革，以改变城市无产者的生存困境。再往后，马略则通过兵役改革，吸收大量无产者成为职业军人，用国家发放军饷的方式来一劳永逸地解决失地农民的生计问题。这一系列循序渐进的社会改革，都是从提必略·格拉古这里发轫的。

提必略·格拉古的改革初衷是非常善良的，体现了一种高尚仁慈的悲悯胸怀，但是他所使用的手段——通过煽动民众、操纵公民大会来强行通过改革法案——却是后患无穷的。尤其是他强行罢免另一位保民官的行为，更是直接践踏了罗马的法律，由此开启了诉诸暴力来解决政治问题的恶习之门。

公元前287年，在平民不断地向贵族争取政治权利的情况下，罗马共和国通过了《霍腾西阿法》。《霍腾西阿法》最重要的内容就是，特里布斯大会的决议无须通过元老院批准即具有法律效力。由于特里布斯大会已经日益取代了百人团大会的政治功能，并且逐渐演变为城市平民所控制的平民大会，因此这个法案就极大地加强了平民阶层的政治权重。以前特里布斯大会提出的决议必须经过元老院的批准才能成为法律，在很大程度上要受制于掌握元老院权力的贵族阶层，但是《霍腾西阿法》的颁布却彻底改变了这种情况，使得具有浓郁平民色彩的特里布斯大会具有了独立的立法权力。

提必略·格拉古正是在《霍腾西阿法》的基础上，试图通过由城市平民主宰的公民大会来实现自己的改革理想，从而改善失地农民等弱势群体的生存状况。虽然大格拉古的本意是善良的，但是他却没有意识到，那些影响着公民大会情绪氛围和决议结果的城市无产者，具有强烈的怨恨心态和暴戾之气，很容易被一些别有用心的政治野心家操控，从而为集权统治的产生铺垫重要的民意基础。这种恶劣的政治后果，却是大格拉古在利用民众情绪来推行改革时所未曾意料到的。在提必略·格拉古首开先河之后，任何不安于现状的罗马政治家都可以打着保障人民权利的旗号，利用广大平民阶层的支持，通过充满激愤情绪的公民大会来推行各种社会变革，从而实现公共的政治理想或个人的权力野心。

蒙森在分析共和国后期公民大会滥用权力的弊端时指出，问题的症结就在于罗马共和国未能从"城市制度"进展到"国家制度"，即未能从适合小国寡民状态的公民大会进展到近代英国式的议会制。前者是全民参与的直接民主，后者则是代议制的间接民主，当罗马共和国已经从台伯河畔的七丘之城发展成一个地中海帝国时，那种全民参与的公民大会实际上已经日益蜕化为由极少数罗马人，尤其是城市平民所控制的极端团体，但是它却实实在在地拥有罗马共和国的立法权（通过所参与民众的集体表决），甚至可以凭恃所谓"民意"而凌驾于元老院之上。此时的罗马平民阶层，已经由于此前几个世纪的抗争而获得了越来越大的政治权力，同时又因大量失地农民的加入而充满了躁动暴戾的情绪，一旦受到某些富有胆略和魅力的政治人物的煽动，就会激发出狂暴的集群行为，从而为某些"人民领袖"的集权专制开辟道路。蒙森评论道：

> "表决大会的陈腐机构竟作为选举和立法之用，已甚有害。可是这种群众——主要是表决大会，实际也是人民大会——竟可以干涉行政，元老院借以防御这种干涉的器具又被夺去；所谓全体市民竟可以用法令由公帑里把土地及其附属品拨给自己；任何人只要乘着时势，利用个人在无产阶级的势力，控制街市

数小时，便能在他的计划上加盖最高人民意志的法定印记：这样一来，罗马所处的地位已非人民自由的开端而是人民自由的末路，罗马所达到的不是民主政治而是君主政治。"

至于提必略·格拉古本人，或许确是一位善良正直、高风亮节的政治家，但是他恤民爱国的初衷却事与愿违地开启了"潘多拉魔匣"。"他十分相信所号召的是人民，却唤起了一个嚣张的群众，他手攥王冠而不自知，以至于无情的事势以莫之能御的力量逼他走上奸雄、暴主的途径。"从此以后，罗马的政坛上就出现了一股无形的巨大力量，推动着那些胸怀大志的政客借重民意和军权而一步一步地走向权力的巅峰，用独裁的方式来取代元老院的权力，直到最终颠覆共和国。

兄终弟及，前赴后继

提必略·格拉古为人慷慨大度，勇于担当，平时沉默寡言，庄重稳健；他的弟弟盖乌斯·格拉古却性格外向，锋芒毕露，充满了青春的活力。

公元前133年，提必略·格拉古被贵族率领的暴民击杀而亡，同时被杀的还有他的300多名支持者。事后，盖乌斯·格拉古要为兄长收尸，却遭到行凶贵族们的拒绝，他们将大格拉古等人的尸体全部丢进台伯河里。那时小格拉古才二十出头，在母亲的劝告下韬光养晦，绝迹于公共场所，表现出一副胸无大志、玩物丧志的样子；暗地里却在审时度势，等待时机东山再起。

另外，虽然贵族们杀害了大格拉古这个可怕的政敌，但是他们的暴行却激起了罗马人民的强烈不满，平民们的复仇一触即发。为了安抚民众，元老院保留了大格拉古的土地法案，继续加以推行；杀害大格拉古的元凶纳西卡也遭到了罗马人民的检举和指控，不得不离开意大利，凄惶地客死于东方的帕加马。但是平民心头积压的愤慨并没有因此而消除，他们期盼着一位振臂高呼的领袖人物，带领他们继续完成大格拉古未竟的事业。

盖乌斯·格拉古早年也参加过军队，并在军中服役多年，担任过军事财务官等职务，在战斗中表现得和其兄一样勇敢出色。但是，格拉古兄弟二人的性格却迥然相异，哥哥大格拉古比较沉稳理性，弟弟小格拉古却热情冲动。比如在演讲的时候，大格拉古总是喜欢站在一个地方纹丝不动，讲起话来慢条斯理，充满了理性和逻辑的力量，于冷峻中显现出一股横扫千军的气概；而小格拉古却会在演讲过程中不停地走动，使用各种夸张的手势来配合极快的语速，口若悬河，雄辩滔滔，他的整个演讲充满了强烈的情感色彩，具有很强的煽动性。形象地说，兄弟两人一人如兀立的山峰，嶙峋雄奇，显示了高山仰止之威；另一人如汹涌的大海，波澜壮阔，展现出雷霆万钧之力。

当大格拉古被杀以后，虽然他的母亲科尔内利娅非常悲痛，但是这位极富修养的上流社会妇女，在面对着当时平民中间喷涌的复仇火焰时，更多考虑的还是国家的安危。因此，她极力避免让小格拉古再次卷入平民与贵族的斗争激流之中，阻止小格拉古在政坛上抛头露面，而让其在军队中待了很长一段时间，远离罗马的政治中心。若干年后，小格拉古在军中经历了磨炼，凭着出众的表现博取了军功，从而也得到了民众的敬仰，很多罗马平民都希望小格拉古能够继承其兄的未竟事业。大格拉古遇难之后，平民心中积压的仇恨越来越深，势力也不断加强，但是他们却缺少一位领袖人物，于是大家就极力推举小格拉古出任保民官。

据说有一天夜里小格拉古做了一个梦，梦见已故的哥哥对他说道："盖乌斯，为什么你会迟疑不决？服务人民是我们的天职，是生是死都已命中注定，你根本无法逃避。"小格拉古为此深受感动，因此不顾母亲的阻拦，毅然决然地选择站在人民一方，重出江湖，开始竞选平民保民官。经过几次失败以后，小格拉古终于在公元前 123 年，即大格拉古去世十年后，成功地当选了罗马保民官。

小格拉古出任保民官之后，就掌握了召集和主导公民大会的重要权力，可以在大会上提出议案交由与会民众进行表决，议案一旦获得通过即成为法律（根据《霍腾西阿法》）。事实上，到了共和国后期，作为人民领袖的保民官在罗马政坛上的地位越来越高，公民大会已经完全成为保民官操控的政治工具，保民官可以利用民众的支持来制定各种法律，从而顺利地实现自己的政治目标。正因为如此，共和国晚期的一些具有野心的执政官（马略、恺撒、屋大维等）都纷纷笼络保民官，以便通过后者来控制民众、赢得人心。

小格拉古在大格拉古去世十年后出任保民官，使罗马平民心中积压已久的复仇烈火终于找到了喷发的机会；再加上小格拉古本来就是性情激烈、爱憎分明之人，对兄长之死始终耿耿于怀。因此他甫一上任，即在民众的热情支持下开始大刀阔斧地进行改革，其力度和广度都大大地超过了大格拉古当年的尝试，从根本上撼动了罗马传统的权贵政治。

盖乌斯·格拉古的系列改革

首先，小格拉古继续落实和推进哥哥开启的土地改革。虽然自大格拉古被杀以来的十年时间里，元老院并没有全盘否定大格拉古提出的土地法案，这是由于《森普罗尼亚土地法》切实地为失地的农民带来了好处，从而得到了广大民众的支持，元老们也不敢悍然废除这个法案，但是在大格拉古死后，土地法案的推行进度非常缓慢，也基本上还停留在起步阶段，并没有真正得到落实和推广。小格拉古担任保民官之后，与他的岳父穆齐阿努斯以及哥哥的岳父克劳狄乌斯组成了一个新的三人委员会，开始大力实施《森普罗尼亚土地法》，落实公有土地的改革和重新分配，把富人超额占有的公地分给一些失去土地的农民，从而有效地改善了自耕农的再置业状况。

除此之外，盖乌斯·格拉古又开始进行粮食改革。虽然土地改革可以帮助自耕农重新获得土地，但是那些由于土地兼并而流离失所的城市无产者却亟待解决眼前的生活困难，他们一贫如洗，甚至连粮食也买不起。为了缓解这些弱势群体的燃眉之急，小格拉古制订了《粮食法》，该法案的主要内容是，由国家从北非和西西里岛收购粮食，然后以低价卖给城市平民，以此来减轻平民和无产者的生活压力。这个改革方案当然得到了平民们的大力支持，但是《粮食法》也埋下了某种隐患，那就是致使许多生活困难者都涌入城市，等待国家的救济和补贴。这样就养活了一批无所事事、游手好闲的人，他们经常聚集在公民大会或者罗马城的某些地方（如阿文庭山）滋事生非，对城市的社会稳定构成了很大的威胁。

除了改善失地农民和城市无产者的生活处境的一些改革措施之外，小格拉古还进行了一系列旨在加强骑士阶层的政治、经济权利的重要改革，以期建立骑士与平民的政治联盟，共同制约贵族阶层的权力。

随着罗马对外战争的不断推进，一个强大的社会阶层——骑士阶层在罗马共和国开始崛起。以往的罗马社会主要是由贵族和平民这两大阶级构成，后来一些平民由于经商致富或者掌握了土地资源，开始跻身贵族行列，成为新贵族，即所谓财富贵族，这就是"骑士"的最初含义。随着罗马版图的不断扩展，商业活动也与战争征服并驾齐驱，比如行军打仗需要筹办军备、修筑道路等，对于被征服的殖民地也需要收缴税款，而承办这些商业活动的人就是骑士，即商人阶层。他们依靠战争而发财，构成了一个新兴的中间阶级或利益集团，具有强大的经济实力。他们不像血统贵族那样依凭传统的土地资源，而是通过商业活动和各种新兴产业而获得了大量的财富。这些人掌握了巨大的经济资源之后，就开始要求提升自己的政治地位，因此就会与长期控制共和国政权的血统贵族及元老院产生一定的矛盾。

虽然盖乌斯·格拉古已经有城市无产者和广大平民作为后盾，但是大格拉古的失败教训使他意识到，光靠乌合之众的平民阶层是不足以与势大权重的贵族集团相抗衡的，需要寻找新的同盟者来共同对抗贵族和元老院，于是他就把目光转向了日益强大的骑士阶层。小格拉古借以笼络骑士阶层的手法是，把司法权从元老们手中剥夺，将其转交给骑士阶层。罗马共和国并没有设立专门的司法机构，司法职能主要由执政官的副手即法务官来执行。法务官作为执政官的副手，在战场上协同执政官带兵打仗，在法庭上则负责主持司法审判工作。在法务官的主持下，由若干元老组成的陪审团通过表决的方式对司法案件进行裁决，重大案件的判决结果可以通过上诉而提交公民大会进行复核。

小格拉古进行的司法改革就是让骑士阶层取代元老成为陪审团成员，将罗马共和国的司法权完全交给骑士阶层。其实此前大格拉古就已经在这方面做了一些尝试，把陪审团成员调整为元老和骑士各占一半；而到了小格拉古担任保民官期间，他索性让骑士阶层彻底取代元老，包揽了全部的司法权。这样一来，一方面随着《霍腾西阿法》等法案的颁布，罗马公民大会本身具有了独立的立法权；另一方面司法权也从元老手中被转交给了骑士阶层，贵族阶层的权力受到了极大的限制。这样在客观上就形成了一个骑士和平民的政治联盟，共同制衡元老院。

此外，盖乌斯·格拉古还把亚细亚行省的包税权交给了骑士阶层，这项措施使得骑士们或者说商人们获得了极大的经济利益，从而让小格拉古进一步争取到了骑士阶层的拥护。

公元前 133 年，也就是提必略·格拉古开始改革的那一年，位于小亚细亚西部的一个国家帕加马，其末代国王在去世之前立下遗嘱，将帕加马赠送给罗马，从此以后罗马人就在帕加马的土地上建立了亚细亚行省。当年大格拉古得知帕加马国王要将其国土交给罗马人，他就以保民官的身份提案立法，要把帕加马的土地分给失地的罗马农民。这项提案极大地激怒了罗马的贵族，他们甚至指控大格拉古收受了帕加马国王的贿赂，从而使得双方的矛盾进一步激化，最终造成了大格拉古的悲剧下场。大格拉古遇害以后，帕加马的土地自然也没有分配给失地的罗马农民，而是成了罗马共和国的海外行省。按照罗马共和国的法律规定，海外行省的人民不需要服兵役，但是必须向罗马缴纳一定的赋税。

为了收缴海外行省的赋税，罗马共和国会专门派人每年前往各行省进行此项工作，这些收税者被称为包税人，而包税人往往会从中得到相当可观的经济收益。因此，小格拉古操纵公民大会通过法案，把亚细亚行省的包税权交给了骑士阶层，由罗马的商人作为包税人前往小亚细亚地区去搜刮行省人民的膏脂，他们将其中的一部分税收上交给国家，剩余的则中饱私囊。小格拉古的这项改革措施极大地取悦了骑士阶层，从而获得了后者的大力支持。

与其兄的发轫相比，盖乌斯·格拉古的改革可以说是全方位的，涉及罗马社会的许多方面。他继续推进的土地改革和新推出的粮食改革都受到了广大民众的热烈拥护，尽管触动了罗马权贵阶级的利益，但是他们忌于改革措施深入人心以及罗马平民的复仇情绪，未敢公然加以阻挠。至于小格拉古将司法权和包税权赋予骑士阶层，虽然也影响到了元老贵族们的权益，但是一来由于传统的旧贵族不愿得罪骑士阶层这一新兴势力，二来则是受制于罗马法律的严格规定——掌握国家政治权力的元老们可以拥有土地资源，但不许经商，不许染指额外的钱财。因此，守旧的元老们眼看着小格拉古让骑士阶层在司法权和包税权问题上渔翁得利，也只能敢怒而不敢言，有些开明的元老贵族甚至还对这些改革法案表示了理解和支持。

开发迦太基殖民地和赋予意大利人公民权

但是，盖乌斯·格拉古接下来进行的两项改革却激起了元老院贵族和一些罗马公民的强烈反对，那就是开发迦太基和赋予意大利人公民权。这两项改革主张致使贵族们胸中积压的怨恨终于爆发出来，而且使小格拉古失去了一批保守派平民的支持，最后小格拉古的改革事业落得和大格拉古一样的悲剧下场。

位于北非的迦太基长期以来一直是罗马的死敌，在第二次布匿战争期间迦太基名将汉尼拔还差一点给罗马带来灭顶之灾。公元前146年小西庇阿率领罗马军队攻占了迦太基城，在屠戮劫掠之后一把火将迦太基城焚为灰烬，并且发下重誓："任何人若在此地重建城市，必遭天谴！"从此以后，富饶繁荣的迦太基就变成了杂草丛生的荒芜之地，人烟绝迹，狐兔横行。

　　盖乌斯·格拉古在推行土地法案和粮食法案的过程中，试图一劳永逸地解决罗马失地农民的再置业问题，于是就盯上了迦太基这块曾经肥沃的土地，想动员罗马无产者到北非去重建家园。因此，小格拉古在公元前 122 年再次当选为罗马保民官之后，就提出了在迦太基建立殖民地的议案。他计划把大量罗马民众迁到迦太基，开荒拓土，重建城市，并且拟用罗马人崇拜的女神朱诺——朱庇特之妻——的名字将新城命名为朱诺尼亚（Junonia）。为了落实这项大胆的改革方案，他本人亲自来到迦太基，负责督促实施移民重建计划。

　　小格拉古的迦太基殖民方案得到了一部分失去土地的罗马老兵和无产者的拥护，却极大地激怒了罗马的贵族，特别是元老院当中的一些保守派人士。罗马人是一个非常注重誓言的民族，他们对迦太基人怀有刻骨的仇恨，曾经在迦太基的废墟上发下了毒誓，罗马人世世代代都应该将其牢记于心。然而殷鉴不远，小格拉古就要试图重建迦太基，这种做法明显违背了罗马人当初的誓言，令罗马的保守主义者们——包括大多数贵族和相当一部分平民——难以接受，所以他们坚决反对小格拉古的这项改革措施。后来，随着小格拉古改革的失败，迦太基殖民方案也再度搁置，一直到近百年后的恺撒时代才得以重启，到屋大维时代罗马人才在迦太基的遗址上建立起一座新城。

　　如果说迦太基殖民方案触动了罗马保守派的神经，那么授予意大利人以罗马公民权更是令大多数罗马公民深感愤慨。在公元前 2 世纪下半叶，罗马共和国所面对的问题不仅有穷人与富人的矛盾，还有意大利各同盟国人民与罗马公民的矛盾。多年以来，与罗马人并肩战斗的意大利各族人民一直在锲而不舍地要求享受罗马公民权，否则就要脱离罗马同盟而自立。为了安抚和收买意大利人，小格拉古在第二任保民官届期将满之时提出了一个政治改革方案，主张把完全的罗马公民权赋予拉丁人，而把拉丁人的部分公民权赋予意大利人。这个改革方案的目的是试图将拉丁人吸收进罗马公民大会，从而巩固小格拉古的统治基础，同时笼络广大的意大利人成为罗马人的坚定盟友。

　　然而，盖乌斯·格拉古的这项改革主张立即遭到了罗马权贵和众多平民的共同反对。罗马共和国内部虽然有贵族与平民、富人与穷人的矛盾，但是他们都享有一个共同的光荣称号——"罗马公民"。如果大量的拉丁人都涌入罗马公民大会和竞技场，罗马的公民们还能找到自己的席位吗？如果让那些坎帕尼亚人、翁布里亚人、萨莫奈人甚至高卢人都成为罗马公民，那么罗马人的优越感将何以体现呢？作为地中海世界主人的罗马公民——无论是腰缠万贯的富人，还是一贫如洗的穷人——都决不愿意把参加公民大会、观赏斗兽活动和购买廉价谷物的权利与他人分享！

　　虽然盖乌斯·格拉古之前推行的一些改革措施得到了罗马平

民、骑士以及一些开明贵族的支持，但是他后来提出的重建迦太基和赋予意大利人公民权的主张却遭到了很多人的反对，以往的一些支持者也开始与他渐行渐远，分道扬镳。在这样的情况下，小格拉古和罗马权贵之间的矛盾也逐渐白热化，哥哥提必略·格拉古的悲惨命运将再一次降临到他的头上。

悲剧重演，改革落败

公元前 133 年，提必略·格拉古由于寻求连任保民官而遭遇杀身之祸。但是十年之后，盖乌斯·格拉古却利用人民的支持，顺利地实现了保民官的连任。由于他在担任第二任保民官期间试图开辟迦太基殖民地和赋予意大利人公民权，得罪了许多支持他的选民，因此他在谋求公元前 121 年花开三度的竞选活动中落败。继任的保民官马可·弗尔维乌斯（Marcus Fulvius）比小格拉古更加激进，他利用广大群众的热情，挟小格拉古改革的余威，鼓动支持者搞街头政治，公开与元老院和贵族们相对抗。就在当年，罗马保守派贵族卢西乌斯·欧庇米乌斯（Lucius Opimius）当选为执政官，他一上台即下令废止小格拉古的几项改革法案，尤其要取缔迦太基殖民计划，这样就致使罗马平民与贵族的矛盾迅速激化。

　　小格拉古虽然竞选失败，但是他仍然拥有大量的追随者，而且与弗尔维乌斯关系密切、立场一致，因此他旗帜鲜明地站在平民派一边。于是在公元前 121 年，罗马再次形成了两派势力尖锐对峙的局面。就像传说中罗慕路斯和雷慕斯各据山头的情形一样，以执政官欧庇米乌斯为首的贵族派势力控制了罗马七丘之中最高的卡庇托尔山，罗马最神圣的朱庇特神庙就在这座山上；而小格拉古和保民官弗尔维乌斯则带领平民聚集在阿文庭山上，该山原本就是平民的根据地。双方各自召集拥护者举行集会，群情激愤，暴力冲突一触即发。

　　盖乌斯·格拉古虽然性情刚烈，却鉴于其兄的惨痛教训，坚决反对使用暴力来解决政治分歧。然而此时的罗马情态已非他所能控制，对峙双方均已失去了理性。结果在一次群众集会活动中，执政官欧庇米乌斯手下一位担任祭司的门客因态度嚣张、出言不逊而激怒了聚集的平民们，遭群殴而亡。以欧庇米乌斯为首的贵族派以此为由，抬着被杀祭司的尸体在罗马广场和元老院门前示威，促使罗马元老院颁布了"元老院终极令"。该法令宣布小格拉古和弗尔维乌斯为共和国的"暴君"，并授权欧庇米乌斯运用武力对其进行镇压。

　　"元老院终极令"是罗马元老院颁布的最高法令，超越一切法律。每当罗马共和国处于毁灭的边缘，或者落入暴戾僭主的控制之下时，元老院就有权发布终极令，国家由此进入紧急状态，正常的法律程序失去效能。元老院授权的高级官员——执政官、法务官、前执政官等——可以针对危急态势，自行采取适当手段来进行干预，拯救国家于危亡之中。

公元前 121 年针对小格拉古而发布"元老院终极令"是罗马共和国历史上第一次动用这种最高法令，它主要是针对那些滥用法律来干预政治秩序的野心家。自此之后，罗马元老院又在公元前 100 年、公元前 63 年和公元前 49 年三次颁布了终极令，分别针对策划平民暴动的保民官萨图宁、制造颠覆阴谋的喀提林和具有政治野心的恺撒。而小格拉古则成为"元老院终极令"的第一个牺牲品。

"元老院终极令"颁布后，得到授权的执政官欧庇米乌斯命令所有元老全副武装进入战斗状态，并召唤骑士阶层成员，各自带上武装奴隶，集结起来对阿文庭山上手无寸铁的平民进行围剿。由于终极令已经宣布小格拉古和弗尔维乌斯为"暴君"，可以对其格杀勿论，所以人心涣散的平民派很快就在贵族们的攻击之下四散逃亡。小格拉古本打算在阿文庭山的狄安娜神庙中自戕，但被他的朋友们和贴身奴隶劝阻，一行人向台伯河外逃跑。结果他们在台伯河大桥上被敌人追上，小格拉古的朋友们浴血奋战，壮烈牺牲；小格拉古见大势已去，遂命其贴身奴隶将自己杀死，奴隶旋即也自杀而亡。

盖乌斯·格拉古身亡之后，他的头颅被追赶者砍下，作为邀

盖乌斯·格拉古之死

赏的证据。在终极令颁发以后，执政官欧庇米乌斯发布了一个悬赏令：任何人只要取得盖乌斯·格拉古或者弗尔维乌斯的人头，将获得同等重量的黄金作为奖励。据说小格拉古的人头被砍下后一度遭到了争抢，甚至有人还在头颅中灌了铅，后来果然领到了同等重量的黄金。

在这次镇压活动中，三千多人（平民派领袖及其追随者）遭到了屠杀，尸体都被抛到台伯河中，鲜血染红了整个河面。遭到弹压的罗马平民再一次把对贵族的刻骨仇恨深深地埋藏在心底，等待着下一次机会来报仇雪恨。

大西庇阿孙辈们的命运

格拉古兄弟和小西庇阿同为大西庇阿的孙辈（外孙和养孙），但是双方的政治立场却截然不同。虽然小西庇阿属于元老院中的温和派，但是他也和保守派一样不赞成格拉古兄弟的那些有利于城市平民和无产者的改革措施，尤其不赞同大格拉古破坏法律、采用强制手段来进行改革的方式。所以在大格拉古被杀以后，当有人问起小西庇阿对于此事的态度时，他引用了古希腊诗人荷马的诗句："每个人做这类的事，必得这样的死！"言中之意就是，如果大格拉古想当僭主，这就是罪有应得。小西庇阿虽然未曾参与迫害大格拉古的活动（当时他正带兵在西班牙努曼提亚打仗），但是他对于大格拉古之死的态度表明他是站在纳西卡等贵族派一边的。

虽然小西庇阿功勋卓著，令人敬仰，但是他在大格拉古被杀一事上的态度却激起了很多平民的愤慨，阶级对立和复仇情绪使得人们很快就把他的丰功伟绩遗忘殆尽。公元前 129 年，就在大、小格拉古的两次改革之间，年仅五十六岁的小西庇阿在准备翌日的元老院发言稿时突然去世，第二天早上人们才发现他死在了书房里边。他的尸体很快就被火化了，但死因一直不明，有人说是大格拉古的追随者将他暗杀了，也有人说他死于中风等急症。

几年以后，小格拉古也因改革失败而身亡。在从公元前 133

年到公元前 121 年的十来年间，罗马一代名将大西庇阿的三个孙辈都命归黄泉，而且均非寿终正寝。尽管他们的政治立场有所不同，代表着不同阶层的利益，但是最后都没有逃脱悲剧性的命运。大西庇阿这三个孙辈的悲惨结局或许昭示了罗马共和国之殇——小西庇阿之死标志着罗马共和国最后一批高风亮节的开明贵族黯然下场，而格拉古兄弟之死则呼唤着罗马政坛上野心勃勃的政治枭雄应运而生。

罗马革命与动乱之滥觞

格拉古兄弟的改革最终都以失败告终，但是他们却揭开了此后一系列社会改革和政治革命的序幕。他们先后控制了代表民意的罗马公民大会，试图通过一些改革措施来改善作为罗马共和国根基的自耕农的现实处境，从而解除共和国后期由于贫富分化而引发的严重社会危机。毫无疑问，格拉古兄弟，尤其是提必略·格拉古的改革动机是良好的，但是他们采取的措施却比较激进。提必略·格拉古率先破坏了法律的规范，盖乌斯·格拉古则直接采取了煽动城市平民尤其是无产者的激进手段。他们提出的改革方案都得到了广大民众的热情支持，提高了城市平民和骑士阶层的政治权重，但严重地侵害了罗马权贵的利益，从而使平民与贵族的矛盾变得更加尖锐激烈。更为严重的是，格拉古兄弟的一些改革措施为罗马共和国的覆灭埋下了隐患——土地法案开创了将新征服的土地视为国有的惯例，从而为后来帝制时期的"溥天之下，莫非王土"的统治模式奠定了最初的基础；而粮食法案更是滋长和怂恿了一个日益壮大的城市无产者群体，这些成天待在公民大会和城市街区里游手好闲、寻衅滋事的狂热分子后来成为罗马革命的主要力量，酿成了一次又一次的城市骚乱和暴力活动，直到某些野心勃勃的政治雄才（如恺撒）将其收抚为实现个人独裁的得力工具（另一个得力工具则是军队），从而导致从共和国向帝制的转化。

格拉古兄弟的一系列改革虽然旨在改善罗马平民的生活处境，限制贫富差距，但是从实质上看，这些改革的最重要意义就是提高公民大会——实际上已经成为城市平民大会——在罗马政治生活中的地位，全面削弱元老院的立法和司法权力。格拉古兄弟不仅充分利用《霍腾西阿法》的规定，使公民大会在立法方面与元老院分庭抗礼，还把司法权从元老们手里剥夺过来交给骑士，并通过包税权来笼络骑士，试图在平民与骑士之间建立起政治联盟。此外，他们还打破惯例谋求连任保民官，通过煽动民众的情绪来控制公民大会，以实现个人独裁的政治目的，用魅力型领袖的僭主统治来取代贵族阶层的寡头统治（在这一点上，盖乌斯·格拉古表现得尤为明显）。

　　从此以后，罗马政坛上就开始出现两种统治形式交替更迭的情形：一种是由300名元老（苏拉以后增加为600名），特别是其中一些位高权重的豪门望族所代表的寡头政制，这些政治寡头长期以来牢牢地掌握着罗马共和国的大权；另一种则是由格拉古兄弟、马略、恺撒等人所开创和继承的僭主政制，这些魅力型领袖通过煽动民意和掌控军权等方式来对抗寡头统治，从而实现个人的政治野心。

　　格拉古兄弟在进行改革时只是利用了民意，尚未借重于军队（这是因为当时罗马还没有职业军队），小格拉古试图建立的骑士和平民的政治联盟很快也随着改革的失败而瓦解。但是在他们之后，由于马略的军事改革而出现的职业军队很快就成为罗马政坛上的一支举足轻重的新力量，传统的政治博弈和权力平衡由于这支新力量的加入而发生了根本性的变化。从此以后，谁掌握了军队，谁就拥有了可以与元老院相抗衡的政治砝码；如果他又获得了广大民众的支持，那就更可以公然将元老院踢到一边或者踩在脚下了。

　　此外，自从格拉古兄弟改革失败之后，保民官们也越来越清醒地认识到，可以用乌合之众的平民和无产者来造势，但是不可借以成事。因此，为了抗衡元老院和提高自己的政治地位，保民官们开始寻求与执政官的联盟；而一些具有政治野心的执政官——从马略、恺撒一直到屋大维——也需要得到保民官所操纵的广大民众的拥戴。于是，一种新的政治组合格局就在共和国晚期出现了，这就是挟民意的保民官与拥军权的执政官相互呼应，共同制约元老院的权力——传统的贵族政治在执政官与保民官、军队与民众的联合阵线面前迅速地土崩瓦解了。

《西比尔预言书》(*The Song of Sibyl*) 的魔咒

在格拉古兄弟改革之前，暴力从来没有公然在罗马的政治舞台上出现过，平民与贵族之间的冲突虽然持续了数百年，但是双方基本上都能够在法律的框架内保持理性和克制的态度——平民们所能采取的最极端的做法不过就是脱离运动而已，而贵族们虽然对保民官充满了敌意，却从来不敢侵犯他的人身安全。然而，格拉古兄弟之死却从所罗门魔瓶中释放出了暴力的魔鬼，从此以后各种血腥残暴的行为就在罗马政坛上愈演愈烈，从最初的拳脚相加和棍棒相向，迅速演化为兵戎相见和全面内战。罗马人从屠戮外族走向了自相残杀，罗马共和国也不可挽救地走向了危亡。公元 2 世纪的罗马历史学家阿庇安在《罗马史》中写道：

"在提必略·格拉古之前，暴力从未浸染至集会，亦未出现民众残杀事件，而这位保民官和法律的制定者首当其冲成为国内动乱的牺牲品；追随他聚集在卡庇托尔山神庙周围的其他人等也被杀害。骚乱并未随此恶劣行径而停止。各派别之间一再陷入公开冲突，时常刀剑相向。不时有保民官、大法官、执政官或者这些职位的候选人抑或其他方面的显赫人物在神庙、集会或广场上遭到杀害。……各种利益集团相继登台，各派领袖竞相追逐独裁统治，其中某些人拒绝解散国家赐予他们的军队，有些人甚至在没有公众授权的情况下自行组织武装来互相斗争。……他们像对待敌方都城一样攻城：随处所遇之人均遭无情屠杀，有些则因公敌宣告而死亡、放逐或抄没财产；甚至有些人要承受极端的酷刑。"

格拉古兄弟之死的"原罪"犹如阴霾一般笼罩在罗马共和国的上空，呼唤着各种暴力事件竞相登台。相比起争强斗狠的后来者们，格拉古兄弟算是最为温和的。盖乌斯·格拉古殒命仅十余年后，刚愎自用的马略就异军突起，对贵族派大开杀戒；而快意恩仇的苏拉则针锋相对，变本加厉地对平民派施以报复，双雄争锋直杀得罗马血流成河。再往后，"前三头同盟"和"后三头同盟"又接踵而至，持续不断的内战一次次让罗马人民饱受涂炭。最后是屋大维以暴制暴，以大权独揽的方式结束了内战，同时也悄无声息地把共和国转变为帝国。那些具有雄才大略或野心勃勃的政治家，除了急流勇退的苏拉寿终正寝、权欲熏心的马略癫狂而殁之外，从格拉古兄弟到萨图宁、苏尔皮奇乌斯、秦纳、喀提林、庞培、恺撒、西塞罗、小伽图、布鲁图斯、安东尼等，最后的下场不是被杀身死就是自戕而亡。"凡动刀剑者，必死于刀剑之下。"用刀剑征服了地中海世界的罗马共和国，最终也沦亡于罗马人自己的刀剑之下。

从很早的时候开始，卡庇托尔山的朱庇特神庙中就保存了一部从希腊德尔菲的阿波罗神庙中抄写来的《西比尔预言书》。西比尔是希腊神话中具有预言能力的不死女巫，在德尔菲神庙中向人们发布阿波罗的神谕。罗马人将这部抄本视为宗教的珍宝，专门成立了一个祭司团来对其中的神谕进行诠释。《西比尔预言书》中有这样一段谶纬之言：

> "意大利啊，伟大的国家！
>
> 强奸你的不是外来的入侵者，
>
> 你的儿子们将要强奸你，
>
> 没完没了地轮奸你，
>
> 残忍地惩罚你，
>
> 因为你堕落了！
>
> 你将匍匐在地，
>
> 倒在燃烧着的灰烬中，
>
> 互相屠杀！
>
> 你不再是正直人的母亲，
>
> 你养了一群吃人的禽兽！"

德尔菲神庙中的西比尔

第 II 章

罗马内战

公元前 133 年努曼提亚战争结束后，罗马人对外扩张的步伐暂告停顿，罗马共和国进入了一个相对和平的时期。但是此时罗马内部的社会矛盾却日趋激化，大量自耕农由于奴隶劳动力的猛增和土地兼并的加速而沦为城市无产者，社会贫富分化不断加剧。格拉古兄弟顺应民意的一系列改革由于遭到贵族们的反对而失败，在盖乌斯·格拉古死后的二十年间，罗马政坛表面上又恢复了贵族的寡头统治。但是，一方面，寡头集团的执政能力随着其腐败程度的加深而日益降低，早先共和国英雄们播下的龙种都长出了跳蚤；另一方面，平民阶层炽烈的复仇怒火被深埋于心中，等待着时机更加强劲地爆发出来。正是这样的社会背景，酿成了马略与苏拉的内战。

第 I 节

罗马内战发生的政治背景

贵族与平民的共同沉沦

格拉古兄弟改革的失败并没有使罗马社会的危机得到缓解，相反却使其进一步加剧，共和政制逐渐病入膏肓。重新独揽大权的罗马贵族阶层不仅未曾有所收敛，反而在战争财富的腐蚀和骄矜心态的驱策下变得更加寡廉鲜耻，先辈们的卓越才能和崇高德行到他们这里逐渐沦丧，一个既无能又无良的元老院勉强地维持着传统的贵族政治。蒙森认为，从格拉古改革到秦纳革命的几十年间，罗马全国人的智力和道德水平都在"堕落"，尤其是以上流社会为甚。

格拉古兄弟身死之后，再度垄断权力的贵族们形成了一个寡头集团，其中主要是元老院的资深元老们，特别是一些掌握着巨大财富和政治资源的名门望族，例如在布匿战争中建立了卓著功勋的西庇阿家族，根基深厚的埃米利乌斯家族和科尔内利乌斯家族，逐渐走向衰落的法比乌斯家族，以及新兴的梅特鲁斯家族等。他们长期以来不断出任执政官、监察官等政府高官，世世代代都是元老院的中流砥柱，但是与布匿战争时期创造辉煌的前辈们相比，这些豪门子弟明显地走向了萎靡腐败，杰出的政治家和军事家已不复闻于世。

另外，与贵族派相对立的平民派也同样走向了堕落败坏，砸碎旧世界的强烈欲望和为格拉古兄弟复仇的炽烈怒火使得罗马下层社会如同火山口一样，随时都可能爆发出摧毁法制的疯狂暴行。格拉古兄弟虽然遭遇了杀身之祸，但是贵族们对于一个不断壮大的平民阶层，尤其是城市无产者却心存畏惧。这些人由于丧失了生产资料和生活资料，所以对罗马上流社会怀着强烈的仇恨情绪。他们成天在城市里面游荡，靠着政府发放的救济为生，同时又因其罗马公民的身份而构成了公民大会的重要力量。这些随时可能引发动乱和革命的庞大人群是苟且偷安的贵族们惹不起的，因此在格拉古兄弟被杀之后，他们制定的一些改革措施仍然被保留下来。比如粮食法案仍然在实行，以缓解城市无产者的生计问题；土地法案并未终止，只是取缔了分地委员会，让那些多占公地的富人交纳一定的租金，以此项收入来施惠于城市平民。迦太基殖民计划被叫停了，但是罗马设立了纳尔榜高卢殖民地（公元前 118 年），以安置老兵和失地的农民。此外，骑士阶层的司法权和包税权也未被触动，元老院在安抚平民的同时也需要笼络骑士。在这样的情势下，平民们的政治领袖虽然付之阙如，但是他们的社会影响力和威慑力却反而增强，而且由于缺乏引导而处于一种危险的失控状态。既然贵族已经率先运用武力来对付平民，那么平民自然也就渴待着以其人之道还治其人之身。遵守法律的共和国农民已经蜕变为唯恐天下不乱的城市无产者，罗马的民主政治刚一登台亮相就已经浸透了暴力的因素。

在这样的情况下，罗马政坛上就同时出现了一种"腐败的寡头政治"和一种"萌芽但已遭腐蚀的民主政治"，形成了同样蜕化和不守规则的贵族党与平民党的尖锐对立。双方都已丧失了共和国早中期的法制观念和宽容精神，而是代之以一种狭隘的偏私和不共戴天的仇恨，于是罗马共和国就被笼罩在一派暴风雨来临之前的阴沉氛围中。

寡头政治与僭主政治的博弈

公元前 2 世纪的最后二十年间，复苏的寡头政治将格拉古兄弟的改革搁置在一旁，但是由于其自身的腐败无能，寡头集团的统治显得乏善可陈。元老和执政官们颟顸昏庸，行政效率低下，既不敢公然废除格拉古兄弟的改革措施，又创制不出解决社会危机的新政策，从而招致了罗马广大民众的强烈不满。面对着寡头集团的统治无方，躁动不安的平民们又在热切地期盼着格拉古兄弟式的魅力型领袖的出现。

公元前 111 年，努米底亚战争（或称朱古达战争）爆发，战争中再度出现了一些拥兵自重的将军，从而让暂落下风的保民官们看到了新的希望。当年格拉古兄弟改革失败，一个重要原因就是他们虽有乌合之众的平民支持，却缺乏足以与贵族势力相抗衡的军事实力。如果操控平民势力的保民官能够与掌握军权的执政官或军事统帅联合起来，那么对付元老院和贵族们就易如反掌了。格拉古兄弟的悲剧对于后来的保民官们最大的政治启示就在于此，因而在公元前 2 世纪末和公元前 1 世纪初的时候，罗马共和国就出现了保民官与执政官的新政治联盟。然而，既然手握重兵的执政官可以与保民官及平民派联合起来共同应对寡头集团，那么他同样可以转而与元老院相联合来对付平民势力。这样一来，执政官或其他军事统帅因其手中掌握的军权而成为罗马政坛上举足轻重、扭转乾坤的决定性因素，军队也一跃而成为凌驾于元老院和公民大会之上、决定着罗马各种政治力量兴衰存亡的关键筹码。而马略与苏拉的激烈内战，就是在这种背景下发生的，并由此揭开了罗马历史上最为轰轰烈烈的一段精彩故事的序幕。

在罗马共和国的早中期，元老院、执政官、公民大会三者之间的权力博弈和动态平衡构成了共和政制的基本内涵。元老院是由贵族组成的权力机构，在共和国发展的大多数时间里，它一直发挥着共和政制的"压舱石"功能，尤其是从公元前 4 世纪末到公元前 2 世纪中叶的罗马对外扩张期间，元老院牢牢地掌握着共和国的领导权，不负众望地起到了中流砥柱的作用。但是当罗马对外战争告一段落之后，元老院的权威地位开始受到挑战，格拉古兄弟改革的目的就是通过加强平民和骑士的力量来削弱元老院的权力。

从共和国创建之初开始，罗马的平民们就在不懈地向贵族阶层争取权利，并且在与贵族并肩战斗的过程中不断提高自己的政治权重，其中最重要的成果就是公元前 287 年通过的《霍腾西阿法》。自从该法案颁布以后，以平民为主体的公民大会就成了具有实质意义的立法机构，在立法权上即使不能够凌驾于元老院之上，至少可以与元老院分庭抗礼、相互制衡了。

而在元老院与公民大会的权力抗衡之间，执政官通常是站在元老院一边的。在共和国发展的某些特殊时期（如高卢人入侵和萨莫奈战争期间），少数大权独揽的执政官偶尔也会利用民意来钳制元老院，但是这种情况不过是昙花一现而已，并不能从根本上改变执政官与元老院共同进退的基本立场。因此，一直到马略崛起之前，在共和国政制的权力制衡格局中，基本的态势是代表贵族阶层的元老院与执政官相联合，共同应对以罗马平民为主体的公民大会。

但是到了共和国后期，随着罗马版图的扩大和公民人数的增加，罗马公民大会的代表性也逐渐丧失，它越来越蜕变为一个由城市无产者所控制的暴民机构。从格拉古时代开始，真正参与公民大会的人群主要是罗马城里的平民和无产者，他们的利益和意志决定了罗马共和国的法律内涵和政治走向。与此相应，作为公民大会召集人和提案人的保民官的政治地位也得到了极大的提升，他们往往会利用公民大会的群体力量来实现个人的政治野心。虽然格拉古兄弟的改革以失败告终，但是此后保民官的权力却挟平民复仇之威而越来越大，他们可以煽动充斥于公民大会的城市无产者走上街头，漠视法律的限制，运用暴力手段来实现政治目标。数量庞大且群情激愤的城市平民和一些野心勃勃、擅长鼓动的保民官，就已经为罗马僭主政治和独裁统治的出现奠定了重要的社会基础。

在格拉古兄弟改革失败后的数十年间，一方面是复辟的寡头集团萎靡不振、颟顸无能，另一方面则是受挫的城市平民素质下降和戾气飙升，贵族与平民、元老院与公民大会竞相走向了沉沦和堕落。这样就为一种新的力量登上罗马政治舞台操控全局提供了可乘之机，这支力量就是由于对外战端再起而鸣锣上场的职业军队，特别是作为军队统帅的职业将领。因此，到了公元前 1 世纪初期，罗马共和国政治舞台上最重要的角色已经不再是传统的元老院、公民大会和执政官了，而是变成了执政官、军队和保民官。此时元老院已经无可救药地衰弱下去，手握重兵的执政官却越来越强势，大权统揽，乾纲独断；而保民官则操纵民意，在罗马政坛上纵横捭阖，联合拥兵自重的执政官共同对付日薄西山的元老院。

军队作为一支新兴力量加入罗马政坛的权力博弈当中，从而极大地改变了共和国的政治格局。在共和国发展的四百多年时间里，尽管罗马频频发起对外战争，但是它却从来没有保留过职业军队。战争期间国家征召公民组成军队，战争结束后军队解散，士兵解甲归田。因此，军队过去从未参与过罗马的政治事务，因为它从来就不是一支独立的和常备的政治力量。但是自从马略进行军事改革、创建了职业军队之后，情况就大为改变，从此以后职业军队登上了权力博弈的舞台，成为一个举足轻重的政治因素。这样一来，执政官、军队、保民官就构成了影响共和国后期政治格局的三大要素，而执政官往往就是军队的首领，正如同保民官是人民的领袖一样。于是，随着元老院和贵族阶层的政治权重不断衰弱，军事统帅和人民领袖的结合就决定了罗马共和国的历史命运。

从公民大会、元老院和执政官这三种传统的政治力量的变化趋势来看，随着大量城市无产者的参与，公民大会已经越来越沦为一个缺乏代表性的城市暴民团体，虽然人多势众，却不足以成为一支独立、有序的政治力量。既然以公民大会为支柱的民主政治不足以领导罗马共和国，那么就只剩下以元老院为支柱的寡头政治和执政官（或军事统帅）所代表的僭主政治在共和国的舞台上展开激烈较量了。在共和国后期，软弱无能的寡头政治明显地表露出一种夕阳西下的趋势，而僭主政治则是由一批朝气蓬勃的新潮人物所代表，无论他们是格拉古兄弟那样为民请命的正人君子，还是马略、秦纳那样热衷于权力的政坛枭雄，或者是恺撒、屋大维那样为解决罗马危机不惜颠倒乾坤、重整河山的"窃国大盗"。这些顺应历史发展潮流的时代弄潮儿，怀着不同的政治目的和雄心壮志（或曰"野心"），借重于手中执掌的军队，收买保民官以获取民众的支持，在罗马政治舞台上实行独裁统治。因此，共和国后期政坛上的主要冲突就表现为寡头政治与僭主政治的博弈，而这种政治博弈的第一次公开亮相就是马略和苏拉的内战。

第 II 节

马略的军功与革命

贫贱出英豪

盖乌斯·马略（Gaius Marius，公元前 157 年—公元前 86 年）和格拉古兄弟是同一代人，大格拉古比小格拉古年长九岁，而马略正好出生在大格拉古和小格拉古的出生年份之间。但是马略与格拉古兄弟的命运却大不相同，大、小格拉古都是在年轻时代即崭露头角，三十多岁就死于非命；而马略却属于大器晚成的人物。其中的一个重要原因在于，马略不像格拉古兄弟那样出生于罗马城里的权贵家庭，而是农民出身，从小在意大利中南部的山区农村中长大。他的家境虽然不至于过分贫寒，但是他没有受过太多像样的教育，至少不懂希腊语。当时罗马的政治家无论是出身于血统高贵的名门望族，还是暴发致富的骑士阶层，从小都要接受高雅的希腊文化教育，对于希腊的语言、文学和哲学都具

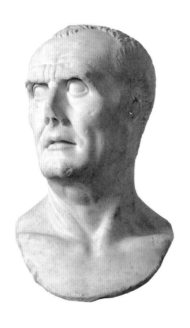

马略雕像

有一定的造诣。从大西庇阿和老伽图的时代开始，罗马的政治家们在闲暇之际，都喜欢聚在一起谈论希腊的学问，甚至用富于修辞的希腊语发表演说。尽管当年老伽图曾经警告罗马的青年人，不要被柔软的希腊文化腐蚀了传统的德行，但是他本人却同样服膺于希腊高雅的文学修养。在这方面，缺乏教养的马略显然是与众不同的，而且他并没有因此而产生过丝毫自惭形秽的感觉。后来他功成名就、大权在握时，曾公然对希腊语表示鄙视，认为花时间去学习被征服民族的语言是一件非常荒谬的事情。

对于一个缺乏任何政治资源的山区农民来说，如果他想要在罗马政坛上崭露头角，就一定要时逢乱世，凭借个人的能力在战争中创立军功，而马略就选择了这条道路。马略虽然疏于文采，却性格刚毅，强壮威猛，具有勇往直前和百折不挠的钢铁意志。早在二十多岁的时候，马略就参加了小西庇阿在西班牙指挥的努曼提亚战争，在战场上表现得非常勇敢，不仅得到了小西庇阿的嘉奖，还获得了大家的一致赞扬。

据说有一次众将士在小西庇阿帐中宴饮，主帅小西庇阿居中而坐，大家环绕四边。一位将领询问小西庇阿："在你之后，谁将成为罗马最优秀的将军？"结果小西庇阿拍着身边马略的肩膀说道："很可能就是这个年轻人！"此言固然是因马略的出色表现而致，但是也足见出身豪门的小西庇阿对草根背景的马略有惺惺相惜之感。

努曼提亚战争结束以后，建有军功的马略来到罗马开始进入公共社会领域。由于他缺少政治上的背景和资源，很难企及执政官、法务官等政府高官，亦难以跻身元老之列，所以他就把政治目标锁定在获得保民官的职位上。按照罗马法律的规定，只有平民出身者才能够出任保民官，保民官虽然不是政府官员而只是人民领袖，但是保民官卸任以后却可以进入元老院。这无疑成为平民英才晋阶朝堂的一条重要途径。

当年在努曼提亚战争中，马略曾与盖乌斯·格拉古一起在小西庇阿军中服役，小格拉古的平民主义理想对他产生了较大影响。后来小格拉古出任罗马保民官，为改善平民处境而推行了一系列改革措施，也被已经开始参与罗马政治活动的马略视为楷模。公元前 119 年，就在小格拉古被杀两年以后，马略如愿以偿地当选为罗马保民官。在一年任职期间，他不畏权贵，公然在立法问题上与元老院相抗衡，赢得了罗马民众的拥戴。但是与格拉古兄弟不同，马略担任保民官的根本目的并非为民请命，而是实现个人的政治野心，他想通过保民官这个重要跳板，顺利地进入元老院，最终登上执政官的高位。因此他在保民官任期内，既做了一些取悦于民众的事情，也以其刚正不阿、果敢公允的行事风格令元老们敬佩有加。

努米底亚战争

马略卸任保民官以后，又先后担任过法务官和西班牙总督等职，虽无重大建树，却也能够恪尽职守，尤其以敬业勤政和淳朴坦诚的务实作风而受到广大民众的尊敬。在此过程中，马略也积累了相当的财富，跻身骑士阶层，并与罗马最古老的贵族门第尤利乌斯家族缔结秦晋之好，迎娶了恺撒的姑母尤利娅为妻。不久以后，努米底亚战争爆发，这场战争为马略在政治上的进一步升迁提供了大好的机会。

公元前 111 年，在罗马人休兵息战二十多年之后，北非的土地上又重新燃起战火，发生了长达六年之久的努米底亚战争。自从公元前 146 年第三次布匿战争结束后，北非就成为罗马的海外殖民地。被摧毁的迦太基西边，有一个国家名叫努米底亚。当年迦太基强大的时候，努米底亚只是一个唯迦太基马首是瞻的酋长部落。后来罗马人打败了迦太基人，努米底亚因为曾经给罗马人提供过骑兵而有功，所以在罗马人的庇护下发展成为一个国家。公元前 149 年发生的第三次布匿战争，起因就是努米底亚国王向罗马人状告迦太基人的霸道行为。公元前 146 年迦太基被焚毁之后，努米底亚就成了北非的强国。

公元前 118 年努米底亚的老国王密奇普萨去世，在遗嘱中决定把国家交给他的两个儿子和一个侄子共同管理，这个侄子就是才能出众的朱古达。不久以后，兄弟三人因争权而发生了冲突，兵戎相见。罗马元老院从中斡旋，无奈朱古达心高气盛，不顾罗马人的调解，用残酷手段消灭了竞争对手，并且殃及北非锡尔塔城中的罗马商人和意大利商人。朱古达的霸道暴戾令罗马举国上下义愤填膺，于是在公元前 111 年，罗马人正式向朱古达宣战，努米底亚战争爆发。

在战争的最初阶段，罗马元老院先后指派了两位执政官率领几个罗马军团前往努米底亚与朱古达交战。但是由于罗马军队久疏于战事，而且军纪极其败坏，贪污腐化严重，甚至连统兵的执政官都被朱古达贿买，因此罗马军队在战争中毫无起色，还一度被朱古达军打得铩羽而归。公元前 109 年，罗马元老院终于任命了硕果仅存的贵族英才——当年的执政官昆图斯·梅特鲁斯（Quintus Metellus）作为朱古达战争的主帅。这位作风强硬且正派的贵族统帅不仅对罗马军纪进行了严厉的整饬，而且起用了两位平民出身的副将，其中之一就是马略。

自此之后，罗马军队就逐渐掌握了战场上的主动权，但是仍然不能彻底消灭朱古达。在与朱古达交战和相持的过程中，马略充分发挥了他的军事领导才能，从不回避艰辛困苦，而且与士兵们同甘共苦，赢得了广大将士的爱戴。但是马略在军中的声望日盛也令心高气傲的梅特鲁斯渐生不悦，两人的关系出现了罅隙，马略的一些建议均被梅特鲁斯置之不理，正、副统帅之间经常发生龃龉。

公元前 108 年末，不甘久居人下的马略决定竞选第二年的罗马执政官，以取代梅特鲁斯在北非战场上的指挥权。当他向梅特鲁斯请假准备返回罗马参加竞选时，梅特鲁斯却指着自己年仅二十岁的儿子对年近五旬的马略说道："你不用这么着急，还是等到日后和我的儿子一同竞选这个职位吧！"罗马法律规定出任执政官的最小年龄须为四十二岁，梅特鲁斯的这段话明显充满了嘲讽之意。

但是马略却不以为意，坚持一定要参加执政官竞选，梅特鲁斯执拗不过，只好在竞选前十来天才允准马略返回罗马。马略星夜骑马赶往北非的乌提卡港口，又花了四天时间乘船赶回意大利，到达罗马时正好赶上了竞选执政官的公民大会。面对成千上万的罗马民众，马略脱下自己的战袍，露出了身上数不清的伤疤，然后在公民大会上发表了一番慷慨激昂的演讲，他强调："我竞选执政官不是借助高贵的门第，不是依靠祖上的荫德，而是凭着自己建立的汗马功劳，凭着战场上真刀真枪的血战。"同时，他也在公民大会上对梅特鲁斯的指挥无度进行了攻击，指责后者在北非拖延战事，就是出于恋栈执政官之位。马略当众发誓，如果自己能够出任次年的罗马执政官，他将很快结束努米底亚战争，活捉朱古达，把他作为战利品带回罗马来举行凯旋式。马略的平民背景和卓越军功得到了广大民众的热烈拥护，因此他如愿以偿地当上了公元前 107 年的罗马执政官。

从马略与梅特鲁斯的关系中可以明显地看出当时罗马平民与贵族之间的隔阂之深，这隔阂比格拉古兄弟时期更加难以弥合。虽然梅特鲁斯属于较为开明的罗马贵族，能够突破门户之见擢升平民出身的马略为副将，但是其骨子里仍然保留着根深蒂固的等级观念，他认定平民出身的马略充其量只能充当二流角色；而马略同样也对有恩于他的梅特鲁斯——在罗马政坛上颇有影响力的梅特鲁斯家族此前也曾多次帮助过马略及其家人——心存芥蒂，不仅在北非战事上与这位主帅多有抵牾，在竞选执政官的过程中对其进行恶意攻讦，而且在后来的政治生涯中也与这位刚正不阿、性情孤傲的贵族领袖经常发生激烈竞争和冲突。可以说，马略与梅特鲁斯之间的对立就是那个时代平民与贵族政治抗争的典型表现。在多次出任执政官的时间里，马略一直拉拢保民官、利用平民的力量来对抗梅特鲁斯及其所代表的贵族派势力。在梅特鲁斯终于被马略排挤出罗马政坛之后，这一矛盾又进一步激化为新崛起的苏拉及其贵族势力与马略和平民派的内战。

格拉古兄弟出身于豪门，富有教养，出于同情心而自愿为民请命，得罪了罗马权贵，但是元老院却未曾藐视他们，而是将其看作令人尊敬的对手。而马略出身卑微，缺乏文雅气息，虽因性情刚猛、战功卓著令元老贵族们不敢公然与之对抗，但是罗马上流社会始终将其视为一个粗野无文的暴发户，对他充满了轻蔑之情。而强悍狂傲的马略则与之针锋相对，经常在大庭广众之下抨击贵族们的堕落和怯懦，以自己的赫赫军功来贬抑贵族们的高贵门第。而且他还是一个权力欲和荣誉心极强的人，因此，自从踏上了仕途之后，他就不屈不挠地投入与梅特鲁斯、苏拉等贵族派领袖争权夺利的酷烈较量中。

马略与苏拉

马略当上执政官以后，不久就返回北非去接替了梅特鲁斯的军队统帅之职。而在此时，梅特鲁斯已经取得了努米底亚战争的胜利（他因此被赋予了"努米底亚征服者"的称号），只是尚未抓获朱古达，后者在战场失利后逃亡到北非沙漠中，投奔了自己的岳父——毛里塔尼亚国王博库斯（Bocchus）。马略接管兵权后，又乘胜取得了一些小规模的战绩，对所占城镇进行烧杀掳掠，然后兵锋直逼毛里塔尼亚，威胁博库斯交出朱古达。博库斯在权衡利害之后，最终将走投无路的朱古达交给了强势的罗马人。

在擒获朱古达的事件中，另一位重要人物开始进入罗马公众的视野，这就是后来与马略争锋的苏拉。

卢西乌斯·科尔内利乌斯·苏拉（Lucius Cornelius Sulla，公元前 138 年—公元前 78 年）比马略年轻近 20 岁，他出身于一个家道中落的贵族家庭。苏拉的家族与格拉古兄弟母系的西庇阿家族同属于科尔内利乌斯家族，这个家族是罗马传统的名门望族。苏拉的六世祖先曾经两度出任过执政官，但是因为被查出拥有超过 10 磅（约 4.54 千克）重的银餐具而触犯了法律，最后被赶出了元老院。从此以后该家族就日益衰微，至苏拉时已经贫穷潦倒，但是仍然保持着贵族的身份。

苏拉与马略的风格迥然相异，马略是农民出身，性格坚韧，生活朴素，刚毅严肃，不苟言笑。而苏拉自小母亲早亡，在妓女、伶人圈中长

苏拉雕像

大，养成了放荡不羁的性格和风流好色的习性。据说苏拉最初的发迹得益于一位有钱的贵妇，这位富婆在临死之前把所有财产都遗赠给了自己的相好苏拉。但是，苏拉虽然早年生活荒唐，却有着较高的文学修养（受教于伶人圈中的诗人和剧作家），而且具有极高的政治天赋，堪称一条蛰伏市井的盖世蛟龙。

当马略在北非执掌军权时，苏拉是马略手下的一个财务官。公元前 105 年，马略威逼毛里塔尼亚国王博库斯交出其婿朱古达，而博库斯却一直犹豫不决。一方面，博库斯深知罗马非常强大，自己惹不起；另一方面，朱古达毕竟是博库斯的女婿，他还想借重朱古达的军事才能抗衡罗马人。最后博库斯决定让马略派一位使者前来进行谈判，自己则相机行事。由于苏拉此前曾经与博库斯有过一面之交，并且赢得了博库斯的好感和信任，于是苏拉便自告奋勇前往博库斯军营中进行商谈。苏拉此行充满了凶险，因为当时博库斯正犹豫不定，他可能交出朱古达，也可能让苏拉成为刀下之鬼。

苏拉进入博库斯的军帐时，面对着营前的两排刀斧手毫无惧色，神色镇定地与博库斯进行了谈判，最终说服了博库斯把朱古达交给罗马人。苏拉押解着朱古达返回罗马军营，持续了七年之久的努米底亚战争至此结束。马略把身穿王服、披枷带锁的朱古达带回到罗马举行了隆重的凯旋式，然后将其杀死于囚牢之中。

但是此事却在马略与苏拉之间埋下了最初的仇隙，因为事后许多罗马人，尤其是贵族们都把生擒朱古达的功劳归于苏拉；而苏拉本人也制作了一枚用作印章的指环，上面镌刻着博库斯将朱古达交给苏拉的图案，每次他写书信都会印上这个图案。这些事情都令马略非常愤慨，努米底亚战争的功劳都被算到了前面的梅特鲁斯和后面的苏拉头上，而自己却似乎寸功未进。马略本来就是功利欲和自尊心极强之人，因此对与之争功的苏拉心生不满。然而，由于此时的苏拉只是初出茅庐，而马略已经功成名就担任罗马执政官了，所以他并没把年轻的苏拉当成对手，很快就将这些不快抛诸脑后，在后来的辛布里战争中仍然任用苏拉为副将。但是不久以后，毛里塔尼亚国王博库斯为了讨好罗马人而送来了不少礼物，其中有一块黄金雕版，上面雕刻着苏拉正在接受朱古达投降的场面。这件事再度激起了马略的胸中怒火，而此时苏拉也无法再忍受马略的嫉妒而与之分道扬镳，从此以后两人渐行渐远，终至成为不共戴天的生死对头，直把罗马杀得血流成河。

辛布里战争

正当努米底亚战争尚在进行甚至更早的时候，罗马共和国的北方地区就遭受到了野蛮的辛布里人的入侵。公元前 2 世纪末叶，北方日耳曼民族中有一支辛布里人从波罗的海向南迁徙到了莱茵河，然后又越过莱茵河侵入高卢人居住的地方。在拉丁语中，"辛布里"（Cimbri）一词就是"劫掠者"的意思，这些来自北方的野蛮人身材高大，金发碧眼，凶悍异常。当时居住在今天法国、奥地利等地区的高卢人也是一些半野蛮的部族，尚未被罗马人征服（这件事要等到恺撒时代才完成），但是他们毕竟靠近罗马，所以受到罗马人的保护。辛布里人越过莱茵河之后，开始劫掠杀戮高卢人，一些毗邻罗马的高卢部落不堪其扰，于是就向罗马人求援。公元前113年，罗马人在警告无效的情况下，与辛布里人爆发了战争。但是战争的进程就如同努米底亚战争初期的情况一样，罗马军队由于久疏战事和作风腐败而连遭败绩，尤其是在公元前105年，辛布里人在阿劳西奥（Arausio，在今法国里昂附近）重创了罗马军团。当时罗马元老院指派两位在任执政官凯皮奥和马克西姆斯率领12万大军出征，此二人素来不和，在战场上又相互掣肘，致使辛布里人乘虚而入，最终导致罗马军队几乎全军覆灭，遭受了自从坎尼之战以来最大的损失。更重要的是，从阿劳西奥跨过阿尔卑斯山就能够到达意大利本土，罗马共和国再一次面临着类似汉尼拔入侵的巨大威胁。

在如此紧急的情况下，罗马人不得不乞灵于在北非获得军事大捷的凯旋将军马略。此时朱古达已经被擒，努米底亚战争也随之结束，黔驴技穷的元老院只得任命马略直接率军从非洲转战意大利北部，到阿尔卑斯山地区去迎击辛布里人。非常时期，罗马公民大会和元老院也不顾法律限制，在马略尚未返回罗马参与竞选的情况下，就推选缺席的他再次出任公元前 104 年的执政官，这样才能使他名正言顺地作为罗马军队的统帅，全权领导抗击辛布里人的战争。于是，马略就在公元前 107 年首次担任罗马执政官之后，于公元前 104 年再次出任此职。这种情况在罗马共和国的历史上是比较罕见的，按照罗马惯例，同一个人两次担任执政官的间隔期须为十年以上。在共和国的早中期，一旦国家陷入危难之中——如当年卡米卢斯抗击高卢人等强敌——元老院就会任命独裁官，令其大权独揽，力挽狂澜。而此时由于辛布里人的威胁，罗马共和国确实面临着关乎生死存亡的巨大危机，而近一百多年来罗马再未任命过独裁官，所以只能让具备雄才大略的马略打破惯例第二次出任执政官，委他以军事统帅大权以扶大厦于将倾。

于是，再次担任执政官的马略率部北上，抵达高卢地区后即与凶猛的辛布里人展开了激烈的鏖战，在公元前 104 年至公元前 101 年对辛布里人发起了好几次战役。由于战事艰难，战争一时无法结束，而罗马国内又蜀中无大将，非马略不能担此重任。因此马略就以战争之需为由，笼络国内操纵公民大会的保民官，继公元前 104 年以后又连续三年当选为罗马执政官。这样一来，权欲熏心的马略就在公元前 107 年至公元前 101 年的七年时间里，一共出任了五届执政官，这在罗马历史上是绝无仅有的。

公元前 104 年马略开始接手辛布里战争的指挥权后，他一方面对战斗力日益低下的罗马军队进行整顿，进行了大刀阔斧的军事改革，从而在短时间内极大地提高了罗马军团的素质；另一方面则对辛布里人及其日耳曼盟友进行各个击破，集中优势兵力逐一消灭敌人。在按部就班地击溃了条顿、安布昂等日耳曼部落之后，公元前 101 年马略率领 8 个罗马军团和一些意大利同盟军，在意大利北部的韦尔切利（Vercellae）大败辛布里人。据估计，这次战役中有 14 万辛布里人被杀，另有 6 万人被俘沦为奴隶。辛布里人在战场上表现得非常勇猛刚烈，宁死不屈；很多辛布里妇女也在丈夫战死之后杀死自己的孩子，然后自杀而殁。韦尔切利战役结束了长达 10 多年的辛布里战争，罗马军队在马略的率领下将凶悍的辛布里人彻底消灭，捍卫了罗马共和国。马略也因此获得了巨大的荣耀，不仅在罗马举行了极其隆重的凯旋式，而且被罗马人民赋予了继罗慕路斯和卡米卢斯之后的第三位"祖国之父"称号。在如此辉煌的光环笼罩下，欲壑难填的马略又开始谋求他人生当中的第六任执政官。

马略的军事改革

在努米底亚战争和辛布里战争中，马略针对当时罗马兵源流失和军队战斗力锐减的现象进行了一次非常重要的军事改革。这次改革确实在短时间内提高了罗马军队的战斗力，但是它也使罗马军队的性质发生了根本的变化，从而为共和国的颠覆埋下了严重的隐患。

马略的军事改革主要包括以下几个方面的内容：

首先，把征兵制改为募兵制。以前罗马共和国实行公民兵制，每一个适龄（17~55岁）的罗马公民在发生战争时都有服兵役的义务，形成了兵役、税收和选举权三合一的百人团制度。在罗马，服兵役既是公民的一种义务，同时也是一种权利，服兵役者可以免征税，而且可以通过参加战争来获取军功和财富。所以罗马军队是由拥有不同财产资格的公民所组成，没有财产的无产者通常是可以不当兵的，奴隶就更不能参加军队了。这种兵役制度就是征兵制，它是一种义务兵制，以拥有一定土地和财产的罗马农民为主要兵源。但是激烈的土地兼并导致罗马自耕农沦为城市无产者，罗马的兵源日益萎缩，公民们的入伍积极性和战斗力也急剧下降。针对这种情况，马略将征兵制改变为募兵制，即由统兵将领来招募军队，通过提高军饷、延长服役时间（16年）等措施使军队职业化。这样就为那些流离失所的无产者提供了一个新的安身立命之所，使得他们可以长期待在军营里，获得相对稳定的生活来源，从而从根本上解决了格拉古兄弟试图通过土地法案和粮食法案来应对的失地农民的再置业问题。

其次，取消了按照财产资格来划分兵种的等级制度，而是根据战斗需要来组成不同功能的战斗团队。以前罗马军队是按照百人团制度来组建的，不同等级的百人团在战争中充当不同的兵种（如骑兵、重甲兵、轻兵等），发挥不同的战斗效能；而无产者通常是不会上战场打仗的，只能从事一些辅助性的工作。随着征兵制改为募兵制，罗马军队的主要成分也由贵族和相对殷富的公民变成了无产者，因此不同兵种之间的等级差异也被取消了，军队的武器装备（剑盾、盔甲、马匹等）改由国家统一提供，现在无产者可以充当任何兵种了。不同兵种之间的军事职能取代了等级差异，军事力量的配置都要根据战场的实际需要来决定，所有将士都是军队统帅的兵员。

最后，马略也改变了罗马军团的编制，将以前的 30 个连（每个连分为 2 队，共 150 人）改为 10 个营（每个营分为 6 队，共 600 人），军团总兵力由 4 500 人扩增到 6 000 人。此外，马略还用统一的银鹰旗帜取代了各军团的不同军旗（狼旗、人头狼旗、马旗和野猪旗等）。所以后来的罗马人才会说："凡有鹰旗飘扬的地方，就是罗马人的土地！"

马略的军事改革使得罗马军队的成分发生了根本变化，无产者成为军队的主力。无产者参加军队的主要目的是找到一份可以养家糊口的固定职业，并且在战争胜利后分配到丰厚的战利品。与此相应，罗马士兵效忠的对象也发生了变化，他们不再效忠于共和国，而是效忠于给他们发军饷的雇主，即军事统帅。同时，由于罗马军队的职业化，率兵的将领也相对固定化了，马略统率的军队自然唯马略马首是瞻，而苏拉率领的军队当然也就只听从苏拉的号令；庞培的军队、恺撒的军队、屋大维的军队也同样如此。这样一来，罗马的军队就已经不再是共和国的军队了，而是成为某某将领的军队，这些拥兵自重的将军很可能会把个人的利益凌驾于共和国之上，从而从保卫国家的肱股栋梁变成颠覆国家的危险敌人。

但是从短期效果来看，马略的军事改革确实解决了当时的一些现实问题。首先，军事改革缓解了兵源紧张的困难，大量的无产者作为新鲜血液加入军队当中，扩大了罗马军团的规模。其次，那些为了维持生计和获取利益而加入军队的无产者，他们非常服从将领的号令，遵守军队纪律，在战场上也表现出一种效忠和勇猛的精神，从而使得罗马军队的战斗力一时之间得到了很大的提升。最后，也是最重要的，马略的军事改革一劳永逸地解决了失地农民和城市无产者的再就业问题，为这些弱势群体开辟了一条新的生存之道。现在农民失去了土地，就可以到军营中来另谋生计，不至于成天在城市里游手好闲，靠国家的微薄救济为生。就此而言，格拉古兄弟通过一系列社会改革所未竟的事业，被马略的军事改革以另辟蹊径的方式实现了。试图从富有地主手中挤出少许土地来让失地农民安身，或者依靠发放廉价粮食来满足无产者的一时之需，并不能真正解决罗马的社会危机；只有为饥寒交迫者提供一种新的谋生就业之道，才是根本的解救之途，尽管这种解决方案同时又埋下了另一种更严重的隐患。

从实质上看，马略通过这场军事改革实现了罗马的军队与无产者的微妙结合，无产者成为职业军队的主力，而职业军队则作为一个新的政治因素异军突起，对罗马政坛的权力博弈产生了深远的影响。

马略和萨图宁的政治联盟

从马略开始出任执政官的时候起，他长期在外带兵打仗，需要有人在国内为他站台。他深知罗马的贵族们是不会支持他的，前任执政官梅特鲁斯和元老院一直与他格格不入。当梅特鲁斯被马略夺走了北非战争指挥权而返回罗马之后，他利用自己在元老院的政治资源和影响力，在许多政策上都极力反对平民出身的马略。但是辛布里人入侵使得罗马共和国面临着巨大的外部威胁，元老院迫于人民的压力，不得不再度任用马略为执政官和军事统帅。老谋深算的马略深知元老院对他的妥协只是一时之计，他要想牢固执掌政治和军事大权，还必须依赖罗马广大民众的支持，所以马略在辛布里战争期间一直与操纵公民大会的保民官保持密切联系。从公元前 103 年开始，拥兵在外的马略与一位名叫萨图宁（Saturnius，？—公元前 99 年）的保民官结成联盟，马略用军队和退役老兵来帮助萨图宁竞选保民官，而擅长煽动的萨图宁则控制公民大会，利用民意来支持马略连任执政官。

虽然格拉古兄弟的改革以失败告终，但是罗马保民官的权力却在逐年提升，因为保民官可以操纵城市中数量庞大的民众来制定各种法律，而元老院的贵族毕竟是少数人，惹不起这些城市平民。在这样的情况下，拥兵在外的执政官马略和操控民意的保民官萨图宁就可以里应外合，联手对抗元老院和贵族派势力，其产生的效果远非当年格拉古兄弟仅靠笼络民众来进行改革所能比拟。三年以后，马略与萨图宁以及另一位平民领袖格劳西亚（Glaucia）再度结盟，试图继续掌控罗马的政治大权。此时的马略刚刚消灭了辛布里人，结束了战争，春风得意，极尽荣耀，对出任第六任执政官志在必得；而野心勃勃的萨图宁则通过制定土地法案来笼络马略的老兵，在罗马城中不仅运用雄辩口才来鼓动民众，而且施行暴力手段以消除竞争对手，意在梅开二度出任保民官。这两位政治巨头有权有势，既有军队作为坚强后盾，又有民心足以慑服元老院，强强联手，势不可当。公元前100年，马略如愿以偿地第六次出任罗马执政官，萨图宁则第二次当选为罗马保民官，格劳西亚也顺利地成为法务官。

一个人可以六次出任罗马执政官，而且其中有五次竟然为连选连任，这在罗马共和国的历史上是绝无仅有的，更何况这个人还是一个没有任何政治背景的草根平民！公元前100年，再度连任罗马执政官的马略踌躇满志,正处于人生辉煌之巅峰状态。此前罗马曾有过功高盖世的卡米卢斯先后五次担任独裁官,拯救罗马于危难之中,被授予"祖国之父"的荣冠。但是这位德高望重的罗马贵族却在大功告成之际急流勇退,在罗马广场上修建协和神庙以明共和之志。而现在,当马略同样获此殊荣,并且担任了六任执政官时,这位得陇望蜀的山区农民心中却正在盘算着如何永久地独揽罗马大权。

此时,大获全胜的马略率领着威武之师返回罗马,成为共和国政坛上呼风唤雨的炙手人物。城府颇深的马略心知肚明,自己虽然在烽火战场上挥洒自如,但是在罗马政坛上却根基浅薄。依靠乌合之众的平民支持可以得一时之逞,却无法图长远之计,因此他还必须对盘根错节、根深叶茂的贵族阶层多加笼络。正是出于这种精明谋算,马略在第六次任执政官期间开始采取一种左右逢源的政治策略,在以元老院为代表的贵族派和以萨图宁为代表的平民派之间闪展腾挪,游刃有余。与老道圆滑的马略截然不同,锋芒毕露的萨图宁则极尽嚣张之能事,这位平民领袖经常带着一帮暴民打手在罗马大街上招摇过市,耀武扬威,动辄以武力相威胁,极力显示出他就是罗马的主人。萨图宁的这种狂妄态度使得罗马元老和贵族们忍无可忍,双方的矛盾一触即发。

公元前 100 年末,萨图宁试图再次出任下一年度的罗马保民官。在公民大会的竞选活动中，萨图宁为了能够顺利连任，竟然指使一帮打手把他的竞选对手当街打死。此事激起了贵族们的强烈不满，原本一些支持平民的骑士也觉得萨图宁的做法太过分了，于是纷纷转变立场，站到了贵族元老们一边，大家联合起来共同对抗萨图宁及其所操纵的暴民。

在风雨欲来的紧要关头，马略充分展现出左右逢源、上下其手的圆滑手腕。当时的两派人士都试图拉拢马略，而马略则在二者之间审时度势，见风使舵。马略的豪宅中有两个会议室，一个会议室用来接待元老们，另一个会议室专门用于和萨图宁等平民派人士会晤，马略本人则经常游移于这两个会议室之间。最后经过慎重权衡，马略认定萨图宁派过于偏激，必遭败绩。于是，在元老院已经向萨图宁发布了"元老院终极令"的情况下，马略公开站到了贵族派一边，派出全副武装的军队，抓捕了萨图宁和他手下的暴徒。萨图宁被捕之后，被关押在元老院的一个会议厅里面，结果一帮贵族青年爬上屋顶，揭起瓦片往里面扔，萨图宁、格劳西亚和另一些平民派领袖都被砸死了。

在萨图宁事件中，马略虽然悬崖勒马，幡然醒悟，但是他的名声和地位从此却一落千丈。无论是平民派还是贵族派都对他极为鄙夷，将其视为一个利欲熏心、道德败坏之徒。因此，随着萨图宁之死，马略也从权力的顶峰迅速跌落下来，公元前 99 年卸任执政官之后就暂时从罗马政坛上销声匿迹了。

然而，马略是一个野心极强且不屈不挠之人，退隐之后他始终怀着东山再起的梦想，相信自己一定会第七次出任罗马执政官。这个执着的理想据说源于他小时候的一次经历：

> 马略小时候有一次经过一棵树下，正好遇见一个鹰巢从树梢上掉下来，马略用衣服接住了鹰巢，这个鹰巢里边有七只雏鹰。罗马人是非常崇拜鹰的。据说罗马始祖罗慕路斯在公元前753年初创罗马城前曾经出现过一个征兆，当时有十二只苍鹰围绕着帕拉蒂尼山久久地盘旋，预示着一位王者的出现，结果罗慕路斯就成了罗马的第一位国王。和罗慕路斯一样，马略也把鹰看作一种吉祥的象征（所以他后来把罗马军队的旗帜统一改成了鹰旗），他始终坚定不移地相信，当年在树下接住七只雏鹰就意味着自己一定能够出任七次罗马执政官。

农民出身的马略是一个极其迷信之人，他每次出征，都会带上一个叙利亚女巫，对她的占卜之言深信不疑。七只雏鹰之说，显然是杜撰之辞，因为鹰通常只会孵化一两只幼雏，不可能有七只雏鹰同在一个鹰窠里。但是马略本人却对这段杜撰之辞深信不疑，或者是他刻意编造了这些无稽之谈来蒙骗民众。在退隐之前，马略已经担任过六次执政官。前五次时，他建功立业，保家卫国，创立了不朽的功勋。第六次时，他与萨图宁相互勾结，继而又过河拆桥，背信弃义，从此跌落政坛，背负了许多骂名。而待到马略后来果然迎来第七次出任执政官时，他就把整个罗马带入了一场刀光剑影的灾难之中。

意大利同盟战争和马略东山再起

自公元前 99 年以来，赋闲在家的马略逐渐被罗马人遗忘，但是公元前 91 年爆发的意大利同盟战争，又给他创造了重出江湖的机会。

公元前 91 年，意大利发生了一场内乱，起因是意大利一些同盟国的人民由于得不到罗马公民权，揭竿而起，意图摆脱罗马人的统治，独立建国。早在盖乌斯·格拉古改革的时候，他就提出要给予意大利人罗马公民权，但是在罗马贵族和许多平民的强烈反对之下，此项改革方案未能实施。到了公元前 91 年，罗马出现了一位名叫德鲁苏斯的保民官，他再次公开倡议把罗马公民权赋予意大利人。德鲁苏斯是财富贵族出身，因受到平民的拥戴而被选为保民官，虽然他制定的一些法律都是有利于加强元老院权重的，但是给予意大利人公民权的主张仍然遭到了罗马保守派人士的坚决抵制。结果有一天德鲁苏斯办完公事在群众的簇拥之下刚回到家中，一个受贵族雇佣的打手混入人群，猛然拔刀刺中了他的要害，德鲁苏斯很快就倒地身亡。

德鲁苏斯之死成为引发意大利同盟战争的重要导火线，再一次失去获得公民权的希望的意大利人被彻底激怒了，玛尔斯人率先发难，领头者是一位名叫昆图斯·席洛（Quintus Silo）的勇士，他是被暗杀的保民官德鲁苏斯的挚友。愤怒的玛尔斯人揭竿而起，在阿斯库鲁姆杀死了罗马派来的官员和当地的罗马商人，公开向罗马人宣战，这场战争因而也被叫作玛尔斯战争。紧接着，佩利格尼人、卢卡尼亚人以及曾经被罗马人征服却仍然桀骜不驯的萨莫奈人纷纷响应，意大利中部和南部的一些同盟城市相继起兵反叛罗马，这样就爆发了一场意大利人与罗马人的全面战争。当时反叛罗马的意大利诸城市和地区组成了一个新的同盟，称为"意大利亚"（Italia），以萨贝利——意大利南部地区的一种古老语言或族群——的图腾形象公牛为同盟的标志，而罗马的标志则是一头母狼，所以这场意大利同盟战争也被称为"公牛与母狼之间的战争"。

由于同盟战争是在意大利本土爆发的，所以它很快就对罗马共和国造成了巨大的威胁。那些背离罗马的意大利同盟国不仅要求摆脱罗马人的统治，而且想彻底摧毁罗马，一劳永逸地铲除这座长期压在各族人民头上的沉重大山。在解放理想感召下的意大利各族群同仇敌忾，攻城拔寨，频频告捷。面对众叛亲离、四面楚歌的绝望处境，罗马人再一次想起了当年从辛布里人手中拯救罗马的马略，而政治感觉极为敏锐的马略也紧紧抓住了这个东山再起的好时机，主动请缨率军平叛。捉襟见肘的元老院在战场失利的情况下，不得不任命年过花甲的马略为北路军统帅，让他与另一位罗马悍将苏拉指挥的南路军共同对付意大利叛军。

由于意大利人长期以来对罗马人的压迫充满了愤慨，因此背叛罗马的多米诺骨牌运动不仅席卷了坎帕尼亚以南的整个地区，而且也在向北方的翁布里亚、伊特鲁里亚等地扩展。马略和苏拉纵然具有超凡的军事天才，也难以在短期内克敌制胜。为了防止更多的意大利族群加入叛军，罗马元老院和执政官通过了一条法律：凡是至今尚未背叛罗马的意大利盟国，其人民皆可获得罗马公民权。这项怀柔政策很快就产生了效果，倒向叛军的汹涌潮流被遏制住了。与此同时，苏拉的军队在南方战场上节节获胜，捷报频传，终于在公元前 88 年彻底打垮了强悍的萨莫奈人，光复了坎帕尼亚和意大利南部地区。相形之下，常胜将军马略的军事表现却乏善可陈，在后起之秀苏拉的赫赫军功面前，显示出宝刀已老之态。

公元前 88 年，意大利同盟战争结束，虽然罗马人最终用武力镇压了要求独立的意大利各盟国，但是也不得不迫于形势将罗马公民权赋予意大利人，从而加速了意大利的罗马化进程。由于苏拉在这次战争中立下了卓越功勋，所以他顺利地当选了公元前88 年的罗马执政官。

于是，怀着七只雏鹰理想的一代枭雄马略，在重返政坛的道路上遭遇了同样凶悍勇猛的苏拉，两虎相争造成了罗马共和国的一场惊心动魄的噩梦。

罗马内战的爆发

就在意大利同盟战争逐渐平息之时，东方的小亚细亚地区又出现了麻烦——本都王国野心勃勃的米特拉达梯六世利用罗马内乱和同盟战争的机会向帕加马和希腊地区扩张，侵吞了一些罗马的行省和盟国。米特拉达梯六世在希腊等地扶持了一批傀儡，他们以残杀当地的罗马人和意大利人为荣，这种行为彻底激怒了罗马人。随着意大利同盟战争的结束，现在罗马人可以腾出手来专心应对东方事务了，于是元老院商议指派罗马军队前往东方去平定米特拉达梯六世策动的叛乱。当时，苏拉正好出任公元前88年的罗马执政官，而效法亚历山大征服东方是罗马英雄梦寐以求的光荣理想，苏拉决心抓住这个大好时机，率兵东征，创造更加伟大的功勋。

与此同时，复出政坛的马略虽然在意大利同盟战争中表现平平，但是胸中激荡的凌云壮志却丝毫未曾减弱，他也想利用东征的机会再创辉煌，从而实现担任第七任罗马执政官的夙愿。但是按照罗马惯例，当年的执政官苏拉才是担任东征统帅的第一人选。在这样的情况下，急于创建军功的马略又开始故伎重演，勾结当年的保民官苏尔皮奇乌斯，试图以人民的名义来剥夺苏拉的东征指挥权。这位苏尔皮奇乌斯比以前的萨图宁更加具有暴力倾向，凶悍无比，他身边纠集了600名同样好斗的骑士青年，这些人自称为"反元老院者"。苏尔皮奇乌斯成天率领这帮武装打手在罗马城里招摇过市,对于反对派动辄诉诸武力,经常当街杀人示威。当时的罗马公民大会已经完全被一伙唯恐天下不乱的暴民控制,平民保民官也彻底沦丧为一个暴民团体的头领。

权欲熏心的马略与苏尔皮奇乌斯一拍即合,苏尔皮奇乌斯作为保民官,操纵公民大会通过了一个法案,其内容就是把米特拉达梯战争的指挥权从苏拉手里夺过来交给马略。这种阴谋活动遭到了很多罗马民众的反对,尤其是一些元老和贵族,他们都是苏拉的支持者,对马略和苏尔皮奇乌斯的卑劣行径充满了厌恶。于是,双方的党羽都拿起了刀枪棍棒,聚集到罗马街头进行公开的械斗。两位正在主持公民大会的罗马执政官苏拉和昆图斯·庞培乌斯(Quintus Pompeius)都遭到了苏尔皮奇乌斯的打手们的围攻,两位执政官侥幸逃脱,但是庞培乌斯的儿子以及一些苏拉派人士却被暴徒们乱棍打死。仓皇逃跑的苏拉在苏尔皮奇乌斯党羽的追赶下,躲进了马略的府邸。马略虽与苏拉多有芥蒂,彼此争权,但是苏拉当年毕竟曾是他的副将,因此马略网开一面,指引苏拉从后门逃走(对于此事,苏拉后来矢口否认)。脱离险境的苏拉溜出罗马城,直接前往罗马军队集结的诺拉兵营,他的部队就驻扎在那里。苏拉返回军营后立即得到了将士们的热烈拥戴,遭受罗马暴民逼迫的苏拉现在只能动用军队来报仇雪恨了。

而在此时,苏尔皮奇乌斯以为已经控制住了政治局势,于是他指派了两位军事保民官前往诺拉兵营去接管苏拉的军权。结果这两个人一到苏拉军中，就被愤怒的苏拉部下活活打死。现在骰子已经掷下，只能由军队来解决问题了。绝地反击的苏拉率领着6个军团向罗马进军，士兵们高喊口号："拯救共和国，使她免受暴君统治！"他们要用锋利的刀剑来对付罗马暴徒的棍棒了。

按照法律规定，罗马城内不允许驻扎军队，而当时在意大利南部的诺拉兵营集结的大军是为了前往东方去征服本都王国的。当苏拉带着大军直取罗马时，马略也赶紧集结军队仓促应战，但是他们却被苏拉的军队打得丢盔卸甲，四散逃亡，苏拉的军队顺利地占领了罗马。马略在混乱中得以逃脱，保民官苏尔皮奇乌斯却被自己的奴隶杀死。这位奴隶砍下了苏尔皮奇乌斯的头颅献给苏拉邀功，赏罚分明的苏拉首先奖赏了这个奴隶，然后又把他从山上扔下去摔死，以此警诫那些胆敢出卖主人的奴隶。随后苏拉就把苏尔皮奇乌斯的头颅高悬在罗马广场的讲坛上公开示众，同时他发明了一个新概念——"国家公敌"，将苏尔皮奇乌斯、马略等平民派领袖称为"国家公敌"，按律应枭首示众，另外几位遭到捕获的"国家公敌"也被当场击杀。不过苏拉还是有所节制的，只是对首恶加以严惩，对随从者则网开一面，既往不咎，因此在攻占罗马后只杀掉了12个人。

这是罗马军队第一次向着自己的首都进军，并且在攻占罗马之后将政敌宣称为"国家公敌"，格杀勿论，从此就开创了一个恶劣的先例。由于马略的军事改革导致了职业化军队只

罗马女神密涅瓦

效忠于自己的军事统帅，所以此后每一个拥兵自重的将领都可以率领自己的军队来占领罗马，然后把自己的政治对手宣称为"国家公敌"，名正言顺地将其赶尽杀绝。这样一来，罗马共和国就成了军队手中的玩物，有枪便是草头王。自苏拉首开先河之后，回马杀来的马略再度攻占罗马和宣称公敌，不久后苏拉又故技重演。再往后，羽翼丰满的恺撒率领高卢守军直取罗马，夺得了政权。弱冠之年的屋大维先是陈兵罗马城外，逼迫元老院授予其执政官的职位；接着又与安东尼、雷必达结成"三头同盟"，再度攻入罗马，宣称公敌，诛杀异己。到了帝制时代，罗马更是成为军阀们争抢的禁脔，一个以威武和圣洁的女神密涅瓦（即希腊的雅典娜）为象征的罗马城，竟然沦为人尽可夫的秽污娼妓！

马略的血腥复仇

公元前 88 年，年近七旬的马略在苏拉的通缉下，一路向北逃跑，来到伊特鲁里亚地区，历尽磨难。有一次为了躲避追兵，马略藏身于没顶的泥沼里面，结果还是被人抓获，送到一个名叫明图尼的小城，囚禁在当地的监牢里。由于当时苏拉针对国家公敌下达了格杀勿论的命令，因此明图尼当局派了一位曾经被马略征服过的辛布里人去刺杀马略。在昏暗的囚室中，当刺杀者拔出剑时，坐在房间角落里的马略目光如炬，炯炯有神地直视杀手，从黑暗中发出了令人战栗的声音："小子，你竟敢杀害盖乌斯·马略！"这个辛布里人闻声吓得把剑扔在地上，夺门而逃。于是，当地人都不敢伤害马略，最后只好悄悄把他释放了。18 世纪法国画家让－热尔曼·德鲁埃曾经创作了一幅名画《被囚禁的马略》，表现了这段惊心动魄的故事。

　　幸免于难的马略从伊特鲁里亚乘船前往北非，途中又经历了许多坎坷，几经辗转，终于踏上了迦太基的旧土。北非曾经是马略战斗过的地方，那里有他的一些旧部。马略原以为阿非利加

德鲁埃:《被囚禁的马略》

的总督会收容自己，但是慑于苏拉的威权，这位总督最后还是对马略下达了逐客令。穷途末路的马略面对着传达命令的使者说道："请你转告总督，盖乌斯·马略这个遭到放逐的人，正坐在迦太基的废墟中。"19 世纪美国新古典主义画家约翰·范德林也曾以此为题材，画过一幅著名的油画《迦太基废墟中的马略》，充分展现了马略身处苍凉废墟中的末路英雄气概。无处栖身的马略最后还想求助于努米底亚国王，但是后者也在几经犹豫之后准备将马略擒拿并交给苏拉。侥幸脱身的马略父子和一些旧部最后逃到了靠近非洲海岸的一个小岛上暂时安顿，等候着复仇时机的到来。

苏拉打垮了政敌之后，急于到东方去建功立业，但是在出征之前他必须首先稳定后方。公元前 87 年苏拉届满卸任，罗马又产生了两位新执政官，一位是代表贵族派的格涅乌斯·屋大维（Gnaeus Octavius），另一位则是代表平民派的卢西乌斯·秦纳（Lucius Cinna）。虽然苏拉很不情愿让秦纳上台，但是无奈秦纳是被广大民众选举出来的，苏拉不便公然违背民意。于是，苏拉就以前任执政官的名义在率兵出征之前，专门召集秦纳和屋大维，三人一同来到卡庇托尔山上的朱庇特神庙中。苏拉让秦纳和屋大维当着神明发誓，将始终站在元老院的立场上，绝不背弃誓言。在秦纳和屋大维发誓之后，苏拉便率领大军奔赴东方去征讨米特拉达梯六世了。

苏拉刚刚离开意大利不久，秦纳就背弃了誓言。秦纳在广大

范德林：《迦太基废墟中的马略 》

平民的支持下，将使用暴力杀害平民派领袖的苏拉宣称为"国家公敌"，并与屋大维公开决裂，武力相向。经过一番较量，屋大维在贵族派势力的支持下，把秦纳赶出了罗马，元老院也宣称秦纳为"国家公敌"。秦纳逃到意大利南部招兵买马，并与闻讯前来增援的马略合兵一处，像当年苏拉一样进军罗马。为了扩充兵源，马略甚至以自由为诱饵吸引了大批奴隶加入军队，其军力一时间声势大涨。秦纳和马略的军队很快就攻占了罗马城，然后对以苏拉为代表的贵族派人士，进行公敌宣称，大开杀戒。当年苏拉攻入罗马城只杀了 12 个公敌，惩办首恶，以儆效尤而已；而此时的马略却在复仇怒火的焚烧下变得丧心病狂，对罗马的贵族和骑士进行了血腥的报复。残酷的大清洗持续了 5 天 5 夜，大约有 50 位罗马元老和 1 000 名骑士在这场恐怖的复仇活动中惨遭杀戮，其中就包括苏拉的父亲和一些亲属（苏拉的妻儿侥幸逃脱）。罗马执政官屋大维面对着秦纳、马略的暴行，表现出了传统贵族视死如归的崇高气节。他身穿执政官的盛装，坐在象征最高权力的象牙椅上岿然不动，等待着暴徒来取自己的性命，最后果然被秦纳派出的杀手杀害。马略效法苏拉，不仅把被杀的贵族和骑士宣称为"国家公敌"，而且把他们的头颅砍下来挂在罗马广场的讲坛上示众，公然炫耀自己的野蛮暴行。

在马略的怂恿和默许之下，一支以蛮族称呼"Bardyaei"为名的奴隶军在罗马城中大肆进行烧杀掳掠，无恶不作。他们打着惩处公敌的名义肆无忌惮地杀人性命，夺人财产，淫人妻女，罗马陷入了一片暴戾的混乱之中。奴隶军的胡作非为最后连秦纳也看不下去了，于是他便和马略达成了协议，派出军队消灭了那些穷凶极恶的奴隶士兵。但是惨剧已经酿成了，仇恨的种子深深地埋藏下来，恐怖的杀戮正在呼唤着更加酷烈的血腥报复。

夙愿以偿和疯癫而死

至此，秦纳和马略已经完全掌握了罗马的政权，一些贪生怕死的元老纷纷改换门庭，投靠到秦纳和马略的麾下，不愿顺从者则被赶尽杀绝。罗马易帜的消息传到苏拉耳中，当时他的军队已经到达了东方前线，战事维艰，一时难以克敌制胜。老谋深算的苏拉再三权衡，认为欲图大计，还是应先攘外而后安内。因此任凭罗马血流成河，苏拉仍然专心致志于战胜外国强敌，计划待凯旋之日再来平定内乱。从公元前 87 年到公元前 84 年，在三年的时间里，苏拉一直对罗马乱象置若罔闻，也拒不接受已被秦纳、马略控制的元老院的指令，独立自主地率领罗马军队与米特拉达梯六世在希腊和小亚细亚等地进行了多次会战，逐渐掌握了战场上的主动权。

在罗马，随着对苏拉派势力的清剿和变节者的归顺，执掌政权的平民派也开始从暴力复仇转向了和平治理。公元前 86 年，在秦纳的推举下，马略如愿以偿地第七次出任了罗马执政官，名正言顺地与继任执政官秦纳共掌国政。

马略的七只雏鹰的政治夙愿终于达成了，但是他的人生理想却未能实现，那就是征服东方，再创辉煌。事实上，马略不仅是一个权欲熏心的政客，更是一个渴望光荣的将军，最适合他的舞台不是政治讲坛，而是硝烟战场。所以尽管他已经第七次登上了罗马权力之巅，但是眼看着自己的宿敌苏拉正在东方战场上率军杀敌、建功立业，马略心中五味杂陈，辛酸自知。这位 71 岁高龄的不懈进取者，深知一切外在的高位和荣耀都无法弥补人生苦短、杀敌无望的遗憾。他尚未实现七次执政的政治抱负时，仍然可以老当益壮，奋力拼搏；但是一旦他在政治上登凌绝顶，而驰骋疆场的人生理想却无法实现时，紧绷的精神发条就会瞬即崩裂，生命之旅也行将终结。

马略在最后一次出任罗马执政官的前后，终日情绪狂躁，焦虑烦恼，对自己未能取代苏拉去征服东方一事耿耿于怀。同时他又疑心重重，杯弓蛇影，总觉得身边凶险四伏，每天只能依靠酗酒才能入眠。到了生命的最后一段时间，他出现了严重的幻觉，眼前不断浮现出自己冲锋陷阵、叱咤风云的恢宏情景。他成天满口胡言，穿着各式华丽的盛装，摆出驰骋疆场、杀敌制胜的种种姿态，逢人就说自己正在率领军队征服东方。公元前 86 年 1 月

13 日，在出任第七任执政官仅仅十几天后，一代枭雄马略就在渴望光荣的谵妄中气绝身死。

马略是一个毁誉参半的历史人物，贵族们将他视若仇寇，平民们却把他奉若神明，但是他的反复无常和背信弃义却令几乎所有罗马人都颇有微词。他像卡米卢斯一样为拯救罗马立下了不巧的功勋，又像高卢蛮族一样对罗马犯下了血腥的罪恶。蒙森在《罗马史》中对马略的功过评价道：

> "马略做执政官，前五次是国民的骄子，第六次是他们的笑柄，而今到了第七次，他竟身受一切党派的咒骂和全国的痛恨；他本是个正直、贤能而慷慨好义的人，现在身受恶名，被称为一伙恶贼的疯头领。"

马略在权力的巅峰状态中死于疯癫，他的儿子小盖乌斯·马略不久后就子承父业，与秦纳同任罗马执政官。马略亲手种下的恶果也如同他所留下的职位一样，必将由自己的儿子来承担，残酷的复仇终将迎来更加残酷的再复仇。

公元前 83 年 7 月 6 日夜晚，卡庇托尔山上的朱庇特神庙遭遇了一场大火灾，神庙被焚烧得一片狼藉。这场天灾同时也在预示着人祸，一场比马略的杀戮更加恐怖的大清洗活动即将降临罗马。

第 III 节

苏拉的独裁与复古

血债血偿

公元前 84 年，苏拉率领的罗马军队经过几年的艰苦奋战，终于打败了米特拉达梯六世，迫使后者签订了屈辱性的和平条约，本都王国承认罗马的盟主地位，保证以后不再兴风作浪。结束了东方战事之后，久经沙场、兵强马壮的苏拉军队准备回师罗马。自从秦纳和马略在罗马实行恐怖统治以来，一些逃亡的元老和贵族相继来到马其顿的苏拉总部避难，事实上已经形成了一个与罗马相对立的新元老院。现在苏拉准备起兵雪恨，加入者更是络绎不绝，苏拉的力量迅速壮大。此时，马略虽死，但是小马略已经取而代之，其勇猛凶狠的程度丝毫也不逊色于其父；而秦纳则连续四年垄断执政官之位，大有成为罗马僭主之势。反对秦纳专制的贵族党人纷纷聚集到苏拉麾下，大家摩拳擦掌，报仇心切，认为血债终究要用血来偿。

　　与性情暴烈的马略相比，苏拉这个人确实有着韬略过人之处。当年马略在罗马大开杀戒，苏拉的父亲和一些亲属惨遭杀害，家产钱财尽被没收。手握重兵的苏拉并没有因为党争私仇而返回罗马雪耻，而是忍辱负重，率兵先去攻打米特拉达梯六世，稳定疆域，解除国家的外部威胁。待解除外患之后，他再来报当年的一箭之仇。由此可见苏拉的雄才大略和深谋远虑，实非一般的骁勇将军可比。

　　公元前 83 年春天，苏拉率领 5 个罗马军团在意大利南端的布林迪西港口登陆，家境殷实的克拉苏和年少志大的庞培均率部加入，马略的死对头——老将梅特鲁斯也举旗响应。秦纳仓促组织军队迎敌，却被兵变的将士杀死。年轻的执政官小马略虽然勇猛无比，但是其临时招募的军队远非苏拉的虎狼之师那样能征善战，小马略最终在兵败后自杀身亡。公元前 82 年，苏拉再次攻占了罗马，他像马略一样在城中大开杀戒，再次宣布了公敌名单，这一次名单上的公敌人数竟多达 4 700 余人。苏拉的发令官每天都会在罗马广场上宣布新的公敌名单，然后对这些人进行搜捕屠杀，将其财产尽数充公。很多罗马人每天都会到广场上来打探消息，一旦发现自己名列其中，就赶紧逃之夭夭，浪迹天涯。

　　与马略所默许的奴隶军一样，苏拉也组织了一帮职业打手，专门用来对那些列入公敌名单中的人士进行悬赏捕杀。打手每杀死名单中的一个人，就会得到一笔不菲的赏金，还可以将其财产和土地占为己有。此外他还大力鼓励告密检举，告发公敌者皆有奖励。于是，一批投机者趁机大发国难财，廉价收买被没收的财产，克拉苏就是其中之一，他因为收购大量有钱公敌的财产而成为罗马首富。甚至还有人借机公报私仇，即使公敌名单里面没有某人的名字，他的宿仇也会向苏拉告密，诬告其曾经支持过马略和秦纳，于是该人就被增补到公敌名单中，遭到捕杀，被剥夺财产。

在这次更加残酷的报复活动中，大量无辜者惨遭杀害，其中包括 80 位元老和 1 600 名骑士。当年在马略和秦纳的淫威下，一些意志薄弱的元老都倒向了他们一边，现在轮到苏拉反攻倒算，对这些变节的元老自然不会轻易放过，许多曾经屈从于马略、秦纳的骑士也遭到了清洗。此外，那些在内战中站在马略一边的意大利人，特别是萨莫奈人遭受了灭顶之灾，苏拉将这个长期以来一直顽强反抗罗马统治的古老民族彻底毁灭，他们曾经生息的富饶家园被夷为一片荒芜之地。

无限期独裁官

苏拉是胸怀大志之人，绝非逞一时之勇的鲁莽匹夫。他挥军再度攻入罗马，清剿政敌，重创平民派势力，都是为了实现一个宏伟目标，即恢复岌岌可危的寡头政治或贵族统治，捍卫共和国不被暴君僭取。为了实现这个目标，苏拉不惜采取一切非常手段，包括恐怖镇压和集权统治——他试图用独裁的方式来重建共和制。

在消灭了秦纳、马略的党羽之后，大权在握的苏拉威逼元老院授予自己一个比执政官更高的官职——独裁官，而且他要打破以往独裁官只有半年任期的限制，成为无限期独裁官。早在苏拉回师罗马之前，投奔到他手下的元老贵族们就足以构成一个元老院了；入城之后，他在清除了依附秦纳、马略的元老之后，又提拔了一批新人充实元老院。因此，这个重组的元老院对于苏拉是唯命是从，在元老们的支持下，苏拉如愿以偿地成为罗马的无限期独裁官。

　　自从第二次布匿战争结束以后，罗马共和国已经有一百多年没有出现过独裁官了。现在苏拉旧调重弹，再度成为罗马的独裁官（而且还是无限期的），将所有的权力都集中在自己手里。从表面上看，苏拉好像也是一个政治野心家，和马略一样要搞个人独裁。然而实际上，苏拉的目的却与马略完全不同，他是想用独裁的方式来重新修缮千疮百孔的罗马共和制大厦。具体地说，苏拉就是要运用独裁手段来提高元老院的权重，削弱保民官和执政官的权力，从而使元老院能够像共和国中早期那样牢牢地控制住共和国的政治权力。他所进行的一系列改革，都是为了实现这个目的。

就此而言，苏拉的手段虽然非常极端，但是他的动机却是比较保守的，他可谓是殚精竭虑，用心良苦。由此也可以看出苏拉与马略以及后来的恺撒、屋大维等人的根本区别——维护共和与颠覆共和。正因为如此，苏拉才会在完成了他的政治改革之后，毅然选择淡出政坛，在功成名就之后归隐乡间。

苏拉改革：解决意大利人公民权和罗马民生问题

苏拉掌握了罗马共和国的政权之后，便开始利用独裁官的合法权力大刀阔斧地进行改革。这些改革的目的都是加强元老院和贵族的权力，限制和削弱平民派的势力，重新巩固共和国的根基。

首先，苏拉要面对半个多世纪以来的意大利人公民权问题和罗马失地农民的生计问题。在这方面，苏拉统筹了自格拉古兄弟以来的各项改革措施，有所损益，比较完美地解决了这些问题。

在意大利同盟战争结束后，马略和苏尔皮奇乌斯所控制的罗马公民大会已经承诺要把罗马公民权赋予意大利人，但是这一措施并没有真正得到落实。苏拉执掌大权之后，马上制定了相关法案来解决意大利人的公民权问题，除了被毁灭的萨莫奈人等少数族群之外，所有的意大利人都获得了平等的罗马公民权。随着意大利人的罗马化，许多意大利盟邦的城墙也被拆毁，无须再设防，意大利人与罗马人日益融为一体。更重要的是，大量的意大利空地被用来安置退役老兵，这样就同时落实了格拉古兄弟的土地改革方案（分配公地给失地农民）和马略的军事改革方案（招募失地农民加入军队）。苏拉在意大利的广阔土地上建立了大量的军事殖民团，那些退役老兵以屯田的方式在意大利的殖民地安居乐业，失地的农民又可以重操旧业了。一旦国家有难，只要苏拉或元老院一声令下，屯田的老兵马上就可以整装待发，再次组成一支骁勇善战的生力军。这样一来，苏拉建立军事殖民团就取得了一箭双雕的良好效果：一方面安置了主要来源于失地农民的老兵，让他们退役之后在新开垦的土地上从事农业生产，自给自足；另一方面又以屯田的方式储备了一支召之即来的后备军，使之随时准备为苏拉和元老院效命。

但是，在继续推行土地改革方案和殖民地开发方案的同时，苏拉却取缔了小格拉古制定的粮食法案。苏拉认为，这种由国家提供廉价粮食来养活城市无产者的做法，只会让这些人变得更加懒惰，同时也致使更多人都涌进城市来吃救济，从而极大地纵容了城市无产者的恶习。可见，苏拉取缔粮食法案的根本目的还是打压城市无产者和平民派势力。

苏拉改革：加强元老院的权力和设置"年功序列"

如果说解决意大利人的公民权问题和落实土地改革方案只是为了收买人心，安抚广大的意大利人和罗马民众，那么加强元老院的政治权力才是苏拉改革的重中之重，这是实现他的复古理想的首要之义。

罗马元老院经过马略和苏拉的两轮屠城，元气大伤，300位元老中有一半以上死于非命（马略杀了约50位，苏拉杀了约80位，还有一些元老死于战场）。因此，当苏拉控制了罗马局势之后，他决定对元老院进行重组和增补。鉴于平民与贵族之间的矛盾，苏拉当然不会从平民中来选拔元老，他也不太愿意从日益败坏的传统贵族中来增设议员，于是他主要从那些经济富足且平叛有功的骑士阶层中来吸收新鲜血液。当年小格拉古的改革政策是想让骑士和平民联合起来共同对抗元老院，现在苏拉则要拉拢骑士来加强元老院的力量，实现骑士阶层与贵族集团的联合。为了恢复传统的二元权力——贵族与平民——的平衡格局，苏拉需要消解骑士阶层在罗马政治舞台上的重要性（这是由小格拉古造成的），所以他就对骑士阶层进行了分化。苏拉一方面将一批最有钱有势的骑士吸收进元老院，让他们加入贵族的行列中；另一方面又通过取消骑士阶层的特权地位（如剥夺司法权等措施）来促使中小骑士逐渐与平民相融合。经过一番重组和增补，苏拉将元老院的员额从共和国创建以来的 300 人增加到 600 人，使许多具有经济实力的骑士进入国家最高权力机关。

此外，苏拉也极力强化元老院的政治权能。他明确规定，所有的罗马法案必须首先经过元老院的认可，才能提交公民大会表决。早在公元前 88 年，苏拉在赶走马略、杀死苏尔皮奇乌斯的同时，也搁置了《霍腾西阿法》。《霍腾西阿法》是公元前 287 年颁布的，它规定了平民会议的决议不需要经过元老院批准就能成为法律，但是该法案却在两百年后被苏拉废弃。苏拉的这一改革使得元老院成为实质性的立法机构，凌驾于公民大会之上，从而极大地加强了元老院的权力。

与此相应的另一项改革则是加强元老院的司法权。当年小格拉古把司法权从元老手中夺走，转交给骑士阶层。现在苏拉一方面对骑士阶层进行分化，以元老的高位来收买骑士中的佼佼者；另一方面则规定，陪审员一律由元老来担任，这样就把骑士们从法庭上赶走，将司法权重新交还给了元老。于是，元老院不仅真正掌握了立法权，而且也完全垄断了司法权。

为了用武力来保护元老院的权威不受侵犯，苏拉从被镇压的公敌的奴仆中挑选出一万名身强力壮的奴隶，将他们解放并组成一支亲兵，使之成为他本人和元老院的卫戍部队或禁卫军，以协助寡头集团随时镇压罗马城里的平民暴徒。这样一来，苏拉在对骑士阶层进行分化和瓦解的同时，又使职业军人（禁卫军）取代骑士成为罗马政坛上的一支重要力量。

为了保证共和国的寡头体制按部就班地持续发展，苏拉恢复或重新确立了行政职位上的"年功序列"。所谓"年功序列"，就是指一个人如果想在罗马政坛上攀登高位，必须循序渐进地一步步升迁。罗马共和国的行政级别比较简单，职位比较低的官员叫作财务官，原来为 8 人，苏拉将其扩增为 20 人，同时规定必须年满 30 岁者才能担任此职。担任过财务官的人就可以有资格进入元老院成为元老，从而继续向着更高的官阶进取。更高一级的官职就是法务官，即副执政官，主要负责处理司法方面的事务，同时也是执政官作战时的助手。法务官原来为 6 人，苏拉将其发展至 8 人，同时规定必须年满 39 岁者才可以出任法务官。若想成为罗马最高的行政长官执政官（始终为 2 名），竞选人必须年满 42 岁；同时苏拉还规定执政官必须在卸任 10 年以后才可以再次参加竞选，决不允许再出现马略和秦纳那样连续多次担任执政官的情况。

"年功序列"维护了罗马贵族政体注重政治资历和行政经验的保守传统，旨在防范和杜绝政治野心家依靠民众或军队的力量而一步登天（如年轻的小马略），通过暴力来僭取国家政权。这样就保证了国家权力始终在寡头集团中间平稳交接。

苏拉改革：削弱保民官权力和限制执政官职权

苏拉在加强元老院权重的同时，也对保民官的权力进行了削弱。自从格拉古兄弟改革以来，平民保民官的权力变得越来越大，他们可以通过控制公民大会来制定各种法律，操纵城市平民对反对者进行暴力侵凌，甚至煽动起罗马内战。对内战之祸刻骨铭心的苏拉深切地意识到，要想防止平民的暴乱，必须削弱作为平民领袖的保民官的政治权力。因此苏拉制定法律明确规定，平民保民官卸任之后不得再参选其他官职，这样就杜绝了一些平民政治家试图借助保民官的跳板进入元老院并晋升国家高官的可能，当年马略就是这样从保民官一步一步上升为罗马执政官的。

苏拉这项改革措施的实质在于，在人民领袖与政府官员之间划下了一条不可逾越的鸿沟。一个人如果想成为人民领袖（保民官），就不要再想染指行政官员；反之，如果他想在仕途上发展，就只能按部就班地遵循"年功序列"逐级升迁，不要指望依靠民众的拥戴而占据高位、攫取政权。这样一来，保民官就被打回了原形。按照罗马共和国的法律规定，保民官原本就不是政府官员，他只是民众推选出来的人民领袖，而财务官、法务官、执政官、监察官等才是国家委任的政府官员。

此外，苏拉还规定保民官卸任之后，同样也需要间隔 10 年才可以再次竞选和出任此职，这就防止了像小格拉古、萨图宁、苏尔皮奇乌斯那样连续控制保民官职位的情况再出现。

苏拉不仅削弱了保民官的权力，也对执政官的职权进行了限制，从而确保元老院掌握至高无上的权力。苏拉通过内战的教训深切地意识到，一旦执政官手中的权力过大，尤其是执政官长期掌握了军权，他们就会依仗实力凌驾于元老院之上，成为共和国的心头大患。正因为苏拉本人就是依靠军队的力量而攫取政权的（马略同样如此），所以他一定要防范和杜绝第二个"苏拉"出现。要想做到这一点，他就必须限制执政官的政治权力和军事权力。在前一方面，苏拉通过"年功序列"限制了执政官的年龄资格（年满 42 岁）和再任年限（10 年间隔），以使执政官能够长期与元老院保持密切关系，并且不可能恋栈专权。在后一方面，苏拉严格限制执政官执掌军权的机会和兵力，旨在防范执政官拥兵自重，危害国家。他恢复了罗马古制，明确规定北至卢比孔河、南迄雷焦和布林迪西的整个意大利境内不许驻军，军队只能驻扎在需要守卫的海外行省；没有元老院的命令，任何军队都不得擅自进入罗马。在战争状态下，每位执政官在元老院的授权下可以征召两个罗马军团，战争结束后军队即须解散。这些措施都加强了元老院或文官对于军队的控制，限制了执政官的军事权力。

此外，苏拉还做出规定，执政官卸任以后，可以作为前任执政官到各个行省去担任总督，执掌行省的军权，但是任期同样也只有一年。当时的罗马共和国已经拥有 10 多个海外行省，如非洲的阿非利加（迦太基）和新阿非利加（努米底亚）行省；西班牙的远西班牙和近西班牙行省；法国南部的纳尔榜高卢和阿尔卑斯山以南、卢比孔河以北的山南高卢行省；东方的伊利里亚、马其顿、亚该亚（希腊）和亚细亚（小亚细亚）行省；地中海上的西西里、科西嘉和撒丁行省等。这些罗马行省不同于同盟国，同盟国是独立自主的国家，只是承认罗马的盟主地位而已，而行省则是罗马人自己管辖治理的殖民地。许多行省由于地处边疆，所以需要有军队驻守，以防御外敌和维护治安。苏拉规定，各行省总督由卸任的执政官或法务官来担任，这样一来，就把常备军与执政官相分离。在和平时期，执政官主宰行政事务，却不能执掌军权；等他卸任执政官之后，可以到行省去统领军队，但是已经不再是国家行政首脑了。苏拉的这一招可谓是用心良苦，其目的就是防止执政官掌控军队来与元老院对抗，像马略（以及他本人）曾经做过的那样。但是这项改革措施同样也埋下了重大的隐患，到了共和国末期和帝制时代，拥兵自重、威胁国家稳定的恰恰是那些在行省执掌军权的总督，他们利用手中的军权与中央政府分庭抗礼，最后导致了极其严重的政治危机（所以后来老谋深算的屋大维一直要把那些需要驻军的边疆行省的统治权掌握在自己手中）。

除了限制执政官的权力之外，苏拉也对监察官的职权进行了限制。以往监察官拥有一项重要权力，那就是开除渎职的元老；

苏拉则规定，监察官只能提出开除渎职元老的建议，不能直接把他驱逐出元老院。这些限制行政官员职权的措施都反过来加强了元老院的权力。

急流勇退的"幸运者"

苏拉煞费苦心进行的所有改革，目的只有一个，那就是确保国家权力能够始终牢牢地掌握在元老院手里，防止出现第二个"马略"甚至"苏拉"。可以说，他是用独裁的方式来维护共和，用集权的手段来推动复古。他心中的理想政治模式就是共和国早中期由元老院掌控国家权力的贵族政体，就是在元老院的有力领导下贵族与平民相互协调的权力平衡。苏拉吸取了从格拉古兄弟到萨图宁、苏尔皮奇乌斯等平民领袖煽动民众、毁法乱国的深刻教训，更是借鉴了马略、秦纳等行政长官操纵军队、实行暴政的僭越行径，他借平定叛党之功效，立独裁统治之权威，行恢复共和之实事。这个表面上凶狠残暴的独裁者的内心中，却始终涌动着崇尚传统德行和荣耀的复古忧思。

苏拉在以集权方式推行这些改革措施的同时，也开始逐渐恢复共和国的法制秩序，自行消解独裁官的至高权力。公元前 80 年，他与贵族领袖梅特鲁斯共同出任执政官，尽管仍然保留着无限期独裁官的身份，但是在处理公共事务时却更多地表现出同僚制而非独裁专制的行为作风。在公元前 80 年的最后一天，当苏拉完成了与下一届执政官的权力交接之后，在没有任何前兆的情况下，他突然在公民大会上宣布自己将放弃无限期独裁官的职权，退出罗马政坛。苏拉的这个决定让所有人都大吃一惊，谁也不明白势位至尊的苏拉为什么会放弃法律赋予他的至高权力，主动地急流勇退。

苏拉宣布了这个令人震惊的决定之后，就转身离开了讲坛。他解散了武装邑从，撤销了"法西斯"仪仗，仅带着几个朋友，穿过闹市返回家中。罗马街市中的熙攘民众得知了这个消息，其中有一些是苏拉的仇人——苏拉曾经杀害了他们的亲人，现在苏拉已经卸去官职，在众人愤怒的目光中坦然穿过。但是慑于苏拉的威严气势，围观者谁也不敢说话。据说有个人喊了一声："他就是苏拉，他杀害了我们的亲人，现在他已经没有权力了！"苏拉闻声回过头来缓缓地看了他一眼，那个人马上噤若寒蝉，其余的人也都呆若木鸡。苏拉就这样大摇大摆地穿过人群，回到了自己在意大利南部那不勒斯的庄园。

从此以后苏拉就告别政坛，还乡养老。尽管他还保留着元老的职位，但是他基本上不去罗马参加元老院会议。苏拉在年轻的时候就自由散漫、放浪形骸，现在功德圆满，衣锦还乡，更是声色犬马、极尽所欲。他成天都和一帮文人墨客、优伶混在一块儿，高谈阔论，饮酒作乐。尽管苏拉在政治上是一个凶悍强势的人物，但是在日常生活中却是一个宽容敦厚、不拘小节的性情中人，深受朋友们的喜爱。由于放纵过度，苏拉在退休的第二年就得病去世了，享年六十岁。虽然谈不上寿终正寝，但是与他前后那些死于非命的风云人物相比，苏拉也算是"死得其所"了。

苏拉是一个知足常乐的人，他认为自己的一生都非常幸运，所以他给自己取了一个绰号"Felix"，此词就是"幸运"的意思。苏拉的一生确实比较幸运，他在战场上从来没有打过败仗，从早年生擒朱古达和抗击辛布里人，到平定意大利同盟战争，再到东征打败米特拉达梯六世，直到最后剿灭马略、秦纳叛党。苏拉在政治上亦然如此，他的仕途可谓是一帆风顺，终至攀上了至高无上的权力峰巅（无限期独裁官）。在生活中他也是一个随心所欲、自由率性之人，竟然能够从权力的顶峰华丽转身，飘逸而下，归隐桃源，醉生梦死，最终在纵情酒色的潇洒人生中与世长辞。

苏拉人生的完美谢幕还表现在他的葬礼上。尽管当时有一些平民派人士极力反对，但是在庞培、卢库鲁斯等苏拉亲信的全力支持下，这场旷古未有的盛大葬礼还是如期举行了。苏拉的遗体被穿上了王者的盛装，灵柩由众位元老肩扛簇拥，色彩缤纷的旌旗和仪仗在前面开道，他的旧部门人像参加凯旋式一样列队行进。出殡那天正好遇上漫天阴霾，最后的情景也充满了戏剧化的效果。普鲁塔克在《希腊罗马名人传》中描写道：

"这一天从早晨开始就乌云密布，他们的行程受到耽误直到下午第三个时辰才抵达，随时可能降下大雨。一阵狂风使火葬堆升起明亮的烈焰，遗骸很快焚烧得干干净净，等到积薪开始闷烧，火焰熄灭以后，暴雨倾盆而下，一直延续到夜晚。可见他的一生好运不断，连最后的葬礼都受到上天的保佑。他的纪念碑建立在战神教练场，上面有他自己撰写的墓志铭：

有仇报仇，有恩报恩；

连本带利，加倍还清。"

这就是一生潇洒、快意恩仇的"幸运者"苏拉！尤其是对比起他生前死后横尸政坛或自刎疆场的罗马群雄们，"死得其所"和死得其时的苏拉果然是幸运的！

苏拉的改革结果和历史意义

蒙森认为，苏拉把罗马骑士阶层杀戮得十室九空，令保民官噤若寒蝉，并且使执政官成为傀儡，让立法、行政和司法等权力重归于元老院的掌控之下，从而巩固了岌岌可危的罗马共和制。此外，苏拉解放了一万名奴隶，让他们组成专门保护元老贵族的亲兵和罗马卫戍部队。苏拉还将自己统率过的老兵安置在意大利各地屯田，让他们随时准备响应元老院的号召，这样就使得元老院可以高枕无忧。但是，由于元老院和贵族们的权力被大大地加强了，寡头集团与广大民众之间的矛盾变得更深了。

苏拉改革的另一个重要成果就是给予意大利人以平等的公民权，从而缓解了意大利各族群之间的矛盾，加速了意大利人罗马化的进程。因此，意大利成为一个统一的民族概念，就是从苏拉才真正开始的。意大利原本包括了许多彼此不同的族群，他们曾经组成了一个联盟来与罗马人对抗，但是从苏拉以后，所有的意大利人都成了罗马公民，意大利就与罗马相融合了。与此相应，"罗马人"的外延也得到了极大的扩展，罗马人已经不再是七丘之城、弹丸之地的人民了。

苏拉的一系列改革虽然都暂时缓解了罗马共和国的危机，却不能从根本上消除这种危机，因为罗马共和国由于内部矛盾的加剧已经病入膏肓了。苏拉本人也清醒地意识到，自己充其量只能修筑一座堡垒，却不能创造一支守军，因为以往固守堡垒的那些人已经不可挽回地堕落了（或许正是这种顺天应命的清醒意识促使他在完成了制度建构之后急流勇退）。缺少了坚强守军的堡垒，充其量不过是一道纸壁蒿墙，因此在苏拉去世之后很快就被一批另起炉灶者撞得四分五裂。

罗马共和国的政治危机是伴随着其疆域的不断扩大而逐渐加深的。原来罗马只是位于意大利中部的一个蕞尔小国，周边的意大利诸邦国只是它的同盟者，然而现在罗马已经覆盖了整个意大利，而且拥有广大的海外行省。在这种情况下，以前适应于小国寡民的共和政制已经变得捉襟见肘，漏洞百出。无论是古代的亚里士多德和波利比乌斯，还是近代的孟德斯鸠，都持有一个共同的观点，他们认为民主制适合于城邦小国，贵族制适合于中等规模的国家，而大国只能采取君主政体，只有依靠军队支持和人民拥戴的集权君主才能有效地统治幅员辽阔、民族众多的国家。罗马共和制的实质是元老院主导下的二元权力平衡，它实际上是一种更加协调的贵族政体罢了。但是随着国土范围的扩展和利益关系的复杂化，贵族与平民之间的矛盾将会不可避免地走向白热化，双方会发生激烈冲突乃至全面内战，导致生灵涂炭，国家濒危。尽管苏拉试图通过一系列改革来恢复贵族统治，修缮共和体制，但是到了公元前 1 世纪，罗马元老院已经不可遏制地走向腐败、懦弱，贵族们也在大量财富的腐蚀下变得萎靡不振。与此相应，罗马公民大会也日益蜕化为平民野心家（保民官）操纵的情绪机构，完全被一批充满暴戾倾向的城市平民控制，逐渐丧失了人民性和代表性。于是，一方面元老贵族们在腐败，另一方面公民大会也在蜕变，所以在苏拉去世之后，这两个竞相走向堕落的权力集团又开始了新一轮的生死拼搏。一直到某位具备雄才大略的独裁者依靠军队来收拾残局，笼络民心，慑服元老院，让所有人民——包括贵族和平民——都把目光从政治理想转向安宁生活，罗马共和制也就顺理成章地转化为罗马帝制了。

　　古代有罗马共和制向帝制的转化，近代也有法国大革命之后拿破仑帝国的出现，二者都是趁着贵族和平民斗得两败俱伤、精疲力竭的时候，由一位叱咤风云的杰出人物横空出世来收拾残局，结束战乱，给人们带来和平。从此，贵族们不再掌控国家政权，平民们也不再要求民主，国家的政治权力交给一位大权独揽的统治者，老百姓就好好地过日子罢了。这似乎成了一种普遍性的历史节律，很好地揭示了寡头政制、民主政制与君主（或僭主）政制的辩证关系。

就此而言，苏拉的改革只是抚慰病入膏肓的罗马共和国的镇痛剂，恺撒和屋大维的革命才是终结共和国危机的特效药，但是它同时也终结了共和国本身。

第 III 章

"苏拉体制"的瓦解

苏拉旗帜鲜明地站在罗马元老院和贵族派一边，他虽然用铁腕镇压了马略和秦纳的党羽，但是他不可能从根本上消灭平民派的势力，后者只要稍有风吹草动就会死灰复燃，而且其积压的仇恨会越来越深。既然苏拉可以运用独裁手段来恢复传统的共和体制，那么充满复仇怒火的罗马民众也会如法炮制，同样拥戴一位新的独裁者来动摇共和体制。更重要的是，现在寡头派和平民派都已经无可救药地堕落了，于是就为新的拥兵独裁者提供了可乘之机。苏拉死后，旋即就有少年气盛的庞培依仗军功率先突破了"苏拉体制"；紧接着雄心勃勃的恺撒闪亮登场，依靠民众的支持登上了权力顶峰，公然挑战共和国的政治制度。至此，"苏拉体制"已经岌岌可危，等待着腾挪乾坤的屋大维来给予最后的一击。

第 I 节

苏拉的后继者们

反苏拉派和亲苏拉派

苏拉刚一谢世,他苦心建构的政治体制很快就土崩瓦解了,因为没有合适的接班人能够继续推进他的政治路线。苏拉死后,罗马政坛上出现了相互对立的两派。一派为反苏拉派,代表人物是一位名叫埃米利乌斯·雷必达(Aemilius Lepidus)的平民派领袖,他通过讨好在民众中享有盛誉的庞培而成功地出任了公元前78年的罗马执政官。苏拉生前曾对雷必达多有提防和排挤,苏拉死后雷必达的势力日益壮大,他身边聚集了一大批反苏拉派人士,包括在北非、西班牙等地的马略余党。其中有一位重要人物叫塞多留(Sertorius),他一直是马略的亲信,而且能征善战,富有韬略。马略派落败之后,塞多留先逃到阿非利加,后来又来到西班牙,组织军队与苏拉派对抗,后来成为庞培的劲敌。以雷必达为首的反苏拉派得到了罗马平民们的大力支持，因为苏拉当年清算了 4 700 多名平民派人士，所以平民们对苏拉充满了仇恨，苏拉死后他们旗帜鲜明地站在雷必达等反苏拉派一边。

另一派则是以苏拉亲信为主的贵族派，苏拉在世时最信任的人除了老一辈贵族领袖梅特鲁斯之外，还有三位重要的肱股臂膀，他们分别是卢库鲁斯、克拉苏和庞培。当年苏拉率领军队从东方战场回师罗马，在意大利南端的布林迪西港口登陆，当时有一些贵族派人物纷纷带着军队前来加入，从而使苏拉的军队实力大增。当时苏拉带着 5 个军团从东方归来，到了意大利很快就发展出 11 个军团，其中就包括梅特鲁斯的 2 个军团、克拉苏（时年 32 岁）的 1 个军团和庞培（时年 23 岁）的 3 个军团。苏拉最后依靠这支强大的军队打败了秦纳和马略党，夺取了罗马政权。而卢库鲁斯一直是苏拉的心腹，长期追随苏拉，在苏拉东征时执掌罗马海军，公元前 83 年苏拉回师意大利时曾委任卢库鲁斯镇守东方。公元前 80 年，卢库鲁斯回到罗马，由于深得苏拉信任，所以苏拉在临死之前就托付卢库鲁斯来负责宣布和执行自己的遗嘱，并且把妻儿都托付给卢库鲁斯照料。

苏拉曾娶梅特鲁斯之女为妻，双方有着密切的政治联姻关系，但是苏拉死后，梅特鲁斯也已经年纪老迈，淡出政坛。而新生代的卢库鲁斯、克拉苏和庞培的实力却不断加强，尤其是庞培，年纪轻轻却军功卓著，深得罗马民众的崇拜，平民派和贵族派都对庞培礼敬有加。

苏拉死后，卢库鲁斯、克拉苏和庞培三人就成为苏拉派的核心。后来卢库鲁斯退出政坛，另一颗政坛新星开始升起，这就是大名鼎鼎的尤利乌斯·恺撒。公元前 60 年，克拉苏、庞培、恺撒三人缔结了一个秘密协定，形成了"三头同盟"。后来屋大维、安东尼、雷必达又组成了另一个"三头同盟"，因此二者分别被叫作"前三头同盟"和"后三头同盟"。这两个"三头同盟"很快就突破了"苏拉体制"，改变了罗马的命运，最终将共和国送进了历史墓冢。

萧规曹随的卢库鲁斯

卢西乌斯·李锡尼乌斯·卢库鲁斯（Lucius Licinius Lucullus，公元前 116 年—公元前 56 年）出身于财富贵族之家，其祖父曾经担任过罗马执政官，而卢库鲁斯的母亲出身于共和国后期的罗马名门望族——梅特鲁斯家族。卢库鲁斯家境殷实，从小接受过良好的教育。从小西庇阿的时代开始，罗马贵族子女一般从小都要接受高雅的希腊文化教育，年轻时往往还会去希腊求学。因此，他们的希腊语、哲学、修辞学、逻辑学等学问根基都非常深厚，卢库鲁斯尤其如此，他博学多才，极富文采。据说卢库鲁斯自诩可以同时用拉丁文和希腊文来进行演讲，晚年他曾用希腊文

卢库鲁斯雕像

写过一部关于古代意大利玛尔斯人的战争史，可惜这部佳作已经失传了。

卢库鲁斯从年轻的时候就开始追随苏拉，是苏拉最信任的副手，经常被委以重任，例如苏拉在回师意大利时就让卢库鲁斯代他镇守小亚细亚，临终之前又把宣布和执行遗嘱的权力交给卢库鲁斯。所以苏拉死后，卢库鲁斯自然就成为苏拉派的首领。卢库鲁斯与克拉苏、庞培的不同之处在于，卢库鲁斯长期以来一直是苏拉的心腹，而克拉苏和庞培则是在苏拉回师意大利时才率部前来投靠的，因此他们与苏拉的亲疏关系自然有别。虽然庞培后来成为苏拉的女婿且战功显赫，但是他却因为功高盖主而引起了苏拉的提防，乃至于苏拉最后在遗嘱中没有给予庞培任何好处（尽管如此，庞培仍然在苏拉死后且得知遗嘱内容的情况下，坚持要为苏拉举行隆重的葬礼，由此亦可见庞培人品之高尚），却把身后之事都托付给了忠厚可靠的卢库鲁斯。

所以在苏拉死后，卢库鲁斯就毋庸置疑地成了苏拉派的领袖，他非常忠实地推行苏拉的政治路线，维护"苏拉体制"。卢库鲁斯出生于公元前 116 年，按照苏拉制定的"年功序列"，年满 39 岁才能出任法务官，42 岁才能出任罗马执政官。卢库鲁斯作为苏拉派的领袖，以身作则，一直到公元前 74 年，即年满 42 岁时才第一次出任罗马执政官。但是与他同为苏拉左膀右臂的庞培就不一样了，庞培第一次出任执政官时才 36 岁。庞培作为苏拉的副将，却成为第一个破坏苏拉规矩的人。由此可见，卢库鲁斯是一个比较忠诚、保守的政治人物。

按照苏拉制定的规则，罗马执政官在卸任以后，可以到某个海外行省出任总督，因此卢库鲁斯就在公元前 73 年成了东方西里西亚行省的总督。西里西亚在小亚细亚的南部地区，今天属于土耳其境内。卢库鲁斯来到西里西亚以后，正好遇到小亚细亚北边黑海之滨的本都王国再次兴风作浪，野心未泯的米特拉达梯六世撕毁了当年与苏拉的和平协议，企图称霸小亚细亚。于是，卢库鲁斯发起了又一次米特拉达梯战争。

从公元前 73 年到公元前 66 年，在长达 7 年的时间里，卢库鲁斯虽然取得了多次局部性的胜利，却始终不能结束战争。一直到公元前 66 年，声名显赫的庞培通过笼络保民官和诸位元老，接管了卢库鲁斯的米特拉达梯战争统帅权，最后才彻底征服了本都王国。虽然罗马人也给卸任回国的卢库鲁斯举行了一场凯旋式，但是大家都把征服本都王国的功劳记在了庞培的名下。卢库鲁斯率军在东方进行了 7 年艰苦的战争，眼看就要大功告成，却被庞培摘取了胜利果实，心中自然颇为不快。从此以后，卢库鲁斯与庞培之间就渐生罅隙，苏拉派势力开始发生分裂。随着庞培不断创立新功，声望日盛，再加上庞培本来就性情孤傲，自视甚高，所以卢库鲁斯认为庞培很有可能会成为第二个苏拉式的独裁者，于是便和元老院的小伽图等重要人物联合起来共同制衡庞培，成为庞培在政治上的对手之一。

庞培在彻底打败米特拉达梯六世、结束米特拉达梯战争之后，又进一步扩大战果，把腹背受敌的塞琉古王国的西部地区（叙利亚）纳入罗马的版图中（塞琉古王国东部的美索不达米亚地区则被虎视眈眈的帕提亚王国吞并），再度创建了辉煌的军功。公元前 62 年庞培从东方凯旋，翌年第三度在罗马举行了盛大的凯旋式。眼见庞培势不可挡，明智的卢库鲁斯选择了功成而退，逐渐淡出政坛。虽然卢库鲁斯仍然保留着元老的身份，并且在罗马政治舞台上享有极高威望，但是他基本上不再参与罗马的权力角逐，而是凭借自己在东方战争期间获得的大量钱财，回到那不勒斯和罗马的私家豪宅中养尊处优。

"卢库鲁斯的盛宴"

史料记载，卢库鲁斯的那不勒斯别墅极其豪华，据说只有波斯的王宫才可以比拟。他的别墅建在海边，开掘的巨大鱼池直接与大海相通，园圃中饲养着各种奇珍异兽，它们随时可以用来制作美味佳肴。卢库鲁斯在罗马的府邸也是极其奢华，尤其以膳食丰盛，山珍海味无奇不有而驰名罗马上流社会。虽然卢库鲁斯已淡出政坛，但是他人脉极广，且性格开朗，为人慷慨，因此他的豪宅里常年都是宾客如云。卢库鲁斯招待客人的宴席也是极尽奢侈，在罗马名人圈中享有盛誉。从两则有趣的故事中可以窥见卢库鲁斯的盛宴之一斑。

有一天西塞罗和庞培在罗马元老院办完公务之后，在回家的路上遇见了卢库鲁斯。西塞罗和庞培都知道卢库鲁斯的盛宴非常有名，所以就想去领略一下。于是他们两人和迎面而来的卢库鲁斯打过招呼以后，就表达了当晚想到卢库鲁斯府邸共进晚餐的愿望，但是请求卢库鲁斯不要提前准备，一切顺其自然，他们的目的就是想看看卢库鲁斯平时会吃些什么东西。卢库鲁斯接受了他们的请求，并表示不会为此专门进行准备，他转头对随行仆人吩咐了一句："今天晚上我们在阿波罗厅用餐。"然后就陪同西塞罗和庞培一路谈笑返回府邸。结果当晚在阿波罗厅举办的那场宴席，其奢华程度令西塞罗和庞培瞠目结舌，其价值据说约为 5 万德拉克马，而当时一个罗马平民一年的收入大概是 5 000 德拉克马。也就是说，卢库鲁斯为西塞罗和庞培安排的这顿晚餐"吃"掉了一个平民 10 年的收入。卢库鲁斯的豪宅中，有一些不同名称的餐厅，每个餐厅的菜肴安排和价值标准都互不相同，而阿波罗厅则是其中最奢华的。

卢库鲁斯的餐厅平时都是高朋满座，但是有一天正好没有客人造访，于是仆人们就给卢库鲁斯一人准备了一顿比较简单的晚餐。结果卢库鲁斯大发雷霆，埋怨餐食不够精美。仆人们解释说，由于当晚并无客人来访，所以他们就没有准备太奢华的餐食。但是卢库鲁斯却大声呵斥道："难道你们不知道今晚是卢库鲁斯和卢库鲁斯一起用餐吗？"

虽然卢库鲁斯的生活极其奢侈，但是他的文化修养却非常高，他言行儒雅，品性高洁，深受罗马权贵敬重。卢库鲁斯早年接受过良好的希腊文化教育，淡出政坛后又热衷于公益事业，大力推动罗马公共文化教育的发展。他出资在罗马修建图书馆，收集了大量的希腊艺术品和东方艺术品进行公共陈列，供罗马人观赏，做了一些有利于提高罗马人文化品位的慈善事业。

由于晚年的卢库鲁斯经常喜欢在自己的别墅鱼池中悠闲垂钓，所以他被克拉苏、庞培等时人戏称为"钓鱼狂"。从表面上看，卢库鲁斯在人生方面似乎已是意兴阑珊、胸无大志，其实却蕴涵着一种勘破功名得失的极高智慧。因此，尽管"钓鱼狂"的称呼略带嘲讽意味，卢库鲁斯却坦然受之，自得其乐，在凶险四伏的罗马政治环境中得以寿终正寝。相比之下，与卢库鲁斯同为苏拉肱股的克拉苏和庞培尽管后来风头更盛，最终却没能逃脱身首异处的悲惨下场。

罗马首富克拉苏

马可·李锡尼乌斯·克拉苏（Marcus Licinius Crassus，公元前 115 年—公元前 53 年）和卢库鲁斯一样，出身于罗马的财富贵族家庭，其父是遐迩闻名的大富豪。在罗马内战中，克拉苏的父亲和兄弟都被马略、秦纳党羽杀害，克拉苏立志要为父兄报仇，便组织了一支军队投奔到苏拉麾下，在协助苏拉攻入罗马的战斗中建立了军功。苏拉掌握了罗马政权之后，克拉苏趁着宣布公敌的机会，兼并了很多罗马富豪的财产，让原本就不菲的家产在此基础上更上一层楼，成为罗马名副其实的首富。克拉苏极富经济头脑，敛财有方，但贪婪无度，曾经多次利用战争和灾难的机会而大发其财。

由于此前有许多流离失所的农民涌入罗马城，他们只能在拥挤的城市里面搭建简陋的房子暂时栖身，从而使得罗马的闹市中挤满了残破不堪的贫民陋室。这些临时搭建的板壁房屋极易失火，而且贫

克拉苏雕像

民窟的房子都是鳞次栉比地连成一片的，所以一旦起火就会难以控制，甚至殃及周边的富人住宅。虽然罗马的市政当局也有救火队，但是人手有限，效率低下。针对罗马频繁发生的火情，克拉苏专门组建了一支几百人的救火队，每当贫民窟失火的时候，克拉苏的救火队总是比罗马市政的救火队先赶到火灾现场。但是克拉苏的救火队先不救火，而是让遭到火灾威胁的房主把房子折价卖给克拉苏，如果房主拒绝，救火队就坐视不管，任凭大火将房屋烧得片瓦不留。大部分房主在紧急情况下只好同意将房子低价卖给克拉苏，然后克拉苏的救火队才开始救火。克拉苏就以这种方式买下了大量的罗马危房和土地，然后将遭受火灾的房子推倒重建，由此成为罗马最大的地产商。

虽然克拉苏以擅长敛财和贪婪而著称，但是他为人处世却比较慷慨大度，时常会仗义疏财，笼络人心，对于向他借贷的朋友往往是不收利息的。当年克拉苏在罗马的最大债务人就是恺撒，恺撒在出任罗马市政官期间，为了取悦民众，经常自掏腰包修建公共工程，组织斗兽、戏剧表演和节庆游行等活动，因而债台高筑。独具慧眼的克拉苏对于恺撒一向是有求必应，不仅随时满足恺撒的借贷请求，从来不催促恺撒还债，还以自己的万贯家产为恺撒的信誉作担保。公元前61年恺撒出任西班牙总督前，一些债权人逼上门来讨债，恺撒一时间无法抽身离开罗马，最后也是克拉苏为他偿债担保，恺撒才得以前往西班牙赴任。正因为如此，恺撒对于克拉苏始终是礼敬有加的。

克拉苏不仅时常对罗马权贵施以恩惠，而且对于平民百姓也颇为和善，据说他可以在罗马大街小巷随口叫出偶遇的每一位平民的姓名，而且一旦有人遇到困难，克拉苏也乐于慷慨解囊。与功勋卓著却性情高傲的庞培相比，罗马大富豪克拉苏还是比较亲民的，所以他在罗马社会中有很好的人缘。然而，尽管在罗马政坛上呼风唤雨、人气颇旺，克拉苏却有一个最大的软肋，那就是他在军功方面完全无法和庞培、恺撒相提并论。克拉苏除了早年追随苏拉在进攻罗马的战役中取得了一点战绩之外，基本上没有什么值得夸耀的军事荣誉。在罗马共和国，政要人士一生中最大的荣耀就是举行凯旋式，而凯旋式只给予那些创立了辉煌战功的军事统帅。庞培一生中举行过三次凯旋式，恺撒则一连举行了四次凯旋式，但是克拉苏却从来没有凭借战功享受过这样的荣耀，因此一直耿耿于怀。

平定斯巴达克斯起义

公元前 73 年，罗马发生了一场奴隶起义，为首的是一个从北方色雷斯地区贩卖来的角斗士，名叫斯巴达克斯（Spartacus，？—公元前 69 年）。斯巴达克斯不仅武艺精湛，而且富有文化素养和军事指挥才能。他由于战败而沦为奴隶，被卖到罗马的角斗士训练所中训练格斗技能。在角斗场上，斯巴达克斯向他的同伴们宣称，宁可为自由血溅沙场，也不为贵族老爷们取乐而相互格杀。他纠集了一批角斗士举行起义，很快就形成了一支由角斗士和贫苦民众所组成的军队，并发展到十万人的规模，数次打败了罗马元老院派遣来的正规军，对罗马共和国形成了极大的威胁。斯巴达克斯起义不同于此前在西西里岛上爆发的两次奴隶起义：一则是因为这次角斗士起义发生在意大利本土，对罗马的威胁更大；二则是由于斯巴达克斯本人极具军事天才，率领起义军在意大利转战南北，纵横捭阖，令罗马人几度败北。公元前 72 年，斯巴达克斯率领起义军北上准备翻越阿尔卑斯山脉前往色雷斯，却突然急转南下，直趋罗马而来。惊惶失措的罗马元老院宣布国家进入紧急状态，任命亟待建功立业的克拉苏为军事统帅，对斯巴达克斯的奴隶军队进行镇压。

自从汉尼拔战败以后，意大利本土从来没有遭受过敌人的威胁，克拉苏在国家紧急状态下临危受命，采取了置之死地而后生的决绝做法。他为了整饬军纪，恢复了惩罚逃兵的"十抽一法"古制，把 500 名逃兵分成 50 组，用抽签的方法，从每组中抽出一人，当众处死。这个方法果然有效，很快就激起了罗马战士勇往直前的战斗精神，他们最终在公元前 71 年打败了奴隶起义军，斯巴达克斯本人和大量起义者都在混战中被杀身死。

溃败的起义军往北逃窜的时候，刚好遇到了从西班牙战场上凯旋的庞培大军，庞培顺势歼灭了数千名斯巴达克斯余部，接过了胜利的果实，由此也引起了克拉苏与庞培之间的争功。克拉苏回师罗马后，因镇压斯巴达克斯起义之功向元老院提出了举行凯旋式的请求。与此同时，庞培也由于平定塞多留领导的马略余党和西班牙土著叛乱而要求举行凯旋式。最后元老院批准了庞培的凯旋式，却只准许克拉苏举行一个次凯旋式。

> 小凯旋式与凯旋式在规模上有着很大的差别，凯旋式气势宏大，得胜的罗马军团在仪仗队的引领下，押解着大量战俘和满载战利品的车辆穿过罗马大道；凯旋者乘着四匹白马牵引的战车，头戴胜利者的橄榄花冠，在众多元老和骑士的簇拥之下高视阔步，受到全体罗马人民的夹道欢迎。凯旋队伍最后到达卡庇托尔山上的朱庇特神庙门前，向神献祭一头雄壮的公牛。小凯旋式的场面则要小得多，凯旋者没有驷马高车，只能徒步率领凯旋队伍前行，最后向神灵供献的祭品也只是一只山羊。在荣耀方面，小凯旋式是完全无法与凯旋式相提并论的。

公元前 71 年，庞培因西班牙战功（也包括收拾斯巴达克斯残部）举行了盛大的凯旋式，但是克拉苏镇压斯巴达克斯起义却只获得了举行小凯旋式的资格。其中的原因，除了庞培以前就屡建战功、在广大民众中享有"罗马第一战神"的英名之外，还有一个重要因素，那就是罗马的凯旋式一般只给予征服了外国劲旅的军事统帅，而克拉苏只是镇压了国内的奴隶起义，这算不得什么了不起的功勋（况且庞培还到处吹嘘是他的军队最后结束了这场战争）。在罗马人看来，奴隶起义军不过是乌合之众，如同盗贼一般，因此克拉苏赢得胜利也是理所应当。相比之下，庞培在西班牙不仅剿灭了马略余党，还制服了西班牙的卢西塔尼亚人，所以理应享受凯旋式的荣耀。在荣誉方面的巨大反差，令克拉苏心中的积郁更加深沉，从而与庞培的关系也逐渐疏离。公元前70年，克拉苏与庞培共同出任了罗马执政官，两人在当权时彼此掣肘，钩心斗角，一年执政期间的政绩可谓是乏善可陈。

克拉苏之死

眼见自己无法在军功方面与庞培相抗衡，克拉苏索性就专心致志于经商敛财活动，通过收买元老权贵来提升自己在罗马政坛上的影响力。而庞培则在卸任执政官之后，就马不停蹄地先后到西里西亚去剿伐海盗、到小亚细亚去结束米特拉达梯战争，以及到西亚去征服塞琉古王国，完全无暇顾及罗马的事务。这样一来，随着卢库鲁斯逐渐淡出政坛，庞培在国外建功立业，克拉苏在罗马笼络人心，后两者倒是可以相安无事。但是当公元前62年庞培满载战功班师回朝之后，两人之间的矛盾又开始激化，彼此明争暗斗，龃龉不断。这时候在罗马政坛上已经崭露头角的恺撒出于自己的政治野心（竞选公元前 59 年的执政官），就极力拉拢这两位政界大佬，调解他们的矛盾，最终撮合二者与其缔结了秘密的"三头同盟"（公元前 60 年）。分别拥有军功（庞培）、财富（克拉苏）和民意（恺撒）的三个人，一拍即合，共同应对以小伽图、西塞罗为首的罗马元老院。

公元前 56 年，已经掌控了罗马权力的三位巨头又在意大利的卢卡小镇公开地续订同盟协议，并且确定了由克拉苏和庞培再度联袂出任公元前 55 年的罗马执政官，卸任以后，克拉苏和庞培将分别出任叙利亚和西班牙的总督。于是，克拉苏建立军功的夙愿又一次死灰复燃了。

公元前 54 年，卸任执政官的克拉苏如愿以偿地出任了叙利亚总督。此时叙利亚东边的帕提亚帝国正在迅猛崛起，构成了罗马帝国在东方世界的最强劲的对手。克拉苏急于建立军功，并且受到亚历山大征服波斯帝国之伟业的激励，一意孤行地要与帕提亚人决一死战。然而，缺乏军事指挥才能的克拉苏对于帕提亚帝国的地理、历史、文化和军事实力一无所知，尤其是面对帕提亚强大的骑兵没有做任何战略准备；而且他始终把敛财目的置于军事目标之上，乃至于到了叙利亚之后，只顾着通过征税来搜刮当地的民脂民膏，根本没有时间整顿军务。结果在卡莱战役中，罗马的七个军团在帕提亚重装骑兵的袭击下一败涂地，克拉苏的儿子也在战斗中英勇殉职。克拉苏怀着哀子之痛率领罗马军队从战场上撤退，最后在卡莱城被帕提亚军队团团包围，走投无路的克拉苏中了敌人和谈的诡计，最后被擒遇害。他的头颅和右手被帕提亚人砍下来示众，有一种传闻宣称，帕提亚人为了惩罚克拉苏的贪婪，在他的嘴里面灌满了熔化的黄金。

克拉苏虽然是"三头同盟"的成员之一，但是与庞培和恺撒相比，他的政治地位和影响力难免相形见绌。不过，由于克拉苏非常富有，且人脉极广，在罗马各界都能够游刃有余，因此他构成了庞培与恺撒之间的一股重要的平衡力量，双方都不敢轻易得罪他。可以说，克拉苏就像"三头同盟"的压舱石，不仅维系着"三头同盟"的内部稳定，而且协调着"三头同盟"与元老院之间的和谐关系。随着克拉苏于公元前 53 年在帕提亚战争中战败身死，"三头同盟"也随之瓦解，最终导致了恺撒与庞培反目成仇、相互残杀的结局。

相对而言，克拉苏和庞培、恺撒各有所长。庞培军功卓著，被时人称为"伟大的庞培"，手中长期握有军权。恺撒在出任高卢总督以前，并没有掌握军队，但是他却继承了马略和秦纳的遗志，站在平民派一方（尽管他本人是血统贵族出身），不畏权贵，因此深得民心。而克拉苏则是富甲天下，通过财富来笼络人心，在罗马朝野社会纵横捭阖，特别是在卢库鲁斯淡出权力圈之后，克拉苏就成为罗马政坛上呼风唤雨的人物。庞培性情高冷，恃才傲物，一般人难以亲近；恺撒野心勃勃，操纵民意，公然与罗马权贵相对立，更是遭到了元老们的猜忌提防。唯有克拉苏八面玲

珑，左右逢源，虽然贪婪无度，但是他却与各界人士都保持着良
好的关系。待到克拉苏一死，罗马共和国很快就陷入了腥风血雨
之中。

第 II 节

"伟大的庞培"

如果说在苏拉派的三位重镇中，卢库鲁斯忠实地推行苏拉的政治路线，维护"苏拉体制"，克拉苏见风使舵，唯利是图，那么庞培则是率先突破"苏拉体制"的人。尽管庞培立场坚定地站在苏拉派一边，在紧要关头义无反顾地捍卫苏拉所修复的贵族政体，但是他却依凭战功贸然对"苏拉体制"中的一些规则进行挑战，成为导致"苏拉体制"瓦解的关键因素。

少年得志、心高气傲的"罗马第一战神"

格涅乌斯·庞培（Gnaeus Pompey Magnus，公元前 106 年—公元前 48 年）的名字后面往往被冠以"伟大的"（Magnus）称号，他通常被叫作"伟大的庞培"或者"庞培大将"。"Magnus"是一个非常荣耀的称号，它也曾被用在战无不胜的亚历山大身上，即"亚历山大大帝"。在苏拉派的三位重镇之中，庞培最为年少，他比卢库鲁斯和克拉苏都要小十岁左右，但是他却少年得志，年纪轻轻就获得了巨大的功勋。

庞培出身于权贵家庭，但是庞培家族并非罗马本地的名门望族，而是罗马东部靠近亚得里亚海的皮克努姆地区的财富豪门。庞培家族是皮克努姆的大地主，拥有大片沃土良田和许多门客家丁，在当

"伟大的庞培"

地人气颇旺。庞培的父亲斯特拉波（Strabo）曾经出任过公元前89年的罗马执政官，是一个作战勇猛却为人刻薄的统帅，既令人畏惧又招人嫉恨。斯特拉波后来死于一场雷击，他的部属们纷纷额手称庆。但是与其父相比，庞培却因品性高洁和功勋卓著而受到罗马人民的普遍敬仰。关于他的人品，古代传记作家普鲁塔克

非常生动地描写道：

> "没有一位罗马人能与庞培相比，不论命运的枯荣盛衰，能够长远获得同胞衷心的善意和挚爱，更不要提他的崛起是那样的快速，他的成就是那样的伟大，他的不幸是那样的恒久。……庞培有很多长处使他获得大众的拥戴，诸如节制的个性、用兵的素养、雄辩的口才、正直的精神，以及友善的谈吐……总之，他的施与决不摆出傲慢的神色，他的受惠尽量保持尊贵的身份。
>
> "……即使是玉树临风的年华，就能表现慷慨的习性和高贵的品格，等到成年更加成熟以后，自然流露威严的气势和王者的风范。"

公元前 83 年，苏拉大军在布林迪西港口刚一登陆，年仅 23 岁的庞培就率领在皮克努姆招募的 3 个军团加入苏拉的阵营，极大地加强了苏拉的军事实力。或许是受其父的影响，庞培从年轻时代起就擅长用兵作战，而且每次战斗时他都冲锋在前，以身垂范。有时候他甚至与敌方主帅进行一对一的决斗，最后将敌酋斩杀于两军阵前，他的军功也因此益显光辉。

庞培既出身于名门，又建有军功，因此当他率军投入苏拉麾下时，苏拉对他礼遇有加，格外青睐。当克拉苏等罗马权贵来投奔苏拉时，苏拉往往只是坐着接待来者；唯独年轻气盛的庞培进入苏拉营帐时，苏拉立即脱帽起身前去迎接。此时苏拉已经年逾五旬，庞培方才 23 岁，苏拉可谓是慧眼识珠，一眼就看出了这个年轻人将来前程无量。苏拉为了笼络庞培，还把自己的继女嫁给了庞培。当时已有家室的庞培迫于苏拉的劝告只得休妻另娶，成为苏拉的乘龙快婿。由于苏拉之妻梅提拉来自罗马权贵梅特鲁斯家族，于是庞培一下子就与炙手可热的苏拉和梅特鲁斯家族结下了亲缘关系，从而在苏拉派阵营中的地位和名声扶摇直上。

如虎添翼的苏拉带领大军在意大利南部地区迎战秦纳、马略的军队，进逼罗马，同时派遣庞培率部相继前往高卢、西西里、北非等地清剿平民派势力。深得苏拉信任的庞培独当一面，充分发挥其高超的指挥才能和勇悍的战斗精神，率部转战各地，所向披靡，屡建奇功，被属下将士赋予了"英白来多"（Imperator，即"凯旋将军"）的崇高称号，并且被崇拜英雄的罗马民众尊称为"罗马第一战神"。

到了公元前 81 年，苏拉已经攻占了罗马城，在共和国进行公敌宣告，肃清秦纳、马略余党；与此同时，庞培也已在北非战场上取得了决定性的胜利，平民派军队土崩瓦解。苏拉实现了罗马的权力更迭之后，就开始遣散军队，着手进行政治改革。于是他命令驻扎在北非的庞培解散属下的军队，只允许庞培保留一个军团，等待元老院的命令再进行军权交接事宜。尽管庞培的部下怨声载道，但是胸襟宽广的庞培还是按照苏拉的指示遣散了军队。他回到罗马时，受到苏拉和广大民众的热烈欢迎，苏拉引导热情洋溢的民众高呼"Magnus"的称号。从此以后，罗马人民都以"伟大的庞培"（Pompey Magnus）来称呼他，庞培本人也经常在信函等文件上如此署名。

庞培虽然遵照苏拉的命令解散了军队，但是他却提出了一个令苏拉大为惊诧的要求，他要为自己的显赫军功在罗马举行一次凯旋式。对于苏拉来说，这是一个非分的要求，因为按照罗马共和国的惯例，只有大获全胜的执政官或法务官才有资格举行凯旋式。而庞培此时才刚刚 25 岁，虽然战功卓著，却尚未谋得任何官职，连个元老都不是，仅为苏拉麾下的一员副将而已。当时苏拉正在酝酿制定"年功序列"，严格规定出任各种官职的年龄限制，而现在这个连担任最低阶的财务官（年满 30 岁）都不够格的初生牛犊，竟然要求为自己举行凯旋式，岂不是异想天开！因此，苏拉断然拒绝了庞培的要求，并且劝告庞培不可锋芒毕露。结果庞培就向四周的人说出一些具有挑衅意味的话语，大意为：人们究竟会崇拜初升的旭日，还是西沉的夕阳？他暗示自己的力量正在日益壮大，而苏拉的权势已经盛极而衰了。这些话传到了苏拉耳边，苏拉惊愕地发现，庞培现在已经羽翼丰满，功高震主，难以驾驭了。出于重建传统贵族政体的需要，苏拉必须笼络军功卓越且深孚众望的得力臂膀庞培，因此最后不得不允准庞培举行凯旋式。公元前 81 年，年仅 25 岁的庞培在罗马举行了人生的第一次凯旋式，如此的荣耀自从共和国建国以来，可谓是绝无仅有。据说当时庞培为了炫耀功勋，特地从北非带来了4头大象，准备用大象拖曳战车来举行凯旋式。无奈罗马的城门太窄，4头大象无法并排进入，所以他才不得不改用4匹白马来牵引战车。

　　庞培虽然少年得志，厥功至伟，但是他却并无政治野心，绝非马略那样的居功擅权之人，他只是心高气傲，珍视荣誉而已。庞培后来又不断地创立新功，声望日盛，一生中举行过3次凯旋式，可谓是极尽辉煌！但是他并没有依凭军功而僭取共和国的政治权力，成为专制君主。如果庞培也像马略和苏拉一样拥兵专权，恐怕就没有后来的恺撒和屋大维的颠乾倒坤了。虽然在恺撒崛起之前，卢库鲁斯和小伽图等元老政要一直在谆谆告诫人们要提防庞培的野心，但那只是因为庞培的功劳太大，他难免有恃功僭越之嫌。但是庞培本人确实未曾像马略和恺撒那样有过颠覆共和国的妄念，也不愿效法苏拉通过独裁手段来恢复旧制。庞培虽然在战场上叱咤风云，在政治上却胸无大志，因此每当他建立了功绩，他凯旋后就一头扎进自己的私邸中，金屋藏娇或怡情养性去了。庞培有时候也会走进公民大会，争取平民们的支持，但是他一向心性高洁，矜持孤傲，不愿过分迎合讨好偏于激动的普罗大众。至于后来缔结的"三头同盟"，那也是恺撒精心策划的结果，庞培在其中只不过是一枚可以利用的棋子罢了，而且他始终都没有与元老院真正决裂过。所以当恺撒再度挑起内战时，庞培立场坚定地与元老院站在一起，终至兵败身亡。

庞培最后的悲剧命运，恰恰是因为他过于高洁，而非耽于野心。

平定西班牙，再次凯旋

举行了凯旋式以后，庞培在罗马政坛上的影响力迅猛提升，连独裁官苏拉时常也要对他礼让三分。苏拉退出政坛后，年轻气盛的庞培在政治上更是竿头日上，羽翼渐丰。公元前 78 年，庞培不顾苏拉的苦心劝告，鼎力支持野心家雷必达如愿以偿地当上了罗马执政官，后者上台之后即开始推行反苏拉的平民派措施。不久后苏拉病故，雷必达更加肆无忌惮，成为反苏拉派的领袖。虽然庞培曾经帮助雷必达当选为执政官，但是当雷必达公然反对苏拉的政治路线时，庞培却旗帜鲜明地站在了曾经的恩主苏拉一边。在关于苏拉葬礼的问题上，庞培与雷必达针锋相对，雷必达坚决反对为双手沾满平民派鲜血的苏拉举行盛大葬礼，庞培却认为苏拉是平定叛党、拯救共和国的功臣，死后理应受到荣耀的待遇。虽然苏拉临终之前已经对庞培极为不满，在其遗嘱中竟然对庞培只字不提，但是胸怀大度的庞培却不忘旧恩，利用自己的政治声望，力排众议，最终成功地为苏拉举行了一场隆重的葬礼。不久以后，以雷必达为首的反苏拉派与以卢库鲁斯为首的苏拉派公开决裂，内战再起，庞培起初举棋不定，但是很快就义无反顾地投入征讨雷必达、塞多留等人的战斗中。

在对立两派激烈较量的紧要关头，庞培一方面站在苏拉派一边与雷必达等人对抗，另一方面却开始突破"苏拉体制"。公元前 77 年，当苏拉派和反苏拉派双方兵戎相见时，罗马元老院在由谁来担任军队主帅的问题上陷入了彷徨。声望日盛的庞培毛遂自荐，主动要求掌印挂帅，然而他此前虽然举行过一次凯旋式，却由于年龄限制从来没有担任过任何重要官职。按照苏拉"年功序列"的规定，一个人年满 30 岁才能出任最低官阶的罗马财务官，而年仅 29 岁的庞培连当财务官的资格都没有，遑论执掌帅印！但是当时的罗马共和国蜀中无将，许多元老都认为，军队主帅非庞培莫属，在军事方面无人可以与"伟大的庞培"相提并论。面对雷必达等平民派势力的威胁，元老院只好打破"年功序列"的限制，授权庞培出任罗马军队主帅。这样一来，庞培就在非常时期率先突破了"苏拉体制"。当年苏拉为了笼络人心，破例允许庞培举行凯旋式，而凯旋式毕竟只是一种荣耀，并非具有实权的官职。现在羽毛丰满的庞培却一跃成为执掌三军的罗马统帅，直接打破了苏拉苦心孤诣制定的规矩。

庞培指挥的罗马军团很快就在战场上打败了雷必达，雷必达兵败之后逃到撒丁岛，在那里生病而亡。雷必达手下有一位副将名叫布鲁图斯，他原本是贵族出身，却追随雷必达，兵败之后投靠了庞培，但庞培授意部下将其杀死。这个布鲁图斯就是后来刺杀恺撒的马可·布鲁图斯的父亲。因此，马可·布鲁图斯与庞培有杀父之仇，虽然后来他出于捍卫共和国的立场而站在庞培阵营一边与恺撒为敌，却始终与庞培形同陌路。

庞培打败了雷必达之后，又奉元老院之命开赴西班牙去讨伐另一位平民派领袖塞多留。作为马略余党的塞多留也是一位能征善战的将军，不仅擅长用兵打仗，而且颇有政治头脑。当年秦纳被消灭以后，塞多留逃到北非躲藏起来，等到雷必达掌握政权后又东山再起，跑到西班牙纠集了一些旧部，并且领导当地土著卢西塔尼亚人共同反对苏拉派。当时的西班牙虽然在名义上是罗马的海外殖民地，分为远西班牙（包括今葡萄牙及西班牙西部地区）和近西班牙（今西班牙东部地区）两个行省，但是西班牙的一些剽悍的土著族群，经常发动叛乱来反对罗马人的统治。因此塞多留就联合西班牙土著，组成了一支强大的军队与罗马军团相抗衡。尽管庞培享有常胜将军的美誉，但是这次一踏上西班牙的土地，就遭到了塞多留军队的迎头痛击。从公元前 76 年开始，庞培和另一位资深的罗马统帅梅特鲁斯深陷于塞多留领导的游击战中，罗马正规军团在卢西塔尼亚人神出鬼没的骚扰攻击之下处于劣势。在苏克罗河的会战中，庞培还身负剑伤，差一点被敌军俘获。庞培与梅特鲁斯的军队不得不退到高卢南部休整，直到公元前 73 年塞多留被自己的部下杀害，庞培才开始掌握战场的主动权，在接下来的两年时间里将塞多留残部和卢西塔尼亚人彻底征服。庞培在对西班牙的征战中，不仅呕心沥血，历尽艰辛，还耗费了他本人和国家的大量财富，好在最终还是获得了胜利。从此以后，西班牙就成为庞培势力的根据地或大本营，在庞培死后仍然由他的儿子和部属所控制，最后才被恺撒和屋大维收服。

苏拉死后，雷必达所代表的平民派势力很快就被苏拉派打败，但是罗马共和国不久之后又受到了三方面的挑战：本都国王米特拉达梯六世在东方寻衅、斯巴达克斯在意大利起义、马略余党塞多留在西班牙叛乱。罗马元老院分别指派卢库鲁斯、克拉苏和庞培去平定三方。到了公元前 71 年，卢库鲁斯已经在米特拉达梯战争中占据了上风，克拉苏在意大利镇压了斯巴达克斯起义，庞培则在西班牙大获全胜。庞培从西班牙凯旋，回到意大利顺势又消灭了斯巴达克斯起义军的 5 000 名残部，捡了一个大便宜，从而把镇压奴隶起义的功劳也记到了自己的头上。因此在公元前 71 年，庞培因西班牙战功而举行了一次隆重的凯旋式（后来卢库鲁斯也因东方战争胜利而举行了凯旋式）。这已经是庞培人生中的第二次凯旋式了，而那时他不过才 35 岁。相比之下，克拉苏镇压奴隶起义的战果却只让他享受了一次规模有限的小凯旋式，这种屈辱性的对照令财大气粗的克拉苏一直耿耿于怀，所以他才会在 10 多年后不顾年老体衰，铤而走险与帕提亚人开战，最后自取其辱，殒命疆场。

突破"苏拉体制"

虽然因平定斯巴达克斯起义之功和举行凯旋式等问题，克拉苏与庞培之间心生芥蒂，但是两个人毕竟都是苏拉的左膀右臂，所以他们就联手共同竞选公元前 70 年的罗马执政官，并且都如愿以偿地达成了目标。这一年克拉苏 45 岁，已经超过了苏拉"年功序列"规定的执政官年龄（42 岁）；然而庞培才 36 岁，连出任法务官（39 岁）的资格都不具备，但是他却顺利当选。因此，庞培再一次打破了"苏拉体制"，"年功序列"至此也被彻底废弃。在出任执政官的一年期间，两个人虽然相互掣肘，在政绩上乏善可陈，但是他们却为了迎合平民和骑士阶层，一同将"苏拉体制"中的其他内容也加以颠覆。

首先，克拉苏和庞培在担任执政官期间，恢复了保民官卸任之后竞选和担任其他官员的权利，打破了"苏拉体制"关于保民官卸任后不能继续担任其他官职的限制。此外，他们也再次强化了《霍腾西阿法》，保证了平民大会的决议无须经过元老院批准就自动成为法律的有效性。这样就大大地加强了保民官和平民大会的权力，庞培与克拉苏也因此得到了广大平民的拥戴。

其次，他们重新加强骑士阶层的政治权力，恢复了骑士在陪审团中的地位。最初盖乌斯·格拉古把陪审团的司法权交给了骑士阶层，后来苏拉又把司法权从骑士手中剥夺过来交给了贵族阶层，规定只有元老才能担任陪审团成员。到了庞培和克拉苏担任执政官的时候，他们又打破了元老对司法权的垄断，将司法权在三个阶层中平均分配，规定元老、骑士和平民各自在陪审团成员中占三分之一。而且在此之前，公元前 74 年的罗马执政官科塔（Cotta）恢复了小格拉古制定的《粮食法》改革方案，再次决定由国家采购粮食以低价配备给平民，甚至免费发放给城市贫民；此外还解除了对那些被苏拉宣称为公敌的逃亡者的惩罚，恢复了他们的公民权和财产。因此，到了克拉苏、庞培届满卸任的时候，苏拉殚精竭虑制定的那些旨在恢复贵族集权的改革法案基本上都被废除殆尽了。

尽管庞培当时在罗马元老院和广大人民中间威望极高，手下又有着众多忠心耿耿的旧将部属，但是他本人却并无更多的政治野心。因此，在即将卸任执政官的时候，他突然宣布了一个惊人的决定——主动放弃手中的军权而退役。这是一种古老的罗马习俗，古代的贵族骑士们在完成了服役之后都会主动地在监察官面前宣布解甲归田。庞培此举或许也是受了苏拉当年急流勇退的影响，但是苏拉当时已经年近花甲，而庞培正处于年富力强之际。放弃军权和卸任执政官之后，庞培博得了罗马人民更多的爱戴，那些猜忌他会步苏拉后尘的元老也无话可说。于是功成名就的庞培就在世人的敬羡之中过起了悠闲自在的生活。无独有偶，克拉苏卸任之后也对政治生涯兴致淡漠，转而潜心经商，敛聚财产。然而不久以后，在地中海东部海域活动猖獗的海盗又使得罗马元老院不得不再次起用赋闲在家的庞培挂帅出征。

建功东方，梅开三度

西里西亚位于小亚细亚的南部沿海地区，与塞浦路斯岛隔海相望，那里的海盗素来以冥顽凶悍而著称，劫掠民船，杀人越货，无恶不作，甚至恺撒在年轻时也曾被海盗绑架过。这些海盗以西里西亚为大本营，在整个爱琴海和地中海东北部海域兴风作浪，锋芒最盛时其舰船数量超过了 1 000 艘，他们对沿岸 400 多座城市进行过洗劫。虽然西里西亚在名义上是罗马的同盟国，但是当地的统治者和人民根本不听从罗马的号令，希腊和爱奥尼亚地区的一些小城邦的人民迫于生计纷纷沦为海盗。公元前 67 年，西里西亚海盗攻击了从埃及开往罗马的运粮船，从而造成了罗马城的饥荒。在这种情况下，罗马元老院决定从根本上惩治海盗，于是再度起用庞培，让他率军前往西里西亚去清剿海盗，授以他全权来征用船只、钱粮和人员。在罗马元老院和民众的大力支持下，庞培很快就集结了一支由 120 000 名步兵、5 000 名骑兵和 500 艘舰船组成的庞大军队。他把军队分别配置在东地中海周边的 10 多个地区，采取分兵合击的战略，只用了 3 个月时间就完成了元老院希望他在 3 年内完成的肃清海盗的任务。在庞培的高超战术和强大攻势之下，西里西亚的海盗势力遭到了毁灭性的打击，大量船只被缴获，20 000 余名海盗沦为俘虏。庞培宽大地对待了这些战俘，将他们安置在内陆地区从事农业生产，从而从根本上改变了他们的生活习性和谋生手段。

由于庞培只用了很短的时间就完成了元老院交付的艰难任务，因此他班师回到罗马以后，再度受到了罗马民众的热烈欢迎。于是，被成功的荣耀所激励的庞培，利用平民的崇拜和元老院的支持，又获得了米特拉达梯战争的指挥权。公元前 66 年初，公民大会通过了保民官马尼利乌斯的提案，任命庞培为东方战场的军事统帅，取代了几年来一直与米特拉达梯六世作战并且已经取得了重大胜利的卢库鲁斯。庞培再次把握住了创建军功的大好时机，但是也因此与卢库鲁斯产生了龃龉。

此前庞培已经在南方的非洲和西方的西班牙先后取得了辉煌胜利，现在他又想去东方的小亚细亚再创光荣，为此不遗余力地从卢库鲁斯手中抢夺东方战场的指挥权。由于卢库鲁斯在近几年的艰苦征战中已经奠定了胜利的基础，曾经雄奇威武的米特拉达梯六世现在已陷于穷途末路的窘境，因此当具有非凡军事才能的"罗马第一战神"庞培接手战争指挥权之后，他很快就取得了战场上的决定性胜利。公元前 63 年，统治本都王国 57 年，先后与苏拉、卢库鲁斯、庞培等罗马名将打了 26 年仗的米特拉达梯六世终于在军队哗变、四面楚歌的困境下自杀身死，本都、亚美尼亚等东方王国纷纷与罗马签订了停战和约，对罗马俯首称臣，开始接受罗马人的保护。至此，小亚细亚地区多年动荡不安的格局被彻底改变了，罗马人终于在亚洲的土地上牢牢地站稳了脚跟。

结束了米特拉达梯战争的庞培又乘胜前进，进一步吞并了叙利亚。公元前 323 年亚历山大大帝去世之后，他手下的 3 位大将把亚历山大帝国的西部地区一分为三，其中在西亚地区（包括叙利亚和美索不达米亚）建立了塞琉古王国，与希腊和小亚细亚的马其顿王国、埃及的托勒密王国分庭抗礼。到了公元前 1 世纪上半叶，日薄西山的塞琉古王国处于群龙无首的分裂状态中，它的东部地区美索不达米亚早已被强大的帕提亚帝国吞并，西部的叙利亚则被亚美尼亚国王提格兰二世控制。庞培打败了米特拉达梯六世、慑服了提格兰二世之后，公元前 64 年顺势把亚历山大帝国的这个子遗兼并到罗马的版图当中，塞琉古王国从此灭亡，成为罗马东部的叙利亚行省。此外，庞培还对小亚细亚和西亚的其他地区进行了政治干预，在加拉太、卡帕多西亚、犹太等国扶植了新国王，使东方的一些国家都处于罗马人的控制之下。他还出兵支持受到叛乱威胁的埃及国王托勒密十二世，与埃及托勒密王国建立了非常友好的关系。通过一系列的军事征战和外交斡旋，庞培在东方建立了广泛的势力范围，他本人也成为东方诸王国的无冕之王或事实上的"万王之王"。到了公元前 62 年庞培从东方凯旋时，他的权力和威望都达到了巅峰状态，他成为罗马共和国最具有权势的政治人物，也是自罗马建国以来践行亚历山大理想的最伟大的"东方征服者"。

公元前 61 年，在相继征服了非洲（北非）和欧洲（西班牙）之后，再度征服了亚洲（小亚细亚和西亚）的庞培在罗马举行了人生中的第三次凯旋式，也是最辉煌的一次凯旋式。据说他身穿亚历山大的战袍，乘着驷马高车，押着无数战利品，在万人空巷的盛大欢迎仪式中穿过罗马大道，驰向卡庇托尔山上的朱庇特神庙。日本学者盐野七生在《罗马人的故事》中记载了这次凯旋式上所展示的庞培的丰功伟绩：

一、在从黑海到里海，以至红海的全部地区，确立了罗马霸权。

二、把 1 200 万人口纳入罗马霸权的统治之下。

三、把 1 538 个城市列入罗马的管辖范围。

四、使罗马的国库收入和以前相比翻了一番。庞培自己上交国库的货币形态的战利品高达 2 亿阿司。

五、分配给庞培属下士兵们的报酬总计为 2 900 万阿司。

六、与埃及、帕提亚、亚美尼亚等国缔结和平友好条约，以保证与之相邻的罗马行省的边境安全。

在 20 多年的时间里，庞培率军驰骋于非洲、欧洲和亚洲的战场上，他所创建的辉煌功勋，自罗马共和国开创以来可谓是旷世未有、无人可及。虽然在布匿战争之后罗马人已经把地中海变成了"我们的海"，但是真正地实现了地中海世界的长治久安，使其有效地归附于罗马人的统治之下，这件无量的功德应该首记在庞培的名下。此前有人曾在北非和西班牙建立过功勋（如大、小西庇阿和马略），也有人曾在东方创造过光荣（如保卢斯和苏拉），但是同一个人在地中海南岸的北非、西岸的西班牙和东岸的亚细亚相继取得如此辉煌的胜利，在罗马历史上堪称绝无仅有；而在人生的奋进过程中，能自 25 岁起每隔 10 年就举行一次荣耀的凯旋式，也只有"伟大的庞培"一人！庞培拥有如此赫赫功勋和熠熠人生，此后恐怕也只有恺撒才可以与之媲美。恺撒不仅像庞培一样再度征服了罗马西方的西班牙、南方的埃及和北非、东方的西亚和小亚细亚，而且在此前还征服了北方的高卢，因此功德圆满的恺撒在公元前 46 年一连举行了 4 次凯旋式，从而超越了被他打败的"伟大的庞培"。

公元前 61 年，打遍地中海世界无敌手的常胜将军庞培不仅在罗马举行了一场极其壮观的凯旋式，而且还用从东方获得的大量钱财在台伯河畔建造了一座献给罗马人民的希腊式剧场，以此来炫耀自己的卓著军功和慷慨情怀。庞培剧场是罗马人修建的第一座剧场，包括宏伟的半圆形剧场和巨大的回廊庭园，剧场于公元前 55 年竣工并投入使用，可以容纳 4 万人观看表演。庞培剧场中的一间大厅后来曾被罗马元老院临时借用为会议中心，公元前 44 年 3 月 15 日，踌躇满志的恺撒就是在这里被布鲁图斯等元老刺杀身死，倒在了曾经被他打败的庞培的雕像下面。

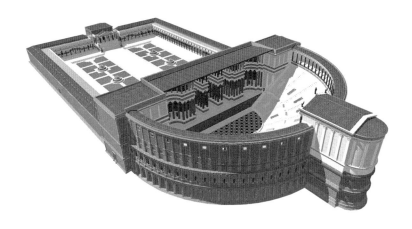

庞培剧场复原图

战场挥洒，政坛蹇滞

公元前 61 年的庞培可谓是功德圆满，气势如虹，在罗马人眼里如同神灵一般伟大。然而，尽管庞培在战场上叱咤风云，所向披靡，但是他返回罗马政坛之后，在那些工于权谋的元老院文官面前，往往就显得捉襟见肘、蹇滞困顿了。庞培为人矜持高傲，孤芳自赏，视荣耀如同生命，却并无非分的政治野心。但是由于他的功劳过大、声名太盛，他难免遭到保守元老们的猜忌——将他看作另一个"马略"或者"苏拉"，有僭取共和国权力之嫌。尤其是元老院的领袖人物小伽图、被庞培夺去了军功的卢库鲁斯，以及与庞培过节颇深的克拉苏等人，这些政界大佬都对功高望重的庞培加以猜忌，不断告诫罗马人民，尤其是权贵阶层要提防庞培独断专权。面对着保守派的猜忌攻讦，庞培一筹莫展，只能在元老院与平民大会之间首鼠两端，一方面试图与小伽图等保守派元老改善关系，另一方面又想通过操纵极端平民派势力来对元老院施加压力。

按照罗马共和国的法律规定，庞培回到罗马举行了凯旋式之后，就必须放弃军权。庞培在解散军队之前，为了安抚跟随他东征西讨的将士们，不仅向他们发放了大量金钱奖励，还承诺给士兵们分配殖民地的土地，为他们开辟一条长久的谋生之道。但是土地分配方案必须经过元老院的批准，而元老院却不接受庞培先斩后奏的做法，于是就对庞培提出的议案一直拖而不决。在进退维谷的情况下，庞培试图通过政治联姻来拉拢元老院领袖小伽图，于是就引出了一段轶闻趣事。

庞培早年曾迫于苏拉的要求而休掉了原配，另娶苏拉继女伊米莉亚为妻，但是后者很快就因难产而亡，庞培后来又迎娶了出身于罗马豪门穆西乌斯家族的穆西亚作为第三任妻子。在庞培东征期间，风流成性的恺撒与穆西亚发生了私情，闹得满城风雨。庞培凯旋后，一怒之下就把妻子休掉了。此时庞培正急于与元老院疏通关节，于是鳏居的庞培就欲图和比自己年轻 11 岁的小伽图缔结政治姻缘。小伽图有两个外甥女，罗马政治人物在婚姻方面并不在乎年龄和辈分问题，只考虑政治利益，因此庞培就向小伽图提亲，请求后者将两个外甥女分别嫁给庞培父子。然而在罗马政坛上素来以刚正不阿、疾恶如仇而著称的小伽图对时下盛行的政治联姻深恶痛绝，面对庞培的提亲，他明确表示，自己绝不会把外甥女嫁给庞培父子。在他看来，庞培是威胁共和国的政治野心家，高尚正直的伽图家族决不会与这样的居心叵测者进行肮脏的联姻交易。

小伽图不仅断然拒绝了与庞培的联姻，而且与卢库鲁斯等人更加紧密地联合起来，共同阻止庞培法案在元老院的通过。眼见疏通元老院无望，庞培只能转而求助于保民官和平民派势力，他笼络了一位名叫克劳狄乌斯的青年冒险家，后者在罗马平民中具有很强的煽动力，经常组织一些城市暴徒与贵族元老们相对抗。于是，庞培就与元老院渐行渐远，利用自己的赫赫战功来影响民众，但是他深知仅仅依靠这些乌合之众是难以成事的，他需要一些在罗马公共社会中具有实力的政治盟友。在这种情况下，精明的恺撒不失时机地走进了庞培的生涯，调解庞培与克拉苏的矛盾，三人共同组成了一个政治同盟。此外，恺撒虽然曾与庞培的前妻穆西亚有过私情，但是他却利用庞培的政治联姻计划遭到小伽图拒绝的机会，乘虚而入，主动将其独生女儿尤利娅嫁给了比自己年长 6 岁的庞培。尤利娅不仅相貌美丽，而且端庄贤惠，庞培在娶得恺撒之女以后，又转向了金屋藏娇的悠闲生活，对权力斗争心灰意懒，在政治上开始力挺自己的可靠盟友恺撒。

从表面上看，"三头同盟"的缔结是恺撒在调和庞培与克拉苏之间的关系，实际上却是恺撒想要借重二者在政治上为自己站台，以便实现个人的权力目标。在"三头同盟"中，恺撒与庞培更是具有翁婿之缘，所以二者的关系就格外亲近，后来如果不是尤利娅难产早夭（公元前 54 年），庞培与恺撒之间的决裂可能就不会发生，或者至少会推迟一段时间。因此，当时有人责怪小伽图过于刚烈，不懂得因势变通，如果小伽图先前答应了庞培的联姻请求，庞培也不会转而去倾力支持恺撒，从而有可能避免共和国的灾祸。事实上，小伽图本人就曾一针见血地指出："导致罗马共和国灭亡的原因不是恺撒与庞培的分裂，而是他们的联合。"就此而言，把功德圆满的庞培推向雄心勃勃的恺撒一边的，正是小伽图等元老院的保守派人士，正是他们对庞培的猜忌抵制促成了共和国的灭亡。

公元前 60 年，在恺撒的调和之下，明争暗斗的克拉苏与庞培握手言和，三人秘密缔结了"三头同盟"。从此以后，罗马政坛上的主导者已不再是日影西斜的庞培，而是旭日东升的恺撒了。于是，比"伟大的庞培"更加伟大，兼具文韬武略的尤利乌斯·恺撒就鸣锣上场了。

第 IV 章

"前三头同盟"与恺撒的悲剧

庞培在不断创建功勋的过程中，已经把旨在复兴传统共和政制的"苏拉体制"侵蚀得千疮百孔。但是庞培毕竟曾为苏拉的亲信和部属，他的政治立场始终是与苏拉相一致的，都是要维护罗马贵族阶层的统治权力。庞培只是为了追求个人的荣耀和卓越而不惜屡屡破坏苏拉制定的规则罢了，并没有颠覆共和政体的主观动机。但是在恺撒异军突起之后，这位以平民派领袖的形象——尽管他本人具有罗马最古老的贵族身世——在罗马政坛上登台亮相的新星，就开始挟民意、拥军权来公然颠覆苏拉力图维护的共和国体制了。在此之前，尽管共和政制已经岌岌可危，但是在以元老院为主的贵族寡头的统治之下依然还可以勉强维持，但是恺撒的一系列非常之举——从缔结"三头同盟"到再次掀起内战和实行独裁专权——给予身心俱疲的共和国以致命的一击。如果说以前煽动平民的格拉古兄弟、贪恋权力的马略，乃至追求荣耀的庞培都只是在暗中拆毁共和体制的墙角，那么恺撒就如同保守派元老卡图鲁斯·卢塔提乌斯（Catulus Lutatius）所说的那样，已经"公开地使用攻城锤在撞击共和国了"。因此，在公元前48年恺撒在法尔萨卢战役中打败了庞培之后，共和国就已经处于风雨飘摇之中。如果不是因为恺撒不久之后遭到杀身之祸，恐怕也轮不到屋大维来把这具"政治僵尸"最后收棺入殓了。

第 I 节

尤利乌斯·恺撒与"前三头同盟"

盖乌斯·尤利乌斯·恺撒（Gaius Julius Caesar，公元前 100 年—公元前 44 年）是罗马历史上最具有影响力的政治人物，也被后世誉为"西方最伟大的四大军事统帅"之一（亚历山大、汉尼拔、恺撒、拿破仑）。此外，在中世纪基督教时代发明出来的扑克牌中，生活在耶稣诞生之前的亚历山大和恺撒也因为卓著的功勋而位列于四位最尊贵的老 K 之中（梅花 K 和方块 K），由此可见恺撒的历史影响之一斑。

出身名门的平民领袖

作为"三头同盟"发起者的恺撒在身世和政治背景方面都与他的两位盟友克拉苏、庞培迥然相异，克拉苏和庞培均出身于后来居上的财富贵族，家产丰厚，门客众多，恺撒虽出身于罗马最古老的血统贵族，但是其家世却在近百年来日渐衰微。恺撒的父

尤利乌斯·恺撒

亲曾经出任过罗马的法务官和亚细亚行省总督,英年早逝;他的母亲出身于罗马名门科塔家族,是一位具有良好教养和品行的淑女。按照屋大维时代的罗马第一大诗人维吉尔的《埃涅阿斯纪》所载,恺撒所属的尤利乌斯家族可以追溯到传说中最早来到拉丁平原建立基业的特洛伊大英雄埃涅阿斯,据说埃涅阿斯的长子名叫阿斯卡尼乌斯,在拉丁文中叫作尤利乌斯,而恺撒家族就源于这一支脉。埃涅阿斯来到意大利之后,另娶拉丁酋长之女为妻,世代传承统治,而他与前妻之子尤利乌斯一族则在罗马附近的阿尔巴地区繁衍生息。到了罗马王政时期的第三位国王图鲁斯统治时期,罗马人征服了阿尔巴地区,两个族群相合并,阿尔巴的名门望族从此也成为罗马的贵族,尤利乌斯家族就是最早进入罗马元老院行列中的古老家族。维吉尔的说法虽然带有溢美之嫌,但是尤利乌斯家族确实属于罗马最古老的血统贵族,只不过在恺撒崭露头角之前,尤利乌斯家族在罗马权贵中已经呈现出家道中落的趋势。

在政治背景方面,克拉苏和庞培都是苏拉的左膀右臂,深得苏拉信任,并被委以重任。但是恺撒却与苏拉憎恶的平民派领袖马略、秦纳皆有着密切的亲缘关系,而且自从步入政坛以来就表现出鲜明的平民派立场,因此在年轻时就险些遭到苏拉的迫害。

共和国晚期的罗马社会中出现了一种较为流行的现象,一些在政治上获得成功的平民精英往往会和古老的贵族家庭缔结秦晋之好,以便利用上层社会的裙带关系进一步升迁。野心勃勃的马略在出任了法务官和西班牙总督之后，就娶了尤利乌斯家族的尤利娅为妻，而这位尤利娅正是恺撒的姑母。后来马略多次担任罗马执政官，大权独揽，他的坚忍不拔、勇往直前的精神风格对于幼小的恺撒产生了深刻的影响，他在某些方面甚至成为恺撒心中的楷模。在马略与苏拉的内战中，由于立场和形势所迫，平民派和贵族派相互大开杀戒，恺撒的一些贵族亲戚，如曾经担任过执政官的伯父，也遭到了马略派的屠杀。这种殃及池鱼的野蛮行径令恺撒深恶痛绝，虽然他后来在政治上奉行马略的平民派路线，但是在为人处世方面，宽仁的恺撒却与暴戾的马略大相径庭，这或许是因二者早年所受的教养濡染截然不同所致。

恺撒从小虽然家境不算殷富，但是出身于贵族世家的他却接受过良好的希腊文化教养。和罗马的许多贵族子弟一样，恺撒早年也曾前往希腊求学，在他步入政坛之前，有较长一段时间曾在雅典学习希腊的辩论术、逻辑学和修辞学。恺撒与同时代的罗马大文豪西塞罗有过同门之缘，两人都先后求教于希腊著名修辞学家阿波罗尼乌斯（Apollonius），从他那里学习雄辩的技能。虽然西塞罗后来与恺撒政见不合，但是两个人在文学方面却惺惺相惜。每当恺撒写出了好文章，他一定会送给西塞罗指点，而西塞罗也会派人将自己的得意之作送给恺撒阅览。这两个人都是共和国晚期罗马最具有影响力的大文豪，西塞罗特别推崇恺撒的简洁文风，尽管他一直反对恺撒的政治立场；

恺撒也对西塞罗的文采华章赞不绝口,在政坛得势后从未为难和伤害过与他持不同政见的西塞罗。

恺撒不仅有马略这位姑父,他的第一任妻子科尔内利娅还是秦纳的女儿,这样一来恺撒就与两位平民派领袖结下了不解之缘。苏拉反攻罗马,独揽大权之后,对马略、秦纳的党羽大肆杀戮,一时间有 4 700 多人死于非命,其中同样也涉及恺撒的一些亲属。而且精明老练的苏拉眼光毒辣,一眼就看出了年轻志大的恺撒前程不可限量,日后或将成为共和国的极大隐患。苏拉不仅给在政治上展翅欲飞的恺撒设置障碍,而且想用株连之法加害于这位年轻人。由于身边之人纷纷为尚未成年的恺撒讨情说项,苏拉只好作罢,但是他却悻悻地抛下了一句话:"你们尽管为他说情吧!只是我要告诉你们,这个年轻人身上可不止 10 个马略!"后来苏拉又试图像当年劝说庞培休妻那样,逼迫恺撒与科尔内利娅离婚,但是恺撒却不像庞培那样屈从于苏拉的高压,为了躲避苏拉的迫害,恺撒离开了罗马,逃往马其顿、俾西尼亚等东方地区,参与了当地的一些军事和政治活动。不久以后苏拉退出政坛,很快就去世了,于是解除了后顾之忧的恺撒就返回罗马,先是以辩护人(律师)的身份在法庭上代人诉讼,以不畏强权、公正雄辩而著称,赢得了许多弱势者的拥戴;继而开始在政治舞台上大展宏图,一路官运亨通,青云直上。

志向高远，立场鲜明

恺撒既具有大西庇阿、庞培等人的军事才能，又兼备小西庇阿、大格拉古等人的文化修养，他像马略、苏拉一样热衷于权力，却不像他们那样褊狭残暴，而是处处展现出一种宽厚的王者风范。恺撒性格开朗，举止儒雅，为人慷慨，仗义疏财，深得民意和军心，无论对朋友还是敌人都能够以诚相待。虽然他的心中始终燃烧着追求权力和渴望荣誉的炽烈之火，但是他借以实现抱负的行径一向都是光明磊落的，他毕生恪守和奉行罗马传统贵族的高尚品性。虽然后世也有许多人将恺撒贬斥为权欲熏心的政治野心家，但是他在实现自己理想的道路上从来不屑于使用卑劣的手段和下流的伎俩，因此他的"野心"也是光明正大的野心，毋宁称之为"雄心"更加合适。无论是当初与克拉苏、庞培缔结"三头同盟"，还是后来与庞培兵戎相见，恺撒从来都不讳言自己的政治目的。所以当恺撒打败庞培、大权独揽之后，他就公然像苏拉一样实行无限期独裁，并且还要更进一步担任终身执政官，他毕生奋斗的目标就是要用一种新的政治体制——个人集权的帝制——来取代元老院寡头领导的气息奄奄的共和制度。

恺撒有时候也会运用权术来达到目的，例如拉拢收买保民官以控制民众、缔结政治联姻来巩固同盟，甚至以势压人、独断专行等，这些都是历朝历代政治家惯用的手段，属于马基雅维利所推崇的狮子与狐狸的权术本义,无可厚非。政治领域本身就是一个大泥淖,一旦介入就不可能再保持一尘不染的君子美德。但是相对而言,在西方古往今来的伟大政治家中,恺撒的人品德行应该算是比较高尚的了。他在政治生涯中不屑于使用那些卑污龌龊的伎俩、从事背信弃义的勾当或做出凶残血腥的暴行(对待非罗马人除外,这是由当时罗马人的文明观念决定的)。他曾经在执政期间威胁过与他作对的小伽图,恐吓对方要将其投入囹圄,却并未付诸实施;他也曾试图笼络另一位元老院领袖西塞罗,但是当后者选择站在政敌庞培一边时,恺撒在得势之后也没有对其进行秋后算账,仍然一如既往地以礼相待。恺撒唯一遭人诟病的污点就是他与道德败坏的克劳狄乌斯的暧昧关系,恺撒为了利用这位青年野心家以操纵罗马民众、共同对付西塞罗等元老派人士,竟然对其勾引自己妻子一事装聋作哑、不予追究,但是他却以"恺撒之妻的贞节不容置疑"为由而休掉了妻子。

恺撒的宽厚胸襟尤其表现在对待政敌的态度上,无论是对于一直与自己为敌的小伽图、西塞罗等资深元老,还是对于被打败的庞培旧部,恺撒都尽可能地以礼相待,宽容为怀,或以德报怨,或既往不咎,从来不会像马略和苏拉(以及后来的屋大维和安东尼)那样宣称公敌和诛杀异己。尽管恺撒迫于情势不得不发起内战,但是他却不忍见到罗马人同胞相残。在与庞培的交战中,恺撒从来没有杀害过一个被俘虏的罗马将领,甚至还任凭这些将领在获释之后再度投奔庞培及其余党。恺撒曾经坦言:"即使被我赦免的敌人拿起刀剑来杀我，我仍然要宽待他。"此话不幸一语成谶，公元前 44 年，恺撒在临时作为元老院议事地点的庞培剧场中被 14 位元老刺杀而死，其中竟然有 9 人原为庞培的部下（包括主谋马可·布鲁图斯和卡西乌斯）。法尔萨卢会战之后，恺撒不仅赦免了他们，还委之以重任，然而他最终还是死于这些人之手。

恺撒对于敌人的大度宽容是出于他对自身能力的充分自信，从"出道"之初，他就是一个有胆有谋、兼具文韬武略和自我感觉极好的人。恺撒不仅在弱冠之年就顶住了苏拉迫其离婚的巨大压力，而且在人生的许多重大关头都临危不乱，果敢坚毅。他在政坛上腾挪辗转时，不惜债台高筑来推动公共事业，笼络人心，但是他却对自己的偿还能力充满了信心。如果说克拉苏是罗马的第一大富翁，那么恺撒则可以被称为罗马的第一大"负翁"，负债累累。公元前 61 年恺撒出任西班牙总督之前，债主们纷纷上门讨债，最后还是克拉苏为他担保，债主才放了恺撒前往西班牙赴任。后来恺撒在创建军功的同时，也获得了大量的钱财，不仅还清了所有的债务，还额外地报偿了克拉苏等债权人。

关于恺撒的传记中，有一则关于他早年遇险的小故事，从中足见恺撒的胆魄与定力：

公元前 75 年作为法庭辩护人的恺撒前往罗得岛，准备师从著名的希腊雄辩大师阿波罗尼乌斯继续深造修辞学和辩论术，在途经西里西亚海域时，被当地的海盗绑架了。海盗们得知恺撒是一名罗马官员，就以他为质向罗马政府索要 20 塔兰特的赎金。恺撒得知了海盗准备开出的赎价时，就嘲笑他们不知天高地厚，竟然不知晓自己所绑架的是何等人物！于是，恺撒就建议海盗们至少应该向罗马索取 50 塔兰特的赎金。海盗果然依恺撒所言而行，罗马政府后来也当真付给了海盗 50 塔兰特的赎金。在罗马准备赎金期间，恺撒被海盗羁押在船上，整天都跟海盗们一起饮酒作乐，酒酣兴起即对着海盗吟诗作赋，无奈海盗们都是粗俗之辈，无人能解恺撒高雅的诗情。于是，大为扫兴的恺撒恼怒地对海盗说道："等我赎身之后，一定要把你们全都钉死在十字架上！"后来海盗收到了罗马的赎金，便如约将恺撒释放了。恺撒获得自由之后，旋即返回希腊海岸组织了一支海军舰队，率部直捣海盗的巢穴，将绑架自己的海盗如数抓获，然后果然把他们全部钉在了十字架上。

公元前 74 年，恺撒从罗得岛研习修辞学和辩论术归来，开始正式步入仕途。他首先继承其岳父奥莱利乌斯·科塔的职位成为罗马祭司（这往往是贵族子弟踏入政坛的第一步），两年以后又出任了军事保民官。公元前 69 年，恺撒当选为罗马最低阶的官职财务官，赴任西班牙主管行省财政，显示出高超的理财能力，次年返回罗马后获得了成为元老的资格。不久以后恺撒又出任了罗马市政官，在此期间他不惜大量举债，自掏腰包大兴土木，对罗马的神庙和其他公共设施进行了兴建和维护，大力推进市政工程的发展；同时极力改善民生，举办各种大型的竞技、游行、表演和公众宴会，深受民众的爱戴。他卸任市政官之时，已经欠下了上千塔兰特的巨额债务，但是他却以这些金钱代价赢得了无价的民心。

公元前 63 年，德高望重的罗马大祭司长梅特鲁斯去世，恺撒对于获得这个具有至高威望的宗教领袖职位志在必得。结果在广大民众的鼎力支持下，初出茅庐的恺撒最终在竞选中击败了另外两位得到元老院和贵族们力挺的资深政要伊索瑞库斯和卡图拉斯（两人都曾经出任过罗马执政官），成功地当选为终身任职的罗马大祭司长。这个宗教上的重要职位为恺撒在政治上的进一步发展奠定了重要的基础；更重要的是，通过这次激烈的竞选活动，恺撒可以充分确信，他虽然不具有克拉苏的钱财和庞培的军功，却掌握了岩浆一般炽烈的民意，这一点在罗马共和国晚期的政治舞台上具有至关重要的意义。

恺撒刚一在罗马政坛上登台亮相，就明确地表现了他的平民主义立场。此时苏拉虽然去世，但是苏拉派势力仍然控制着罗马共和国的政权，卢库鲁斯、克拉苏以及元老院的元老们都要继续推进苏拉所修复的寡头政制，即使是破坏了苏拉规则的庞培，也是立场坚定地站在贵族派一边来反对雷必达、塞多留所代表的平民派。代表平民利益的马略和秦纳虽已去世，却仍然被主流社会视为"国家公敌"，但是平民们心中则燃烧着被压抑的怒火,他们期盼着一位新的亲民领袖来为马略、秦纳等人报仇雪恨。恺撒在早年的逃亡生涯中以及后来担任公职的过程中,都深切地感受到了民众的疾苦和愤慨之情。他虽然生长于名门望族,却与同样出身高贵的格拉古兄弟一般,对罗马城市贫民、意大利弱势群体以及为国效命的服役老兵的苦难处境感同身受,立志要为民纾难解困。更何况恺撒还与马略、秦纳有着密切的亲缘关系,在价值取向上一直对他们所代表的平民主义路线深表认可。在贵族派与平民派激烈冲突的现实背景下,初入政坛却头脑清醒的恺撒选择了站在广大民众一边,他从"出道"之日起就矢志不移地要成为继格拉古兄弟、马略、秦纳等人之后的平民派新领袖,利用人民(以及后来所掌控的军队)的支持来实现自己的政治理想。

因此,雄心勃勃的初生牛犊恺撒一进入罗马政坛就开始为马略、秦纳等"公敌"进行正名。公元前 69 年恺撒的姑母去世,不久以后他的第一任妻子科尔内利娅也亡故了,恺撒便利用人民的复仇情绪,在罗马为这两位女眷—— 一位是马略的寡妻,另一位是秦纳的女儿——举行了盛大的葬礼活动。尤其是在姑母尤利娅的葬礼上,恺撒公然展示出了马略的巨幅画像,在场的贵族们议论纷纷,广大民众却拍手称道。在两场葬礼上,恺撒都发表了热情洋溢的演讲。他充分发挥自己在希腊所学习的雄辩术,从对两位妇女懿德的赞美延伸到对马略、秦纳功德的缅怀,激起了罗马民众心中压抑已久的悲情和愤慨,从而也向人民公开表明了自己志在继承发扬马略、秦纳遗愿的政治态度。从这时开始，恺撒就旗帜鲜明地站在平民主义的立场上，利用"苏拉体制"濒临瓦解的纷乱政治环境，借高贵之身世，挟强劲之民意，兼具出众的文化修养和高超的政治手腕，在罗马政坛上纵横捭阖，叱咤风云，仕途畅通，扶摇直上。

缔结"三头同盟"和当选执政官

公元前 62 年，恺撒又如愿以偿地担任了罗马法务官，这意味着他的下一个目标就是共和国最高职位执政官了。按照罗马惯例，法务官卸任以后要和执政官一样，前往某个海外行省出任一年的总督。当时元老院指派恺撒出任西班牙总督。

公元前 61 年恺撒到西班牙任职之后，开始在战场上展现自己的军事才能，很快就制服了当地桀骜不驯的卡拉西人和卢西塔尼亚人，因此被他的士兵们赋予了"英白来多"的光荣称号。此外，他在西班牙当地的民政治理方面也取得了显著的成就。到了该年即将结束的时候，踌躇满志的恺撒认为攀登顶峰的时机已经成熟，他希望在下一年里实现人生的两个宏伟目标：举行凯旋式和竞选执政官。但是这两个宏伟目标之间存在着冲突——按照罗马法律的规定，得胜将军要想举行凯旋式，必须在得到元老院批准之后方可返回罗马;而恺撒若想竞选罗马执政官,则必须亲自回到罗马到公民大会上注册登记。鱼和熊掌不可兼得,面对着制度上的两难困境,深谋远虑的恺撒选择了后者,为了竞选执政官而放弃了举行凯旋式的荣耀(若换成庞培,则必定会把荣誉置于权力之上,为了举行凯旋式而放弃竞选执政官)。

公元前 60 年,恺撒从西班牙返回罗马,开始筹划下一步的政治理想。他深知要想竞选下一年度(公元前 59 年)的罗马执政官,仅仅依靠民众的支持是不足以成事的,必须得到某些政府大员或元老院重镇的大力襄助。就在此前不久,"伟大的庞培"已经从东方凯旋,虽然极其风光地举行了平生的第三次凯旋式,但是他安抚退役老兵的置地方案却遭到了小伽图等元老的有力抵制,一时之间难以在元老院通过。而克拉苏虽然富可敌国,却始终想弥补人生之遗憾,创建军功,他对征服东方帕提亚帝国、再铸亚历山大之丰功一直心存念想,然而这一奢望显然很难得到元老院的支持。于是,善于审时度势的恺撒就利用二者的遗憾及其与元老院之间的芥蒂,不失时机地从中斡旋,化解克拉苏与庞培之间的历史宿怨,三个人秘密签订了一个政治协议,缔结了所谓的"三头同盟"。这个秘密协议的主要内容包括:建有军功的庞培和握有钱财的克拉苏全力支持恺撒竞选公元前 59 年的罗马执政官;作为回报,恺撒明确表示,自己一旦如愿当选,将尽力促成庞培的老兵安置方案在元老院和公民大会上顺利通过,并且承诺让克拉苏得以掌握东方行省的包税权益。该协议最重要的意义在于："国家的任何一项措施都不得违反他们三人之一的意愿。"（罗马历史学家苏维托尼乌斯）也就是说，他们三人在政治上共同进退，以雄厚的实力来抗衡元老院。日本学者盐野七生对"三头同盟"的政治意义评价道：

> "其实这个由恺撒所主导的改造国家、建立新秩序的第一步，并非开始于战胜庞培的公元前48年，也并非开始于越过卢比孔河的公元前49年，而是开始于公元前60年'三头政治'的建立。也有几位现代的研究者清楚地指出：'由元老院所主导的罗马共和政体，因三头政治的出现而崩坏。'"

在三人之中，克拉苏年龄最长，财力雄厚；庞培居间，战功显赫；恺撒最年轻，却深得民心。三人结盟，既有钱财，亦有军功，更兼民意，可谓是无往而不胜，抗衡元老院自然就不在话下了。而更重要的是，这个"三头同盟"是由恺撒一手策划的，主要是为了实现他登顶罗马权力巅峰（执政官）以及从根本上改造共和政体的宏大理想，正是年纪最轻却抱负最大的恺撒促成了"三头同盟"的产生。

在庞培、克拉苏这两位政界大佬和广大民众的支持下，恺撒果然遂心如愿地当选了公元前59年的罗马执政官，与恺撒同年当选的另一位执政官是得到元老贵族们推举的卡普里乌斯·比布鲁斯（Calpurnius Bibulus）。在二人当政的最初一段时间里，恺撒对待比布鲁斯还比较谦和恭敬，两个人按照罗马的规矩轮流执政，每人主理一天的政务。但是由于恺撒的个性素来刚愎自用，再加上元老院在政治态度上明显地压制恺撒而偏向于比布鲁斯，所以恺撒往往就在自己的议案遭到元老院阻碍之后，直接诉诸公民大会，争取民众的支持。他不仅用卓越的口才来鼓动民众，而且依靠庞培和克拉苏的声援来通过法案，将元老院踢到一边。在这样的情况下，他与比布鲁斯的关系也日益紧张，他在处理政务时往往都是独断专行。尤其是在二人执政的后 8 个月里，受到民众攻击的比布鲁斯一蹶不振，闭门不出，任凭恺撒一人为所欲为。因此，罗马人将"比布鲁斯和恺撒的执政之年"戏谑地说成是"尤利乌斯和恺撒的执政之年"。

虽然恺撒担任的是罗马执政官，但是他却更多地扮演了保民官的角色。他在执政期间经常甩开与他为敌的元老院，直接走进人民中间，将一些遭到元老院否决的法案交由公民大会来表决。例如在关于建立殖民地和分配土地等涉及平民和退役老兵利益的法案上，恺撒不仅直接诉诸民众，而且搬来了声名显赫的庞培和克拉苏为自己站台。当恺撒提出议案后，克拉苏当即发言表示坚决赞同，然后恺撒指着站在身边的庞培说道："伟大的庞培就站在这里，让我们来听听他的意见！"庞培在恺撒的赞美和群众的欢呼之下得意忘形，他公开表态："如果有人胆敢把刀剑指向这个法案，我庞培定会用剑盾来迎击。"在庞培和克拉苏的全力支持下，恺撒在公民大会上非常顺利地通过了这一法案。

恺撒不仅与庞培、克拉苏缔结了"三头同盟"，而且通过政治联姻与庞培结下了翁婿之情，从而使庞培更加尽力地支持自己。恺撒还和庞培一起扶持了一个由贵族自贬身份的平民保民官克劳狄乌斯，由他协助恺撒操纵民众与元老院相对抗。在恺撒执政的一年期间，罗马共和国的政治权力几乎完全被以恺撒为主心骨的"三头同盟"控制，恺撒的政治野心也就暴露无遗。此时小伽图、西塞罗等元老派人士才幡然醒悟，比"伟大的庞培"更加危险的人物就是这位谈吐优雅、举止得当的政治枭雄尤利乌斯·恺撒！

恺撒虽然个头不高，却英俊健壮，风流倜傥，然而美中不足的是过早谢顶，因此秃头就成为恺撒心中的一大遗憾。恺撒经常会用手指来梳理稀疏的头发，以便遮掩唯一的弱点。老奸巨猾的西塞罗是第一个看出恺撒的政治野心的人，他曾经尖刻地说道："每当我看到恺撒用一根手指头来精心地梳理头发的时候，我就在想，这样一个人的头脑中为什么会产生颠覆共和国的念头？"

从此以后，小伽图、西塞罗等元老派人士就对恺撒处处提防，不断向世人揭露恺撒的野心。对于他们来说，这位温良儒雅的政治新秀要比高冷孤傲的政坛名宿庞培更加可怕，正如苏拉当年所预言的，此人身上远不止 10 个马略。刚正不阿的小伽图经常在元老院里与执政官恺撒针锋相对，公开揭露恺撒的政治野心，弄得恺撒狼狈不堪。有一次，恺撒一怒之下要把小伽图投入监狱，最后慑于小伽图在人民中的巨大威望而不得不草草收场。对于那位老谋深算、道德与文章均在自己之上的大文豪西塞罗，恺撒更是无计可施，两人尽管经常在文学上相互酬唱，但是在政治立场上却是彼此对立。不过明哲保身的西塞罗不像小伽图那样锋芒毕露，咄咄逼人，往往只是在暗中进行一些反对恺撒的政治运作罢了。

掌军高卢

一直到出任罗马执政官时为止，闪亮登场的恺撒与"伟大的庞培"相比，在军功方面不值一提。恺撒心中的这一巨大缺憾从他卸任执政官以后才开始得到弥补，公元前 58 年，作为前任执政官的恺撒被元老院授予了高卢总督之职，从而从主宰政务的文官转变为率军征战的武将。

自苏拉改革以后，除非遇到外敌侵扰或内部叛乱，罗马执政官一般不再拥有军权，意大利全境之内也不得驻军。但是执政官（或法务官）在卸任之后，往往会被元老院派到某个行省去出任总督，执掌军权，戍守边关。恺撒在即将届满卸任之时，就利用裙带关系——他不仅把女儿嫁给了庞培，自己也在同年娶了即将成为下一届执政官的毕索之女为妻——在岳父（继任执政官毕索）和女婿（"伟大的庞培"）的帮助下，顺利地谋得了高卢总督的职务，从此开始了戎马倥偬、建功立业的军旅生涯。

公元前 58 年恺撒出任高卢总督，主管山南高卢、纳尔榜高卢和伊利里亚（今亚得里亚海东岸的克罗地亚和斯洛文尼亚）三个行省，任期五年，并且可以支配四个军团的军力。当时的高卢可分为山南高卢、纳尔榜高卢和山北高卢三大地区，其中从阿尔卑斯山南麓一直到卢比孔河的意大利北部地区被称为"山南高卢"（或"山内高卢"），而北起卢比孔河、南至布林迪西的整个靴形半岛则属于意大利本土。苏拉独裁时，给予所有意大利人以罗马公民权，而当时的山南高卢虽然早已被罗马人征服，但它只是罗马管辖的一个行省，即山南高卢行省或北意行省，因此生活在这一地区的高卢人并没有获得罗马公民权。纳尔榜高卢位于意大利和西班牙之间的狭长地带，沿着地中海北岸由东北向西南方向延伸。纳尔榜高卢早在公元前 2 世纪末叶就已经成为罗马的行省，故而又被称为普罗旺斯，这里也是今天法国风景最美丽、薰衣草盛开的地区，著名的城市马赛、尼斯、戛纳、阿维农等都在这个地区。而山北高卢则是指阿尔卑斯山脉以北的广大地区，一直扩展到英吉利海峡和大西洋海岸，包括今天法国的大部分、比利时、卢森堡、荷兰南部、瑞士以及莱茵河左岸的德国地区等。这一广大地区被罗马人泛称为高卢，它根本还不属于罗马，是一片尚未进入文明状态的处女地，生活着许多各自为政的原始部落。其中，靠近罗马边境的一些部落由于受到罗马人的影响，已经开始部分地接受了文明的生产方式和生活方式；而北方边远地区的族群仍然处于比较蒙昧的蛮荒状态，其人民以身材高大、凶猛剽悍而著称。由于罗马人是留短发和剃胡须的，而山北高卢的野蛮人都蓄有长发和胡须，因此罗马人就把这个地区称为"长发高卢"。

恺撒在担任高卢总督期间所创建的伟大功勋，就是跨越阿尔卑斯山把整个山北高卢全部纳入罗马共和国的版图之内，一方面极大地拓展了罗马的北部疆域，另一方面也开启了后来法国的文明化历程。当恺撒走马上任时，阿尔卑斯山以北的山北高卢地区还是一片栖居着近百个不同部落的蛮荒之地。恺撒经过 9 年（最初的任期为 5 年，后来又续任 4 年）的南征北战，根据普鲁塔克的说法，攻克了 800 余座城镇，征服了 300 多个部落，先后与 300 万高卢人（以及日耳曼人）发生了战斗，最后的结果有 100 万人被杀，有 100 万人沦为罗马人的俘虏。这些数字难免有夸张之处，但是恺撒的丰功伟绩却不容置疑。恺撒还第一次越过了莱茵河进入日耳曼人生活的地区，并且两度率军渡过英吉利海峡，踏上了对于罗马人来说完全一无所知的不列颠土地，乃至于后来英国首相丘吉尔把恺撒在不列颠的登陆看作英国文明历史的开端。

但是对于恺撒本人来说，任职高卢总督 9 年的最重要的意义并不在于征服了广大的山北高卢地区，而是拥有了一支唯其马首是瞻的强大军队，从而为他日后打败庞培、制服元老院和独揽大权奠定了坚实的基础。按照当时罗马的规定，军队只能驻扎在边境行省，由卸任执政官或法务官来统帅。恺撒在高卢长达 9 年的南征北战，不仅充分展现出了他的军事天才，创建了连庞培都无法比拟的赫赫军功，也使他在操控翻江倒海的民意之外又掌握了所向披靡的军队，如此一来，他攫取共和国权力就如同囊中取物，易如反掌了。

到了共和国后期，行省军队作为一个新的权力筹码，在罗马政坛上的作用变得越来越大。那些手握兵权的行省总督，实际上已经成为一方诸侯，拥兵自重，统揽全权，把行省变成了独立王国，随时可以动用麾下军队来颠覆国家政权。苏拉最早开创了先例，率领自己的军队从外省杀回罗马夺取政权。后来庞培也手握重兵，北非、西班牙和东方各行省的军队都曾是他的旧部，但是庞培比较遵守规矩，每次回到意大利举行凯旋式后就会解散军队。但是恺撒与庞培不同，他不仅具有军事天才，而且怀有政治宏图，行省军权对于他来说如虎添翼。公元前 49

年恺撒就是带着自己在高卢行省久经考验的军队来夺取共和国政权的。相比之下，庞培虽然功勋卓著，却不敢冒天下之大不韪；克拉苏更没有这种能力和胆量。只有苏拉和恺撒敢于如此胆大妄为，但是他们两人的目的却是完全不同的。苏拉以军队为后盾，以个人独裁的方式来修复共和旧制度；恺撒却正好相反，他同样以军队为后盾，以个人独裁的方式来开创一种新体制，这就是由屋大维最终完成的罗马帝制。

高卢人与日耳曼人

恺撒在著名的《高卢战记》中将整个山北高卢划分为三个部分。第一部分，加龙河以南一直到比利牛斯山脉的高卢南部地区，这里主要生活着阿奎丹尼人，由于与纳尔榜高卢相毗邻，所以这里的居民受罗马文明的影响较深，在高卢人中间最为开化；第二部分，从加龙河到塞纳河之间的高卢中部地区，这是高卢人的主要聚集地，范围广大，部落众多；第三部分，塞纳河与莱茵河之间的高卢东北部地区，这里生活的比利时人（比尔及人）身材高大，性情凶猛，经常与莱茵河对岸的日耳曼人发生冲突，也构成了恺撒军队的强劲对手。

从莱茵河东北岸一直到波罗的海的广大地区，则生活着日耳

恺撒时代的高卢地图

曼人的各个部族，日耳曼人是一个比高卢人更加野蛮的民族，基本上没有受到过罗马文明和其他文明的濡染。高卢人最初可能与莱茵河彼岸的日耳曼人具有某种血缘关系，正是他们把河对岸的那些蒙沌未化之人叫作"Germanus"（意即"同一祖先的"或"同宗的"），后来罗马人从高卢人那里沿袭了这个称呼，在拉丁文中把莱茵河以东、多瑙河以北的广大族群统称为"日耳曼人"。从族群关系上看，高卢人属于更早迁徙到西欧土地上的凯尔特人中的一支，早在罗马文明尚未创建之时，高卢人以及其他凯尔特族群就已经在西欧的土地上繁衍生息了。在罗马后来的发展过程中，高卢人一直与意大利人发生着各种文化交流和战争冲突，尤其是在共和国时期，高卢人构成了罗马人的北方劲敌。相比起来，生活在更加偏远地区的日耳曼人在恺撒时代之前，由于隔着高卢人的屏障，基本上没有与罗马人发生过太多的直接交往。

　　日耳曼人是一个庞大的部落集团，他们生活在欧洲更加靠北的地方，最初的栖居地是波罗的海沿岸。日耳曼人在身材上更加高大魁梧，皮肤更加白皙，眼珠发蓝，头发金黄，是真正意义上的金发碧眼民族。大约在公元前 4 世纪的时候，日耳曼人开始从波罗的海沿岸向南迁徙到了莱茵河和多瑙河流域。西欧有两条大河流，一条是多瑙河，另一条是莱茵河，这两条河都发源于阿尔卑斯山区，在今天德国的黑森林一带。多瑙河从西向东流，最后流入黑海；莱茵河从南向北流，汇入大西洋。公元前 4 世纪以后，日耳曼各族群就分布在从莱茵河到维斯杜拉河、从多瑙河到波罗的海之间的广大中北欧地区。而莱茵河以西则是高卢人生活的地方，所以日耳曼人与高卢人在莱茵河一线长期处于对峙状态，二者之间经常发生战争。至于多瑙河以南，由于有难以攀越的阿尔卑斯山的阻隔，因此日耳曼人并没有与罗马人发生太多的直接冲突。自从马略彻底击溃了入侵的辛布里人之后，罗马人很少再与多瑙河北岸的日耳曼人发生接触，直到帝制时代罗马人向北扩展到潘诺尼亚、诺里库姆（今匈牙利、奥地利）一带，才开始与日耳曼人隔着多瑙河长期对峙。

高卢人虽然也属于尚未步入文明殿堂的民族，但是由于他们与罗马人打交道的时间比较久，尤其是靠近阿尔卑斯山和南法地区的高卢人，已经在通商贸易和其他文化交流的过程中接受了罗马文明的熏陶。到了恺撒时代，高卢人已经普遍接受了罗马人的生产方式和生活方式，过上了定居的农耕生活（这一点也得益于高卢地区土地肥沃，自古以来就是适宜农耕之地）；而日耳曼人却仍然以游牧或半游牧为生，经济发展水平远不及高卢人。在文化方面，高卢人也有许多与罗马人相近的观念习俗，例如他们已经具有了明晰的私有观念，尤其是土地私有权受到了普遍的尊重；但是日耳曼人却完全缺乏财产私有观念，狩猎获得的所有生活资料都是大家共同分享的。在宗教方面，高卢人与罗马人一样信仰人格神，如商业之神墨丘利、太阳神阿波罗、战神马尔斯、雷电之神朱庇特等，举行各种祭神仪式，高卢部落中的祭司集团属于社会最高等级，在政治、文化生活中具有至高无上的权威；而日耳曼人却仍然停留在对日、月、水、火等自然事物的直接崇拜中，尚未进入人格化的多神教。因此，从生活方式和文化风格方面来说，高卢人和罗马人之间更为亲近一些，而日耳曼人显然属于鸿蒙未开的野蛮民族。

作为高卢总督的恺撒第一次进军山北高卢，就是由于日耳曼人对于已经与罗马人建立了同盟关系的高卢部落的侵犯。

高卢的被征服与拉丁化

当恺撒担任高卢总督时，山南高卢和纳尔榜高卢都已经成为罗马管辖的行省，山北高卢虽然不属于罗马的版图范围，但是一些高卢部落与罗马建立了盟友关系，寻求罗马人的庇护。在恺撒出任高卢总督之前，一支强大的日耳曼部落越过了莱茵河，渗透到高卢人的地盘，迫使一支居住在莱茵河西岸的高卢人——赫尔维提亚人（Helvetians，瑞士人的祖先）不得不举族向西部地区迁徙，从而引起了高卢各族群内部的骚乱。恺撒刚一担任高卢总督，立即就以罗马盟主的身份率领罗马军团越过阿尔卑斯山去平息了高卢人内部的这场冲突。他一方面运用武力迫使战败的赫尔维提亚人返回故乡，另一方面则与入侵高卢人家园的日耳曼人在今天法国的贝桑松附近发生了激烈的战斗。虽然在战争之初罗马人因悚惧于日耳曼人高大的身材和野蛮的拼杀风格而人心惶惶，但是在恺撒高超的军事战术和罗马军团严整的步队形阵面前，逞莽汉之勇的日耳曼人很快就败下阵来，溃不成军。事实上，早在马略的时代，罗马人就已经领略过日耳曼人（辛布里人）的凶猛和散乱，他们看起来咄咄逼人，势不可当，但是毫无章法，在罗马人协同作战的重甲军团面前不堪一击。更何况恺撒素来就是以少胜多、迂回侧击的战略高手，他所具备的军事才能不仅超越常胜将军马略和"伟大的庞培"，甚至可以与所向披靡的亚历山大相媲美。高卢之战对于恺撒而言只是小试锋芒，经此一役，遭到恺撒狠狠教训的日耳曼人逃回了莱茵河东岸，从此以后再也不敢轻易过河了。

恺撒帮助高卢人把日耳曼人赶过了莱茵河，但是高卢的一些部落又开始相继叛乱。从公元前 57 年到公元前 53 年，恺撒率领的罗马军团分别与高卢北部的比利时人、布列塔尼的维奈特人、莱茵河畔的特雷维利人和伊布洛斯人，亚琛北边的涅尔维人等高卢部族发生了战争并且打败了他们，其间还架设木桥跨过莱茵河，第一次深入日耳曼人的地区。公元前 55 年和公元前 54 年，恺撒还曾两次率部渡过英吉利海峡，进入不列颠，从而使罗马人第一次知道了与世隔绝、蒙昧野蛮的英国人（当时仍为凯尔特人）。公元前 52 年，高卢人爆发了一场规模庞大的反罗马运动，高卢中部和南部的许多部落都参与了这场起义，为首者名叫维金托里克斯（Vercingetorix）。他虽然身为高卢人，却受过很好的罗马教养，具有较强的政治领导和军事指挥能力。在他的富有煽动力的号召下，许多高卢部落纷纷加入叛军的阵营，对驻扎在当地的罗马军团形成了巨大的威胁。尽管恺撒当时正遭受罗马元老院的猜忌和掣肘，但他还是闪电般地率领军队越过阿尔卑斯山，从天而降般地击败了叛乱的高卢部落，并把维金托里克斯围困在巴黎以东的阿莱西亚要塞中。阿莱西亚攻坚战的胜利是恺撒在高卢取得的最辉煌的战绩，充分显示出恺撒的军事天才。面对着被困在阿莱西亚的维金托里克斯的 8 万多名将士，以及从各地源源不断地赶来增援的高卢人（兵力达到了 25 万人以上），恺撒指挥的 5 万多名罗马将士构筑了两道寨垒，内圈的寨垒用于包围阿莱西亚的维金托里克斯军队，外圈的寨垒则用于防御高卢援军。腹背受敌的恺撒首先率领罗马人以突然袭击的方式彻底击溃了外围的高卢援军，斩获无数；然后又对阿莱西亚要塞发起了猛攻。声称为自由而战的维金托里克斯眼见大势已去，为了保全高卢同胞的性命，情愿牺牲自己而向恺撒投降。普鲁塔克对当时的情景描写道：

> "阿莱西亚的军队忍受极大痛苦，也给恺撒带来无数的艰辛，最后还是开城投降。发动战争的主使者维金托里克斯穿上华丽的铠甲，给马匹加上各种装饰，骑着出城在恺撒座位的前方绕行一周，下了坐骑脱去铠甲，蹲踞在恺撒的脚前动也不动，最后被带走囚禁起来，供凯旋式出场亮相之用。"

这位品德高尚的高卢首领后来一直被罗马人羁押在监，直到公元前 46 年恺撒打败庞培回到罗马举行了凯旋式，才下令将其杀害。踌躇满志的恺撒还专门为了纪念这次胜利而铸造了一枚镌

维金托里克斯向恺撒投降

刻着维金托里克斯侧面头像的罗马银币。

　　阿莱西亚一役彻底击垮了高卢同盟，制服了剽悍的高卢民族，高卢各部落从此偃旗息鼓，心悦诚服地匍匐在罗马人的权柄之下，在此后的几百年间再也没有发生过反抗罗马的事件。恺撒的征服使山北高卢成为罗马的一个新行省，野蛮的高卢人从此步入了文明的拉丁化进程，逐渐与罗马的命运融为一体。对高卢的征服不仅极大地拓展了罗马的疆域，而且把高卢变成了恺撒（及其接班人屋大维）的根据地，就如同西班牙是庞培的大本营一样。后来恺撒把高卢的一些部落酋长邀请到罗马，不仅授予他们以罗马公民权，而且擢升他们成为元老院的元老。这种做法激起了罗马贵族元老们的极大愤慨，他们无法容忍那些穿长裤的野蛮人加入穿托加袍的罗马元老之列。但是恺撒却依凭手中的权力坚持这样做，尽力笼络高卢人，这件事也加深了恺撒与元老们的矛盾。公元前 44 年恺撒虽然遭到元老们的暗杀，但是继之崛起的屋大维却继续推进恺撒对高卢人的怀柔政策，从而使高卢人快速地实现了与罗马人的文化融合，高卢也在帝制时代成为罗马帝国的重要组成部分。

随着山北高卢被纳入罗马的版图，高卢人也开始了文明的拉丁教化历程，因此直到今天，法语和意大利语、西班牙语等一样，都属于拉丁语系；而莱茵河东岸的德国、英吉利海峡彼岸的英国和斯堪的纳维亚半岛各国却属于日耳曼语系地区，与南方的拉丁文明地区形成了鲜明的对照。

毫无疑问，高卢地区早在公元前 1 世纪中叶就已经被恺撒征服，并被纳入文明的拉丁文化圈中。对于后来的法国人而言，这个历史事件具有比较尴尬的意义，说起来难免带有一点酸溜溜的味道：一方面，高卢人被罗马人打败和征服了，高卢从此以后成为罗马的一个行省，这当然是一件耻辱的事情；但是另一方面，高卢人也因此而开启了文明教化的进程，而此时莱茵河东边的日耳曼人和大西洋彼岸的不列颠人仍然还是茹毛饮血的蛮族，更遑论北欧的那些野兽生番一般的维京海盗了，因此高卢人也就具有了骄傲的资本，他们已经由于恺撒的征服而成为文明民族。乃至于到了五百年以后，当日耳曼人大举入侵西罗马帝国时，高卢人早已经是儒雅开化的文明人了。

正是由于这种文化上的优越性，后来的法国人一直对德国人、英国人以及北欧人怀有一种居高临下的傲慢感，在文化上对他们嗤之以鼻。这种文化优越感早在罗马帝国时代就开始孕育，到了中世纪，法国人又发展出大学教育、哥特式教堂、骑士文学、经院哲学等一系列代表中世纪最高水平的文明象征，以至于13世纪的法国流行着这样一句话："意大利人有教皇，德意志人有皇帝，法兰西人有文化。"文化已经堪与教权和王权鼎足而三。及至近代，法国人更是继意大利文艺复兴之后异军突起，从17世纪开始独领风骚，因古典主义、巴洛克艺术、贵族风范等时髦事物而成为欧洲文明的圭臬典范，至今仍然引领着文化潮流。正是这种文化上——而非政治上或经济上——的领先地位培育了法国人孤芳自赏的优越感，致使他们瞧不起周边的其他民族。早先的法国人还比较服膺于意大利人、西班牙人等文明程度更高的拉丁族裔，但是到了路易十四时代，法兰西文明如同朝阳一般喷薄而出，很快就超越了由盛转衰的意大利和西班牙，成为近代文明的灯塔或旗手，巴黎也取代了罗马、佛罗伦萨、威尼斯等历史名城而成为全欧洲的文化中心。此后法国人更是目空一切，睥睨万邦，连意大利人和西班牙人也不放在眼里。至于莱茵河东边的德国人，英吉利海峡西面的英国人，斯堪的纳维亚半岛上的北欧人，在法国人眼里从来就是愚钝未开化的乡巴佬；而那些挥舞着美元、畅饮着可乐的美国人，对于优雅地品味着咖啡的法国人来说，就更是一批粗鄙乏味的暴发户！

　　法国人谈起自己的文明历史时，往往都是从恺撒征服高卢的事件开始讲起，这是法国文明史的开端，虽然难免带有一点屈辱的意味，却是货真价实的。至于德国人或英国人的文明史，自然就要晚得多，德国人的文明史始于公元 5 世纪日耳曼人对西罗马帝国的入侵和其后对罗马大公教会的皈依；而英国人的文明史，按照 20 世纪丘吉尔的说法，应该从公元前 55 年 8 月 26 日恺撒率领罗马军队渡过多佛尔海峡、踏上不列颠的土地开始算起。但是恺撒在不列颠并没有长久滞留，当时的罗马人觉得不列颠土著过于蒙昧野蛮，这片蛮荒之地对于他们没有任何吸引力，于是恺撒便带着军队撤回了高卢。第二年（公元前 54 年）的情况也是如此，虽然恺撒再度渡过了英吉利海峡，但是罗马人却对不列颠完全缺乏兴趣，因此又一次扫兴而归。到了公元 43 年，克劳狄皇帝征服了不列颠南部（今英格兰地区），后来哈德良皇帝甚至还在英格兰和更加蛮荒的苏格兰之间修筑了一道长城。但是在数百年以后，每况愈下的罗马帝国面对着日耳曼人入侵的威胁，不得不收缩防线，公元 5 世纪初从不列颠撤出，任凭桀骜凶悍的英国人自生自灭。不久以后，两支日耳曼部族——盎格鲁人和撒克逊人——越过英吉利海峡占领了不列颠，此后英国人通常就被叫作"盎格鲁－撒克逊人"（Anglo - Saxon），他们与日耳曼其他部族一样在基督教信仰的感召下开始告别蛮荒、步入文明。由此看来，丘吉尔把公元前55年8月26日恺撒踏上不列颠土地作为英国文明史的开端，未免有一点牵强，但是也从另一个方面映衬出古罗马文明的辉煌。

卢卡协议和"三头同盟"的强化

恺撒在高卢立下了卓越的战功，同时也培养了一支百炼成钢、唯命是从的军队。在指挥高卢战事的多年期间，恺撒始终与士兵们同甘共苦，打起仗来往往是身先士卒，因此得到了将士们的衷心拥戴。恺撒在高卢战争中尤其擅长以少胜多的突袭战术，往往采取长途奔袭、出奇制胜的作战方略，攻敌不备，速战速决，发扬光大了亚历山大首创的闪电战术。待到恺撒与庞培反目成仇之后，他就是依靠这支久经沙场的钢铁之军，运用以少胜多的闪电战术打败了号称"罗马第一战神"的庞培。

按照苏拉当年制定的规则，执政官或法务官在卸任之后，可以到某个行省去出任总督，执掌军权。但是在一般的情况下，一个人担任行省总督的期限往往只有一年。例如，此前恺撒在卸任法务官之后曾担任西班牙总督（公元前61年），也是以一年为限。这条规定就是为了防范一个人担任行省总督的时间过长，容易掌控一支忠于自己的私人武装。

　　然而，公元前 59 年恺撒执政官届满之后，在女婿庞培和岳父毕索的鼎力相助下，不仅如愿以偿地谋取了高卢总督的职务，还迫使元老院同意其任期为五年。公元前 58 年恺撒上任之后，即开始连年与高卢人作战，几乎没有停歇过。转瞬之间就到了公元前 56 年，眼见"三头同盟"的期限将至，恺撒于是又邀请克拉苏和庞培来到恺撒治下的山南高卢城市卢卡会面，三位政坛大佬重新续订同盟协议，将"三头同盟"的期限再延长五年。此时恺撒在高卢手握重兵，克拉苏和庞培则坐镇罗马，操控元老院和公民大会。三个人有权有势，呼风唤雨，党羽遍布天下，完全控制了罗马的财力、军权、民心甚至政要。因此，这次续订"三头同盟"就完全不同于四年前那样秘密进行，而是公开签署同盟协议。此外，罗马的许多政界要员——前执政官、资深元老等——也纷纷前来趋炎附势，一时间卢卡小城名流如云，权贵毕至，据说仅罗马政要的法西斯仪仗就数以百计，前来的元老多达两百人。在三位巨头之间，恺撒与庞培有翁婿之谊，恺撒与克拉苏亦交情深厚，如果说在初次结盟时恺撒还必须在二位前辈面前虚与委蛇、逢迎附和，那么在几年之后的卢卡续订同盟协议时，恺撒已经成为三者之中最有权势者，风头超过了罗马首富克拉苏和"伟大的庞培"，且占有天时、地利、人和之便，完全主导了这次规模盛大的巨头聚会。

公元前 56 年恺撒、庞培、克拉苏在卢卡续订的同盟协议的主要内容包括：

1. 恺撒支持克拉苏和庞培联袂竞选公元前 55 年的罗马执政官，卸任之后二人将分别前往叙利亚和西班牙担任总督，任期五年。作为回报，克拉苏和庞培赞同并保证让元老院批准将恺撒在高卢的任期再延长四年，至公元前 50 年底结束。

2. 三个人在分别担任叙利亚、西班牙和高卢总督期间各自可以拥有十个罗马军团的招募权，这样三个人手中掌握的总兵力就达到了三十个军团，几乎将罗马共和国的所有军力尽数囊括。

出于相互制衡的考虑，三巨头约定，到公元前 50 年结束的时候，大家同时结束行省总督任期，放弃军权，返回罗马。然后，恺撒就准备竞选公元前 49 年的罗马执政官（离他上次出任罗马执政官刚好间隔了十年）。

三巨头在罗马拥有举足轻重的政治实力，所以上述协议内容很快就如期得以实现，克拉苏和庞培成功地当选为公元前 55 年的罗马执政官，在执政期间操纵元老院将恺撒的高卢总督任期延长至公元前 50 年。克拉苏和庞培在一年执政官届满之后分别赴任叙利亚总督和西班牙总督，任期五年，各自拥有十个罗马军团的招募权；恺撒在高卢的兵力也相应地扩增到十个军团。

卢卡协议正中克拉苏的下怀，他不仅可以再度出任罗马执政官，而且在卸任之后还能够督掌叙利亚军权。克拉苏长期以来一直想要建立军功，现在西班牙已经无仗可打，高卢是恺撒的苦心经营之地，只有东方的叙利亚才有机会让他大展宏图。叙利亚的东边就是帕提亚帝国，那是古波斯帝国的孑遗，也是罗马进一步向东方扩张的主要阻碍。更重要的是，这里是征服东方、实现亚历山大理想的最合适的场所。腰缠万贯却渴望军功的克拉苏深深地被"亚历山大综合征"激励，誓必在垂暮之年弥补人生中的最大缺憾。而对于早已功成名就的庞培来说，卢卡协议除了让他和克拉苏一样梅开二度地出任罗马执政官之外，还可以进一步巩固他在西班牙的势力。况且此时的庞培正与恺撒的女儿尤利娅老夫少妻两情相悦，终日沉溺于儿女情长之中，对于恺撒策划的卢卡协议当然更无异议。

卢卡协议的最大受益者自然还是恺撒，他不仅如愿地将高卢总督任期延长了四年，而且合法地将执掌的兵力扩增到十个军团，这样就可以保证其圆满地实现征服山北高卢的政治理想（卢卡协议签订时高卢战争尚处于艰难的僵持阶段）。更重要的是，恺撒可以通过在高卢不断地创立新功来提高自己在罗马人中间的声望——恺撒在高卢战场上的每一次重大胜利都会致使元老院和公民大会在罗马举行盛大的谢神仪式——从而为他日后的政治图谋争取人心。除此之外，一支久经考验的虎狼之师也为胸怀大志的恺撒日后攫取罗马政权奠定了重要的实力基础。对于深谋远虑的恺撒来说，到了公元前 50 年末，当三位政界巨头都放弃手中的军权返回罗马时，或许就是自己登临罗马权力巅峰的辉煌时刻了。

由于卢卡协议的精心安排，罗马共和国在三巨头的权力平衡中安稳地度过了两年。到了公元前 54 年，克拉苏和庞培分别到叙利亚和西班牙赴任（庞培很快又返回罗马继续享受美满生活，将西班牙交给他的代理人管辖），恺撒则在高卢不断扩大战果。于是，政坛三巨头就分别控制了罗马的东部、西部和北部地区。

对于罗马共和国来说，北边的高卢、西边的西班牙和东边的叙利亚无疑具有极其重要的战略意义，它们分别从三个方面拱卫着意大利、希腊等中心地区；而南边的北非则由于面对着渺无人烟的撒哈拉大沙漠，所以在战略方面远远无法与前三者相比。现在恺撒、庞培和克拉苏分别掌握了这三个地区的军政大权，各自拥有 10 个军团的强大武装，不仅可以有效地抵御外敌入侵，而且实际上也把罗马共和国操控于股掌之间。所以，后来当屋大维一统天下时，他不仅以奥古斯都和元首的名义控制了罗马的内政，还特意将高卢、西班牙和叙利亚这三个地区的军政大权牢牢地掌握在自己手中。这三个需要驻扎常备军的边区行省被指定为奥古斯都的专属领地，不受元老院的管辖，由屋大维本人指定心腹来代行统治，元老院则负责管理其他不需要驻军的内地行省。由此也可以看出屋大维比恺撒、庞培、克拉苏等人更胜一筹之处，他把三位巨头三分天下的势力范围全都集中于自己一人之手。

但是从公元前 54 年开始，三巨头之间的关系发生了一些微妙的变化，有两件事情具有标志性意义：其一是公元前 54 年恺撒的女儿尤利娅在为庞培生孩子时难产而死，这段美满的婚姻至此结束，庞培与恺撒之间的政治联姻也自此断裂；其二是公元前 53 年急于建功的克拉苏在帕提亚战争中战败身亡，"三头同盟"少了一头，很容易就演变为两虎相争。从此以后，以小伽图和西塞罗为首的元老派势力开始加紧离间庞培与恺撒的关系，致使二者渐行渐远，最终走向了公开决裂和兵戎相见。庞培公开转向了元老院一边，以共和国的名义逼迫恺撒交出高卢军权；而羽毛丰满的恺撒则决定孤注一掷，破釜沉舟。公元前 49 年 1 月 12 日，恺撒率领军队跨过了高卢与意大利之间的分界线卢比孔河，直取罗马。"骰子已经掷下"，共和国再度陷入腥风血雨的内战之中。

第 II 节

"共和"与独裁的最后较量

卢卡协议签订之后的几年里，罗马政坛比较稳定，恺撒在高卢不断地扩大战果，克拉苏在担任了一年执政官之后出任叙利亚总督准备发动帕提亚战争，庞培则委托副将代其治理西班牙，自己守在罗马附近的阿尔巴别墅中与娇妻耳鬓厮磨。元老院也继续照常运转，在西塞罗、小伽图等保守派人士的主导下尽力维持着传统的共和体制。然而，公元前 54 年庞培之妻的去世和次年克拉苏的战死不仅导致了"前三头同盟"的瓦解，也使得罗马共和国的政治矛盾和权力之争急剧激化，庞培在西塞罗、小伽图等元老派的不断离间和怂恿之下，终于和曾经的盟友恺撒反目成仇，陷入兄弟阋墙之中。自格拉古兄弟改革以来的共和国所有矛盾都以一种聚变方式发生了总爆发，"共和"与独裁（以"民主"的名义）在希腊的法尔萨卢平原展开了最后的决战。

罗马元老院领袖西塞罗

此时在元老院的领袖人物中，淡出政坛的卢库鲁斯已经辞世，另外两位举足轻重的角色就是西塞罗和小伽图。他们两人长期以来都是罗马元老院的重镇，也是贵族派势力的政治代表，象征着共和国的传统和良心。与军功卓著的庞培、恺撒不同，西塞罗和小伽图始终保持着儒雅的文官身份，未曾在战场上建有寸功。西塞罗曾经出任过一届罗马执政官，而小伽图担任的最高官阶不过是法务官而已，两人都缺乏在疆场上率兵打仗的经历。但是他们却因雄辩滔滔的口才或者高风亮节的德行而在公众中享有盛誉，长期领导着元老和贵族们与共和国的各种阴谋团体以及野心家进行政治博弈，捍卫传统的共和政体。不过这两位元老派的中流砥柱在性格特征和行为方式上却迥然相异，相比而言，西塞罗才华横溢，老成圆滑；小伽图则朴实无华，刚烈耿直。

马可·图里乌斯·西塞罗（Marcus Tullius Cicero，公元前106年—公元前43年）出身于小康之家，属于贵族和平民之间的骑士阶层，从小家境殷实，受过良好的文化教养。他年轻时曾经到雅典求学，师从希腊著名的柏拉图学派哲学家安蒂奥库斯（Antiochus）学习雄辩术和修辞学，亦曾求学于罗得岛的希腊雄辩家阿波罗尼乌斯（后来恺撒也投在此人门下），深受希腊文化的熏陶，尤其精通希腊的辩证法和修辞学。此外，西塞罗也是将

希腊的哲学和辩论术引介到罗马来的重要桥梁,当年西塞罗的老师阿波罗尼乌斯就曾这样评价他:

> "西塞罗,我钦佩你的本领也赞美你的才华;不禁使我对希腊怀着怜悯之情,因为演说和辩才是希腊仅存的光荣,现在却经由你转移到罗马的名下了。"

后来,西塞罗不仅因其政治才能而成为共和国政坛上炙手可热的领袖人物,更因其思想文采而成为罗马历史上最著名的大文豪,被后世誉为"拉丁散文泰斗"。西塞罗的演讲和文章大气磅礴,汪洋恣肆,具有极强的震撼力,时人形容道:"西塞罗的一张嘴抵得上十万雄兵!"

西塞罗雕像

从年轻时代开始,具有自知之明的西塞罗深知疆场并非自己的用武之地,于是就选择了法庭来展现才华。他不仅雄辩滔滔,而且精通法律,成功地将希腊的雄辩术与罗马的法律知识结合起来，很快就成为罗马诉讼场上著名的大律师。除此之外，西塞罗还具有极其敏锐的政治嗅觉，善于捕捉那些能够博得声名和赢取民心的重大法律案件，不畏权贵，仗义执言，因而深受民众的拥戴。他刚刚出道不久，就因为接手一桩无人敢碰的诉讼案件而得罪了炙手可热的苏拉，被迫避祸希腊。苏拉死后，返回罗马的西塞罗又由于控告威勒斯（Verres）的讼案而一举成名。

公元前 70 年，36 岁的西塞罗站在西西里人民一边，对恶贯满盈的前任总督威勒斯进行了控诉。威勒斯在担任西西里总督期间贪赃枉法、草菅人命，干了许多伤天害理的事，卸任之后受到了当地人民的控诉。但是由于威勒斯在罗马上层社会具有盘根错节的人脉关系，一些大名鼎鼎的法律人士和有权有势的政府高官都对他十分偏袒，试图搁置法律，使其免受制裁。面对着罗马政坛上官官相护的腐败风气，掌握了威勒斯犯罪证据的西塞罗据理力争，以充实的证据和雄辩的口才征服了陪审团的元老和听众。在法庭上，西塞罗在列举了威勒斯贪污腐化、滥杀无辜的大量事实之后，慷慨激昂地阐发了这段具有雷霆万钧之力的讼词：

"啊，自由，这曾是拨动每一个罗马人心弦的美妙声音！然而，神圣不可侵犯的罗马公民权，而今却横遭践踏！难道一个全部权力来自罗马人民的地方总督，竟然可以在离意大利咫尺之遥的一个罗马省份里，任意捆绑、鞭挞、刑讯甚至处死一位无辜的罗马公民吗？难道受害者的痛苦呼喊，旁观者的同情热泪，共和国的威严，以及对国家法制的敬畏之心都不能制止那个残忍的恶徒吗？那人恃仗自己的财富，戕害自由的根基，公然蔑视人类，难道这样的恶人也可以逃脱惩罚吗？恳请诸位元老扪心自问，如果你们宽恕了他，你们就毁坏了社会安全的基石，扼杀了正义，给共和国带来了混乱、杀戮和毁灭！"

在这段声色俱厉的控诉和强烈的民意支持之下，威勒斯终于被法庭判定有罪，西塞罗也因此而声名鹊起，威震罗马。罗马人一向崇拜英雄，但是他们心目中的英雄可以分为两种：一种是如庞培、恺撒那样在战场上杀敌建功的大将军，另一种就是像西塞罗这样在法庭上雄辩滔滔的大律师，有时候后者在民众中享有的盛誉甚至还超过了前者。

揭露喀提林阴谋

凭着在法庭雄辩而博得的声望，西塞罗开始跻身政坛，先后出任过财务官和法务官，因其渊博的法律知识和公正的行政作风而受到人民的普遍爱戴。随着地位的升迁，西塞罗在政治上也逐渐表现出圆滑通达的一面，开始在卢库鲁斯、克拉苏、庞培以及稍晚出道的恺撒等权势人物之间左右逢源，见风使舵。尤其是在他成为元老院的领袖人物之后，其政治谋略和机智更是炉火纯青，他一直在元老院的保守派（以小伽图为首）与庞培、恺撒等实力派之间回旋游刃。他一方面和小伽图等元老一起策划各种旨在离间和抑制"三头同盟"的措施，小心提防庞培，尤其是恺撒的政治野心；另一方面则与庞培保持着良好的政治友谊，与远在高卢的恺撒频繁地进行高雅的诗文唱和，并把自己的亲弟弟昆图斯送到恺撒帐下担任幕僚。

西塞罗在罗马政治生活中影响最大的事件就是揭露喀提林阴谋。公元前 63 年西塞罗出任了罗马执政官，当时他的竞争对手名叫喀提林。喀提林是罗马贵族出身的野心家，早年为苏拉的部将，在战场上立过军功，后来担任过法务官、北非行省总督等职。由于怀有政治野心并在经济上债台高筑，喀提林一直想谋求执政官之位，公元前 63 年与西塞罗竞争落败，遂怀恨在心。于是，喀提林便利用人民对元老院的不满，试图在罗马城里采取纵火暴动的手段来攫取政权。喀提林纠集了一批对罗马政治不满的人，包括一些苏拉的老兵，在罗马之外的地方准备起事；同时也在罗马城内安插了一帮党羽准备放火和刺杀西塞罗。结果喀提林党的阴谋被西塞罗识破，在证据确凿的情况下，西塞罗在元老院连续发表了四次重磅炮弹式的"反喀提林阴谋"的演讲。特别是在第一次演讲中，西塞罗面对参加元老院会议的喀提林——当时在场的元老们都由于对喀提林阴谋的极度厌恶而纷纷与他保持一段距离——公开揭露了他试图刺杀执政官、颠覆共和国的罪行，

西塞罗揭露喀提林阴谋

号召元老们将喀提林及其党羽绳之以法:

"喀提林,到底你还要把我们的耐性滥用到什么时候?你的丧心病狂的行为还要把我们玩弄到多久?你的肆无忌惮的作风将要嚣张到什么程度?……你不知道你的计划已经暴露?你没有看到,由于在场各位元老都已知道了这件事,而你的阴谋已紧紧地被制服住?……喀提林,我们手里有元老院的一项强有力的和严厉的命令(指"元老院终极令")来对付你……根据元老院的这一命令,喀提林,你应当立刻被处决。可是现在你还活着,而且你活着对于你的厚颜无耻的行为不但不悔改反而变本加厉。……对于这些同正直的人为敌的人，国家的这些敌人，打劫意大利的人，这些由于共同为非作歹而可恶地勾结在一起的人，朱庇特将要用永恒的惩罚来惩处这些活着和已经死去的人。"

受到西塞罗和众位元老抨击的喀提林匆匆离开元老院，仓促逃离罗马，纠集军队准备发动全面叛乱。喀提林的同谋科尔内利乌斯·朗图鲁斯（Cornelius Lentulus，时任罗马法务官）等人则在罗马城内密谋纵火起事。西塞罗很快就识破了朗图鲁斯等人的阴谋，于是策动元老院对其发布了"元老院终极令"，当场抓捕了朗图鲁斯等五人，并直接把他们押往监狱执行死刑。喀提林本人不久后也在叛乱之战中兵败身亡。

这一次是元老院第三次动用"元老院终极令"这个撒手锏。但是这一次直接由执政官和元老院在未经公民大会审判的情况下对朗图鲁斯等人执行死刑，此举显然与罗马共和国的一条基本法律——任何人被判处死刑必须经由公民大会批准且具有上诉权——相违背，这就为西塞罗日后的政途劫难埋下了伏笔。

元老们在讨论对朗图鲁斯等人进行处罚时，出现了两种不同意见。大多数元老都支持西塞罗提出的死刑惩罚，但是身为罗马大祭司长的恺撒却表达了不同意见。恺撒认为元老院无权任意发布终极令来剥夺一个人的生命，对于朗图鲁斯等叛乱未遂者，应该先予以羁押，然后交由公民大会来进行审判。恺撒维护共和国法制原则的发言一度使一些元老的态度发生了动摇，这时候，小伽图站起来开始尖锐地反驳恺撒。他认为喀提林、朗图鲁斯等人的阴谋虽然并未得逞，但是他们的动机就是要焚烧罗马、制造暴乱、颠覆共和国，因而他们事实上已经犯了叛国罪。在罗马，叛国是比杀人、偷盗、奸淫等更为严重的不赦之罪，如果不将叛国者处以极刑，那就是对共和国尊严和法律的亵渎！小伽图的一番慷慨陈词再度激起了很多元老的愤怒和赞同，因此元老院的最终表决结果是仍然把朗图鲁斯等人立即处死。

揭露和挫败喀提林阴谋使得执政官西塞罗一时间成了拯救共和国的英雄，受到了元老和贵族的热情赞美，甚至被元老院赋予了"祖国之父"的荣誉（继罗慕路斯、卡米卢斯、马略之后的第四位"祖国之父"）。但是未经人民（公民大会）审判而擅自运用行政权力处死喀提林党人，这种做法也成为西塞罗本人和罗马法制史上的一个污点。后来克劳狄乌斯正是以此为由对西塞罗的违法行为进行了起诉，迫使西塞罗逃亡东方。

西塞罗与克劳狄乌斯

西塞罗在担任执政官期间由于揭露喀提林阴谋而声名大噪，

获得了"祖国之父"的殊荣,一时间可谓是风光无限。西塞罗这个人在政治上还比较廉洁(虽然他因律师职业而获得了大量钱财并在帕拉蒂尼山上置有豪宅),但是他的虚荣心却特别强,他喜欢生活在人们的赞誉声中。在这方面,西塞罗与庞培比较相像,虽然两人的虚荣心所凭恃的资本全然不同(一者为军功,一者为辩才)。因此,当公元前 62 年庞培带着罗马军队从东方战场上获胜归来,要求元老院为其举行凯旋式时,刚刚卸任执政官的西塞罗颇为不服,他认为自己的功劳要比庞培大得多,庞培只不过是在国外战场上获得了军事胜利,而他本人却拯救了罗马共和国,因此更有资格举行凯旋式。但是罗马人民却更加崇拜战场上建功立业的英雄,而西塞罗挫败喀提林阴谋之事由于涉及政治上的派系斗争,虽然受到了元老贵族们的大力赞扬,但是在平民阶层中却颇有非议。尤其是他利用职权未经审判就剥夺了朗图鲁斯等人的性命,更是激起了平民阶层的极大愤慨。因此,庞培最后获得了举行第三次凯旋式的荣耀,西塞罗的奢望却付之东流,由此也导致了二人之间的政治龃龉。此后西塞罗更加坚定地站在卢库鲁斯、小伽图等保守派元老一边,公开防范和反对庞培(以及后来与庞培结盟的恺撒)的个人权势。

西塞罗在罗马政坛上素来以公正、高尚和捍卫共和而自诩,在法庭上和元老院里时常因雄辩滔滔而语惊四座,令人折服,但是也因此而得罪了一些政要。特别是他与政治冒险家克劳狄乌斯之间的嫌隙,竟至酿成了西塞罗亡命天涯的悲剧。

　　普布利乌斯·克劳狄乌斯（Publius Claudius）出身于罗马的传统豪门，克劳狄乌斯家族在罗马政坛上声名显赫，历史上曾经出过许多名公巨卿，是担任罗马执政官人数最多的望族之一。但是近年来这个古老家族渐入颓势，在政治上的影响日益黯淡。为了实现自己的政治野心，擅长投机钻营的克劳狄乌斯竟然公开放弃了贵族身份，认一位比自己更加年轻的平民为养父，意在通过平民身份来谋求保民官之职（罗马法律规定贵族不能担任平民保民官）。以往罗马历史上曾有过一些平民被贵族收养而改变身份的例子，但是像克劳狄乌斯这样自贬贵族身份而要求被平民收养的事情还是闻所未闻。由此也可以看出此人的心计之深、手段之劣。

　　克劳狄乌斯在改投平民门庭之前，曾是一个浪荡风流的纨绔子弟，四处招蜂惹蝶。公元前 62 年，他试图勾引恺撒的妻子庞培娅，闹出了一则丑闻。当时担任法务官的恺撒为了息事宁人（此时老谋深算的恺撒已经看出此人日后必有利用价值），对这一丑闻采取了不予追究的态度，但是他却以"恺撒之妻的贞节不容置疑"为由休掉了庞培娅（不久后恺撒把女儿嫁给了政治盟友庞培，自己则娶了后任执政官毕索之女为妻）。此事成为恺撒人生中的一个道德污点，后人对此多有诟病。

　　当克劳狄乌斯因为此事被告上法庭时，恺撒采取了装聋作哑的态度，但是坚持正义的西塞罗却在法庭上做出了对克劳狄乌斯不利的指证，当场揭穿了克劳狄乌斯的谎言。虽然法庭陪审员们慑于克劳狄乌斯在平民中的声望（或许还有克劳狄乌斯所施予的贿赂之故）以及鉴于恺撒的沉默态度而最终宣判其无罪，但是克劳狄乌斯从此就对西塞罗怀恨在心。公元前 58 年，改换了平民身份的克劳狄乌斯如愿以偿地攫取了保民官之职，于是他便利用平民的复仇情绪来追究当年元老院未经审判而处死朗图鲁斯等喀提林党人的罪责，西塞罗自然也在追责之列。擅长煽动人心的克劳狄乌斯利用手中的权力推行了一系列利民改革措施，尤其是免费向城市贫民发放粮食，从而赢得了贫苦大众的大力拥戴。他经常带着一帮奴隶携带武器在罗马街头招摇过市，攻击政敌，而受到违法指控的西塞罗则犹如丧家之犬，衣冠不整、狼狈不堪地四处托人说项。远在高卢的恺撒对此爱莫能助，只能隔岸观火（事实上克劳狄乌斯就是恺撒安插在罗马的代理人，以操纵平民与元老院相抗衡）；金屋藏娇的庞培终日躲在阿尔巴别墅中逍遥自在，不愿惹火烧身；克拉苏则由于与西塞罗素有怨隙，暗中推波助澜。绝望之中的西塞罗只能选择逃亡保命，离开意大利来到希腊，终日在思乡怀旧的伤感中遥望故园，他在帕拉蒂尼山上的豪宅和其他庄园也被克劳狄乌斯煽动的暴民付之一炬。

　　一年多以后，另一位得到贵族们暗中支持的平民野心家安纽斯·米罗（Annius Milo）出任了保民官，他使用同样卑劣的流氓手段与克劳狄乌斯的支持者们展开了暴力械斗。在罗马街头一片混乱的情况下，深居简出的庞培伺机而动，利用自己昔日的政治威望，号召罗马民众赶走了无法无天的克劳狄乌斯。元老院也向避难希腊的西塞罗发出了召唤令，西塞罗很快就劫后返乡，受到了罗马民众的热烈欢迎。得意忘形的西塞罗又开始陶醉于自己的政治光环之中，他在题为《向元老院致敬》的演讲词中宣称，是整个意大利人民以肩膀为轿辇把他抬回了罗马。

在之后的几年中，克劳狄乌斯被米罗的拥趸们杀死在罗马械斗之中，米罗也在不久以后遇刺身亡。重出江湖的庞培在罗马政坛上的影响力不断提升（此时卢库鲁斯和克拉苏均已谢世），并与西塞罗、小伽图等元老派相互倚重，共同应对拥兵在外的恺撒。痛失爱妻尤利娅的庞培不久后又另娶了罗马贵族梅特鲁斯·西庇阿之女为妻，婚姻方面的这种变化也意味着庞培在政治上与恺撒的分道扬镳和与元老派的重修旧好。

在公元前 62 年的那则家庭丑闻中，恺撒对于克劳狄乌斯的宽容态度使得后者对其感恩戴德，日后死心塌地地为恺撒效命，操纵平民势力在罗马为恺撒站台，从而使远在高卢的恺撒得以高枕无忧。而西塞罗因为仗义执言与克劳狄乌斯结下了终生仇隙，此怨恨一直到克劳狄乌斯死后也没有得到缓解，最终竟成为西塞罗断命的原因之一。

公元前 43 年，"后三头同盟"之一的安东尼下令追杀西塞罗，砍下了他的头和手挂在罗马广场上示众。安东尼之所以对西塞罗恨之入骨，除了因为西塞罗在政治上一直与他为敌，连续发表了 14 篇抨击安东尼的著名演讲之外，还有一个重要原因，那就是克劳狄乌斯的遗孀弗尔维娅后来嫁给了安东尼，这位凶悍的妇人把克劳狄乌斯对西塞罗的刻骨仇恨也带给了安东尼，怂恿安东尼杀害了穷途末路的西塞罗。

自从重返罗马之后，西塞罗再度成为元老院的领袖人物，与作风强硬的小伽图一起主持共和国的政治事务，后来又与庞培捐弃前嫌，共同防范野心勃勃的恺撒。现在，克劳狄乌斯式的暴力型平民领袖已经成为过眼烟云，贵族派重新掌控了罗马的政局，对于共和政制的唯一威胁就是远在阿尔卑斯山外手握重兵的恺撒了，这位"用一根手指头来精心地梳理头发"的野心家将成为共和国最危险的敌人。

刚正不阿的小伽图

罗马元老院的另一位领袖人物就是大名鼎鼎的小伽图（Cato the Younger，公元前 95 年—公元前 46 年）。伽图家族的先祖原本是平民出身，后来发迹而跻身元老院，成为罗马新贵。小伽图的先辈位列元老院已有一百多年的历史，他的曾祖就是在布匿战争期间以作风硬朗而著称的监察官老伽图，其名言"迦太基必须毁灭！"始终作为罗马浑雄遒劲的古风经典而回荡在共和国上空。老伽图作为罗马元老院的保守派领袖，极力维护罗马传统的宗教信仰和道德风尚，不断提醒罗马贵族青年防范抵制希腊奢靡享乐之风的影响，坚守罗马人质朴、顽强、勇敢的精神品质。这位身体强健的老人在年近八旬时续弦，所生的后裔使得伽图家族的香火得以延续。

伽图家族的门风一脉相承，其族人在政治上一向思想保守、恪守陈规，坚决维护共和体制；其品行也素以道德清廉、作风硬朗、不畏强暴、刚直不阿而著称。因此之故，伽图家族在罗马民众中始终享有很高的声誉，他们泥古不化的政治立场与廉洁高尚的道德风格同样遐迩闻名。在共和国后期，罗马的元老权贵们普遍走向了腐化堕落，然而伽图家族却出淤泥而不染，在一派颓靡气象中始终保持高风亮节，为官者都是一身正气，两袖清风，极力维系罗马传统的淳朴风尚。西塞罗曾经赞誉道，小伽图在思想言行方面更像是柏拉图《理想国》中的公民。

小伽图从小就表现出疾恶如仇的正义精神，"无论是说话、神情和游戏，都表现出宁折不屈的个性"。普鲁塔克在《希腊罗马名人传》中讲述了一个故事：由于伽图家族与苏拉交好，年少的小伽图经常跟随长辈们到苏拉家中玩耍。当时的苏拉实行独裁统治，因公敌宣称而滥杀无辜，少不更事的小伽图时常听到人们的抱怨之声。有一次家庭教师带着小伽图到苏拉家中做客，出门之时小伽图询问老师，为什么大家都在背后对苏拉怨声载道？老师回答道，因为苏拉是一个独裁者，人们对他又恨又惧。于是小伽图脱口说道："为什么你不给我一把剑，好让我刺死他，将城市从奴役中解救出来？"此后家人对小伽图严加看管，再也不敢带他去苏拉家中。由此可见，小伽图从小就具有秉正刚烈的性格。

小伽图长大以后，步入政坛，因其清廉高洁的品性和不屈不挠的意志而逐渐成为元老院保守派的领袖，始终致力于捍卫共和国的制度和原则。到了恺撒、庞培、克拉苏结盟的时候，共和国已经千疮百孔、危在旦夕，小伽图和卢库鲁斯、西塞罗等人一起，带领罗马保守派人士极力维护共和国法律和元老院的权威地位。起初小伽图极力提防"伟大的庞培"，唯恐后者像当年的苏拉一样依凭军功来推行独裁统治，曾经铁面无情地拒绝了庞培与其建立政治联姻的请求。后来到了庞培金屋藏娇、意气消沉之际，恺撒的政治野心逐渐暴露，小伽图又成为罗马元老院反对恺撒的先锋。小伽图不像西塞罗那样八面玲珑，游刃有余，而是刚正不阿，决不妥协，在许多场合与恺撒公然对抗，丝毫不畏惧恺撒的强权。在公元前 59 年恺撒担任执政官期间，小伽图对其独断专行的行政作风极为反感，每次在元老院召开会议时，小伽图总是站在恺撒的对立面上，尖锐地反对恺撒提出的议案（这些议案往往都是有利于平民阶层的）。小伽图的口才也不错，但是与西塞罗的语言风格迥然不同，西塞罗的文风辞藻优美、气势磅礴，具有震撼人心的雄辩特点；小伽图的风格则是质朴平实，直击主题，没有过多的文采修饰，但是同样能够阐明道理，折服人心。而且小伽图的演讲还有一个特点，那就是每当他试图搁置一个所反对的议案时，他总是充分发挥自己年富力强的身体优势，长篇大论地侃侃而谈，冗长的演讲往往一直延续到当天会议的结束时辰，所讨论的议案自然也就不了了之。

有一次，元老院在讨论恺撒的一个提案时，比恺撒年轻 5 岁的小伽图再次祭出了他的撒手锏，长篇大论地发表演讲，试图阻挠恺撒的议案付诸表决。恺撒忍无可忍，于是就让卫兵们把小伽图赶出了会场，结果卫兵们一松手，小伽图又冲进会场继续发言。由于小伽图软硬不吃，恺撒实在拿他没有办法，于是索性命令士兵将他投入监狱。恺撒原以为面临牢狱之灾的小伽图会向保民官求助，让保民官出面来请求恺撒赦免自己，没想到小伽图不仅不向保民官求情，反而主动地径直走向监狱。在小伽图大义凛然之风的感召下，一些罗马元老和平民也纷纷紧随其后。恺撒深知众怒难犯，不得不亲自去找保民官，暗示他赶紧为小伽图说情，这样才给自己找了一个台阶中止此事。

恺撒与小伽图的正面交锋最初始于公元前 63 年西塞罗弹劾喀提林集团之时，当时身为大祭司长的恺撒在元老院公开发言，反对西塞罗和元老院动用终极令来惩处朗图鲁斯等人，但是小伽图的一番反驳博得了众元老的赞同，最终朗图鲁斯等人未经公民大会审判就被剥夺了生命。从此以后，小伽图在许多问题上都与恺撒分庭抗礼，尤其是恺撒出任执政官期间，二人之间的关系更是形同水火。后来恺撒在远征高卢期间，依靠盟友庞培和克拉苏来笼络罗马权贵阶层，指使克劳狄乌斯（以及后来的库里奥、安东尼等人）来控制公民大会，但是在元老院里，不屈不挠的小伽图始终与他势不两立，不断提醒人们防范恺撒的权欲野心。见风使舵的西塞罗也积极襄助小伽图离间庞培与恺撒的同盟关系，最终酿成了共和国的再一次内战。

"三头同盟"的瓦解

公元前 54 年恺撒的女儿尤利娅因难产而死，庞培与恺撒之间的政治联姻到此终止。次年克拉苏又在东方战败身亡，这位年高望重的罗马首富虽然不如恺撒和庞培那样风头强劲，却构成了"三头同盟"的重要平衡石。克拉苏一死，"三头同盟"自然也就不复存在，而且很容易演化为两虎相争。从此以后，恺撒与庞培之间的关系就变得日益微妙。公元前 58 年恺撒在出任高卢总督时，由于他没有儿子，唯一的女儿尤利娅嫁给了庞培，考虑到高卢战事艰险，因此恺撒临行前在遗嘱中明确指定，如果自己战死沙场，财产的第一继承人就是女婿庞培。由此可见，当时恺撒和庞培的关系是非常融洽的。但是当尤利娅去世之后，庞培很快又娶了罗马元老西庇阿的女儿，并在西塞罗、小伽图等元老派的拉拢之下与恺撒渐行渐远。此时，西塞罗、小伽图等人已然了解庞培对共和国暂时没有威胁，而恺撒却是野心勃勃、羽翼渐丰，正在成为共和国的心头大患。因此他们便趁"三头同盟"瓦解之机，极力笼络庞培，离间他与恺撒的关系，最终形成了元老院与庞培强强联手，共同应对拥兵高卢的恺撒的政治格局。

随着公元前 50 年的临近，恺撒开始面对一个重大的抉择。按照公元前 56 年卢卡协议的规定，恺撒、庞培、克拉苏将在公元前 50 年底同时卸任高卢总督、西班牙总督和叙利亚总督的职位，放弃各自手中的军权（三人各有十个军团的强大武装，完全把罗马共和国操控在股掌之间）。此项规定是为了相互制约，以防其中一人势力过大。现在克拉苏已经殒命沙场，而西班牙素来就是庞培的大本营，即使他卸任了西班牙总督，接任者和当地官员也都是他的心腹死党。更重要的是，庞培已经与元老院重修旧好，与小伽图、西塞罗等保守派人士结成了新的联盟，从此在政治上高枕无忧。但是对于恺撒来说，他一旦卸任了高卢总督，未来必将凶多吉少——放弃军权返回罗马的恺撒很可能就会受到元老院的起诉，因为他在担任高卢总督期间干了一些违法之事，如未经元老院批准就擅自率军越过阿尔卑斯山去攻打山北高卢。尽管恺撒后来将整个山北高卢都纳入了罗马版图，但是此举仍属于越权违法行为。然而，如果他贪恋军权而不放弃高卢总督之职，则不仅破坏了卢卡协议的规定，更是违背了共和国的法律，实为抗命叛逆之举。

面对着这个难题，恺撒想出了一个解决之道，那就是请求元老院将其高卢总督任期延长到公元前 49 年底，他准备在这一年参加竞选公元前 48 年的罗马执政官。按照苏拉制定的"年功序列"，卸任执政官必须在十年之后才能再度参加竞选。恺撒是在公元前 58 年卸任执政官之职的，因而从法律上来说，他有资格竞选公元前 48 年的罗马执政官；而且他所拥有的民意和军功，让他竞选的胜算很大。按照罗马法律的规定，执政官在任期间是不能被起诉的，因此他如果能在公元前 48 年再度出任罗马执政官，就不用担心受到元老们的指控了。更重要的是，在一年执政的时间里他可以从容地利用手中大权来改变罗马的政治体制，彻底消除元老院的威胁。要想实现这个政治方略，恺撒在高卢的总督任期必须延长到公元前 49 年底，否则在失去了军权，又未能出任执政官的权力真空期（公元前 49 年），他就会受到元老院的起诉，锒铛下狱甚至性命不保。

恺撒的这个政治计划可以填补担任高卢总督和罗马执政官之间的权力空档，确保其人身无虞，可谓是用心良苦，但是这个如意算盘却遭到了元老院的坚决反对。庞培则在恺撒和元老院之间犹疑不定，一方面，庞培已经与恺撒渐行渐远，转向了元老院一边；另一方面，庞培深知恺撒是自己的政治盟友，唇亡齿寒，恺撒一旦被元老院扳倒，自己将会成为元老院的下一个目标。所以庞培一直在元老院和恺撒之间首鼠两端，借力打力，希望通过元老院与恺撒之间的明争暗斗来让自己从中渔利，掌控罗马政局。而以小伽图、西塞罗为代表的元老派更是老谋深算，他们的想法是先联合庞培收拾恺撒，然后再来对付庞培，获一箭双雕之利。可以说恺撒、庞培和元老院三方各具心机，彼此博弈，公元前 53 年以后的罗马政局就处于这种微妙的权力角逐之中。

"骰子已经掷下!"

公元前 53 年以后，罗马政坛陷入了一片混乱，不仅上层利益集团彼此钩心斗角，而且民众中也形成了保民官米罗与克劳狄乌斯之间的派系冲突（克劳狄乌斯本人就死于公元前 52 年的街头械斗中），一种无政府主义的暴力浪潮席卷了罗马共和国。在这种情况下，元老院认为必须将国家权力授予一个有能力的人，由他来结束罗马的混乱局面。在当时的雄才大略者中，恺撒是元老们极力防范的危险人物，克拉苏已经去世，因此只有"伟大的庞培"堪当此任。庞培既有军功，又得民心，而且已经开始向元老院频频示好，由他出面来平定局势最为合适。但是小伽图等元老为了防止出现第二个苏拉，又不愿意授予庞培以独裁官的全权，唯恐他权力过大而导致野心膨胀。因此，小伽图等人就想出了一个权宜之计，让庞培出任公元前 52 年的唯一执政官，像独裁官那样一人掌权，但是不具有独裁官的无限权力（凌驾于一切机构和官员之上的绝对权力），从而使其不至于摆脱元老院的控制。此策略虽然貌似高明，却破坏了共和国的原则和惯例，即两执政官相互掣肘的同僚制，模糊了执政官与独裁官之间的形式差别。好在庞培此人果然没有太多政治野心，因此他出任唯一执政官，利用军队和民意控制了罗马局势之后，并没有得陇望蜀地进行集权专制。相反，他在单独执政了一段时间之后，主动地放弃了唯一执政官的特权，举荐其岳父西庇阿成为同僚执政官，于是又恢复了两执政官的旧制。

然而这件事却让远在高卢的恺撒抓住了把柄，他顺势提出了缺席竞选罗马执政官的要求。

> 按照罗马法律的规定，竞选执政官之人必须出席罗马公民大会，获得参选的报名资格。但是恺撒却由于担任高卢总督之职而不能返回罗马，否则就会被元老院指控为擅离职守之罪。自从公元前 58 年以来，恺撒从没有回过罗马，包括他的母亲和女儿去世，他也未曾回来治丧。现在，恺撒打算竞选公元前 48 年的罗马执政官，他不仅请求元老院延长他在高卢的总督任期，而且提出了缺席竞选执政官的要求。

恺撒认为，既然庞培可以打破惯例担任唯一执政官，自己同样也可以更新陈规缺席竞选罗马执政官。但是力推庞培出任唯一执政官的小伽图等元老却坚决反对恺撒缺席竞选的要求，这种双标原则使得恺撒与元老院陷入了不可调和的紧张关系，他与庞培之间的嫌隙也日益加深。既然无望获得元老院的支持，恺撒只能借助罗马公民大会和保民官来为自己说话。此时克劳狄乌斯已死，恺撒在公民大会中的代理人换成了公元前 50 年的保民官库里奥和继任保民官安东尼。到了公元前 50 年末，眼看恺撒的高卢总督任期就要结束，保民官库里奥代表公民大会提出了一个妥协意见，那就是提议恺撒和庞培在年底同时放弃高卢和西班牙的军权，这样就可以保证共和国不再面临军事巨头的威胁。但是库里奥的这个提议遭到了小伽图操纵的元老院的否定，元老们一致同意解除恺撒的高卢军权，却不赞成剥夺庞培的西班牙军权。在这种情况下，恺撒又做出了一些让步，他表示自己可以只保留山南高卢（即北意大利）和伊利里亚两行省的总督职位和两个军团的兵力，放弃山北高卢和其他军队的管辖权，同时再次请求缺席竞选执政官。但是这个妥协方案又一次被元老院搁置。恺撒派的保民官安东尼数次对元老院的讨论决议行使了否决权，但是元老院却在议案被否决之后继续通过同样内容的决议，最后甚至威胁对方要对恺撒颁布保民官无权否决的"元老院终极令"。这样一来，一切协调的努力都流于失败，元老院与恺撒以及公民大会之间的矛盾迅速发展到白热化的程度，恺撒与庞培也走向了公开决裂，双方处于剑拔弩张、一触即发的临战状态。

公元前 49 年 1 月 7 日，以小伽图为首的元老院否决了从外省归来的西塞罗提出的调和方案，把恺撒派的库里奥、安东尼等人赶出了元老院会场，直接罢免恺撒的高卢总督职务，并且对其发布了"元老院终极令"。该命令公开宣称，如果恺撒不立即解除高卢军权，就会被指定为"国家公敌"。元老院同时还授予庞培以无限权力，开始征召军队，准备用武力来消灭恺撒。

以前罗马元老院曾经三次动用过"元老院终极令"这把尚

方宝剑，成功地消灭了威胁共和国安全的公敌小格拉古、萨图宁和喀提林集团，现在元老们认为这个法宝也足以震慑拥兵在外的恺撒。然而，恺撒一向就对这个命令持置疑态度。公元前63年他曾在元老院公开发言，反对使用终极令对喀提林党人进行死刑宣判。在恺撒看来，元老院只是一个法律提案机构，无权超越公民大会直接对罗马公民进行控诉宣告甚至判处死刑，因此"元老院终极令"本身就是违背罗马法律的。

元老院原以为居心叵测的恺撒会慑于终极令的巨大威力而俯首认命，即便恺撒铤而走险甘冒天下之大不韪，其下场也只能是被"伟大的庞培"剿灭。因此元老院一方面祭起了终极令这个撒手锏，另一方面则按部就班地招募军队，准备待三军集结后开赴北意大利去讨伐恺撒。令元老院和庞培出乎意料的是，雷厉风行的恺撒早已在阿尔卑斯山两麓秘密地调动军队，准备以迅雷之势直取罗马。

公元前49年1月12日，就在"元老院终极令"颁布后的第五天，恺撒率领的罗马军团已经到达了高卢与意大利之间的卢比孔河。作为高卢总督，恺撒的军队如果越过卢比孔河就意味着公然叛乱。以前罗马共和国只有胆大妄为的苏拉干过此事，他曾经率领军队从布林迪西港口直取罗马，最终打败马略、秦纳党而攫取了政权。但是恺撒在卢比孔河边却陷入了犹疑徘徊，他深知跨越卢比孔河的政治意义和历史后果，他对麾下将士说道："如果我越过此河，前面将是一个悲惨的人间世界；如果我不过此河，就只能自取灭亡。"在沉思良久之后，恺撒决然地率部越过了卢比孔河，并且留下了一句掷地有声的名言："骰子已经掷下！"

恺撒越过卢比孔河导致了内战重启，无数罗马人死于权力争斗，酿成了悲惨的人间世界。就此而言，恺撒无疑是千古罪人。但是，洞悉时局大势的恺撒深知，罗马共和国已经病入膏肓，无药可治，即使他不跨过卢比孔河进军罗马，很快也会另有他人来颠覆名存实亡的共和国。与其让后来的更加暴戾的军阀们无休止地蹂躏罗马苍生，还不如由他本人以速战速决的方式来对罗马实施休克疗法，迅速地完成罗马政治体制的转型。如此说来，恺撒的悍然之举似乎也无可厚非了。

恺撒的大腾挪与庞培的大战略

当庞培得知恺撒率军直奔罗马时，他的军队尚未集结完毕。庞培以往虽然军功卓著，素有"伟大的庞培"之美誉，但是近十多年来却一直养尊处优，疏于战事，他当年的旧部也早已解甲归田。当元老院与恺撒公开决裂时，被授以军事大权的庞培自认为整个意大利和海外行省都在他的掌控之中，他曾经夸口说，自己只需跺一下脚，全国各地的军队就会蜂拥而至。结果当恺撒率领大军杀向罗马时,庞培全然措手不及,有元老嘲笑他,跺脚也并无一支勤王之师!在恺撒迅猛的攻势下,精通兵法的庞培采取了退避三舍的策略,他带领大批元老和临时招募的军队从罗马撤退到意大利最南端的布林迪西。当时罗马的海军力量仍然掌握在庞培手中,他的军队和元老们从布林迪西港口顺利地渡过亚得里亚海,前往希腊。

恺撒的南下大军并没有去攻占空城罗马,而是紧随庞培之后,一路攻城拔寨抵达布林迪西。由于恺撒还没有准备好渡海的船只,无法继续追击庞培,于是他迅速地做出了一个英明决定,留下部将小安东尼(安东尼之弟)和多拉贝拉(西塞罗之婿)在布林迪西筹建海军,自己则率领军队调过头来,经罗马取道纳尔榜高卢(普罗旺斯)直扑庞培的大本营西班牙。当恺撒越过卢比孔河,以闪电战术突袭意大利时,他只带了一个罗马军团,约5 000名步兵和300名骑兵,就这样一路追到了布林迪西(而渡海撤退的庞培率领的军力要远多于恺撒所率之部)。等到恺撒掉过头来回到罗马时,他留守在高卢的部队纷纷前来意大利会师。于是恺撒分派库里奥率军前去夺取西西里岛和北非,控制小麦产地,自己则带领久经考验的虎狼之师挺进西班牙去清剿庞培势力。征服了西班牙之后,恺撒又马不停蹄地回师罗马,开始实施竞选执政官的政治方略。

恺撒从公元前49年1月12日越过卢比孔河,长驱直入一路追击到布林迪西,然后掉头大回转奔袭西班牙,迅速打败了当地的庞培军队，再于当年 12 月返回罗马，胁迫留守的元老院任命他为次年（公元前 48 年）的执政官，整个过程只用了不到一年的时间，其进军之神速，效率之高，可谓举世无双。而在此期间，撤退到希腊的庞培却坐失良机，静观恺撒在意大利和西班牙纵横转战。庞培此前虽然也曾取得过不少次战场胜利，被时人称颂为"罗马第一战神"，但是与恺撒的出奇制胜、腾挪回转的军事天才相比，就难免相形见绌了。恺撒擅长速战速决、以少胜多的闪电战，而庞培则依仗人多势众，希望用持久战来拖垮恺撒。庞培的大战略思想是，利用自己早年在北非、西班牙和东方所形成的强大势力，从三个方向来合围意大利和高卢的恺撒军队。但是战场上的形势瞬息万变，战机稍纵即逝，当庞培撤退到希腊去集结东方各地区——希腊、马其顿、小亚细亚、西亚等——的力量时，恺撒已经不失时机地在莱里达等地打败了庞培副将指挥的西班牙军队，这样就为日后在希腊的大决战解除了后顾之忧。庞培的大战略尚未实施就已经流产了。

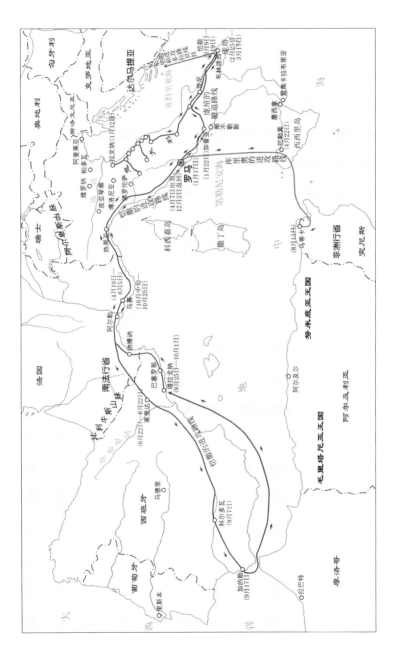

恺撒的战略大腾挪路线

法尔萨卢会战与庞培之死

恺撒虽然在西班牙消灭了庞培的势力，但是他的部属在其他方面却进展不顺利。年轻气盛的库里奥在北非战场上中了庞培盟友努米底亚国王军队的埋伏，全军覆没；小安东尼和多拉贝拉指挥的海军也在亚得里亚海遭到了庞培海军的打击，损失惨重。但是勇往直前的恺撒却在公元前49年底攫取了执政官之职后，率领大军抵达布林迪西，并在几天之后渡过亚得里亚海在希腊海岸登陆。在此后的几个月里，在兵力上处于劣势的恺撒军队与强大的庞培军队在希腊北部马其顿的都拉斯等地展开了数次交锋，总体上落于下风，恺撒在都拉斯战役中还差一点殒命疆场。但是庞培在取得战场胜利后并没有乘胜追击，而是延宕不决，始终想凭借自己在兵力、物资和盟友等方面的优势来耗垮恺撒。希腊、小亚细亚、西亚甚至埃及等地都曾经是庞培的征服之地或者盟邦，各国的统治者们均与庞培交情深厚，纷纷派出军队加入庞培的阵营；而恺撒却在东方素无根基，率领几个高卢军团在异地作战，无论是在地利、人和还是兵力、补给方面均明显处于下风。

但是恺撒的天才之处就在于擅长捕捉战机，作战时从不墨守成规，而是根据战场形势变化灵活地调整战术。公元前48年8月，恺撒佯装撤退并袭击庞培岳父西庇阿率领的侧翼部队，将庞培的大军引至希腊中部色萨利的法尔萨卢平原，双方军队在那里展开了一场大决战。当时庞培拥有 47 000 名步兵和 7 000 名骑兵，而恺撒麾下只有 22 000 名步兵和 1 000 名骑兵，庞培的军力比恺撒多上一倍。战斗打响之后，庞培试图仿效当年亚历山大在伊苏斯、汉尼拔在坎尼、大西庇阿在扎马的战略，以具有优势的骑兵从侧翼包抄恺撒的重甲步阵。但是知己知彼的恺撒揣度了庞培的意图，因势利导，先用经验丰富的老兵以灵活分散的单兵作战方式突袭和击溃了庞培的整装骑兵，然后让精锐骑兵以其人之道还治其人之身，直取庞培的指挥大营和迂回包抄庞培的重甲步兵，致使庞培军队阵脚大乱，土崩瓦解。至战役结束时，庞培的军队有 6 000 人战死，24 000 人被俘，另外 24 000 人溃散逃亡；而恺撒一方仅阵亡了 200 人，其中包括 30 位身经百战、忠诚勇敢的百人团队长。庞培麾下 11 个军团中有 9 面军团旗被恺撒缴获（军团旗一旦被敌方缴获，就意味着这个军团建制不复存在），庞培本人及其岳父西庇阿以及另外几位领军统帅都侥幸逃亡。在这场生死攸关的大决战中，一向高贵典雅的庞培是坐在中军大帐中指挥战斗的，而素来与将士们并肩战斗的恺撒却是骑在马背上调动三军。同样形成鲜明对照的是，恺撒在此前的都拉斯战役中虽败北，但他却是最后一个撤离阵地的；而在法尔萨卢战役中，庞培却是第一个逃出了战场。

获胜后的恺撒对待降卒非常宽厚，他在战前就向部下将士下达了命令，在战场上尽量少杀对方士卒，因为大家都是罗马人（对待庞培盟国的参战者则完全不同）。恺撒不仅要考虑军事上的胜负，还要深谋远虑地为日后的政治改革收拢人心。诚如他在西班牙俘获了庞培的部属之后，不仅不予以治罪，反而给予自由，任凭其再度去效命于庞培。在法尔萨卢战役中，恺撒对于擒获的庞培亲信和部下同样也是既往不咎，对于愿意归顺者甚至予以提拔重用。后来在公元前 44 年密谋刺杀恺撒的 14 位元老中，竟然有 9 个是法尔萨卢战役中被恺撒赦免并予以重用的庞培降将。恺撒本人曾经明确表示：

> "从我手中重获自由的人，哪怕再次用剑指向我，我也绝无后悔可言。不管面临何种状况，我始终要求忠实于自己的内心而活，因此我认为别人也当以此为准则。"

庞培从法尔萨卢战场逃离后，带着一些亲信沿着小亚细亚海岸线一路向南来到罗得岛，逃亡的部属们也纷纷前来与他会合。当时庞培面临着两种选择：其一是听从幕僚的劝告前往北非昔兰尼，那里有庞培的旧部，可作为东山再起的根据地；其二是前往埃及，当年埃及国王托勒密十二世避难逃亡到罗马时，庞培曾经帮助他复国，因此庞培相信埃及人一定会对他感恩戴德。经过权衡，庞培不顾手下人的劝阻，执意要前往埃及暂时栖身。

但是当庞培来到埃及，此时老国王托勒密十二世已经去世，他的儿子托勒密十三世继位。这位年少的小国王既担心收容了庞培而得罪恺撒，又害怕拒绝了庞培日后遭到报复，于是就听从手

第 IV 章 "前三头同盟" 与恺撒的悲剧

下佞臣的建议，准备阴谋将庞培杀死（因为"死人是不会报复的"）。结果，"伟大的庞培"在换乘埃及人派来的小船登陆时，被人从背后刺杀，一代罗马英雄竟在 59 岁生日那天落得身首异处的悲惨下场！庞培的亲人和部属们在大船上眼睁睁地看着庞培在小船上被埃及人刺死，却束手无策，只能掉转船头驶向北非，与此前已经逃亡到那里的庞培之子格涅乌斯、小伽图等人会合。

恺撒与克丽奥佩特拉

当恺撒率领大军追击到埃及首都亚历山大时，埃及法老托勒密十三世为了讨好恺撒，把庞培的首级和佩剑作为见面礼献给了恺撒。然而，恺撒见到庞培的项上人头却潸然泪下。恺撒与庞培虽然由于政治原因而兵戎相见，但是两人的私交却非常友好，彼此之间并不存在个人恩怨。庞培当年不仅与恺撒结成"三头同盟"帮助其实现政治夙愿（出任执政官和高卢总督），而且还曾是恺撒的乘龙快婿，与尤利娅两情相悦。恺撒之所以能够在罗马政坛上叱咤风云，在很大程度上是得益于庞培的鼎力相助。待到二人因权力之争而反目成仇时，恺撒也只想在战场上打败庞培，并不欲取其性命。因此他看到庞培的首级时，不由得悲从中来，并因此对埃及的小法老充满了怨恨，后来则帮助其姐克丽奥佩特拉打败并杀死了这位懦弱无能的法老。而那些谗言惑主的埃及佞臣，也分别被恺撒和后来的马可·布鲁图斯用酷刑处死。对于罗马人来说，庞培虽然战败，但仍然是伟大的英雄，罗马人绝不会饶恕杀害罗马英雄的外国人。

恺撒追到埃及不仅消灭了劲敌庞培，而且还与才貌双全的克丽奥佩特拉发生了一段流传千古的浪漫爱情故事。当年埃及老国王托勒密十二世去世之前，让其长女克丽奥佩特拉与同父异母的克罗狄斯·托勒密（即托勒密十三世）结为夫妻，共同统治国家。但是托勒密十三世上台后，在一帮大臣的支持下将姐姐克丽奥佩特拉赶走，自己独揽大权。克丽奥佩特拉是一位相貌美丽且才华出众的女子（有一种说法认为她的长相并非十分美丽，但是极具女性魅力），作为马其顿人（埃及托勒密王朝为亚历山大部将托勒密一世所建），她精通希腊文化，懂得多国语言。这个精明女子初次与恺撒见面时的情景就极富戏剧性，她让人把自己卷在一张地毯中躲过卫兵进入恺撒的房间，很快就用自己的姿色和内蕴征服了风流成性的恺撒，并为恺撒生下一子；恺撒也帮助她杀死并取代了叛乱的托勒密十三世，成为埃及女王。虽然恺撒在罗马已有家室，按照罗马法律规定，这个外国情人所生之子不能享受罗马公民权益，但是年逾半百得子毕竟是人生一大幸事，何况恺撒一直就没有儿子（唯一的女儿尤利娅已经夭折）。春风得意的恺撒在埃及流连了一年多时间，与美貌佳人琴瑟相和，顺势也平定了埃及的政局。

公元前 47 年，战场、情场双双丰收的恺撒取道叙利亚和小亚细亚凯旋，途中又镇压了本都国王米特拉达梯六世之子法纳西斯（Pharnaces）的叛乱，用一句简洁的拉丁名言昭示了自己的赫赫功勋：

"Veni，Vidi，Vici！"（我来了，我看见了，我征服了！）

克丽奥佩特拉雕像

恺撒回到罗马时，其执政官任期已满，于是他被已经顺服的元老院推举为独裁官，而且像苏拉当年一样是无限期的。恺撒把罗马事务交给担任骑兵长官的安东尼去管理，自己又马不停蹄地率领军队前往西西里岛和北非，去清剿盘踞在当地的庞培余党。法尔萨卢战役之后，除庞培本人之外，他的绝大部分亲属和部下都逃亡到了西西里岛和北非，利用庞培早年在此建立的雄厚根基以及当地的藩属势力（努米底亚王国等），重整旗鼓准备与恺撒长期对抗。庞培余党的主要人物包括庞培的两个儿子格涅乌斯和塞克斯图斯（小庞培）、岳父西庇阿、元老小伽图，以及曾经作为恺撒副将后来效忠于庞培的拉比埃努斯等人。深藏韬略的恺撒清醒地认识到，如果不首先把这些劲敌消灭掉，他在罗马的政治改革大计是不可能顺利实施的。

西塞罗的归顺与小伽图的殉节

当恺撒与庞培及元老院处入剑拔弩张的紧张状态时，西塞罗曾提出了最后的调解方案，却无奈被元老院否决。待到二虎兵戎相见，圆通精明的西塞罗颇为犹豫，他对恺撒和庞培都非常了解，或许已经预感到了将来会鹿死谁手。但是从道义上来说，庞培代表着正统的罗马共和国，而恺撒已经被元老院宣布为"国家公敌"，因此西塞罗不得不顺应大势，与大部分元老一起追随庞培渡海来到了希腊。在庞培营中，纸上谈兵的西塞罗与庞培的部将们格格不入，"他总是带着一副阴沉忧郁的面容在营地里到处走动，只要有机会就要毛遂自荐，难免引起旁人的讪笑"（普鲁塔克）。庞培虽然也听说过西塞罗的一张嘴胜过十万雄兵，但那只是在元老院里，真到了战场上就派不上用场了，因此他并未对西塞罗委以重任。

法尔萨卢会战时，西塞罗由于身体原因没有参战，庞培战败后西塞罗也没有和他的余党们一起逃亡,而是返回到意大利。他深知仁慈宽厚的恺撒不会加害于他,因为他不仅和恺撒是文学上相互唱酬的知音,而且在政治上也没有像小伽图那样公开地与恺撒对立。因此,当公元前 47 年恺撒从东方战场上凯旋时,西塞罗闻讯专程赶到布林迪西港口来迎接。恺撒对西塞罗也毫无怨言,礼遇有加,二人谈笑甚欢。此后一直到恺撒遇刺身亡,西塞罗都对恺撒多有逢迎,虽然私下里他对恺撒的独裁专权颇有微词,并且暗中同情刺杀恺撒的元老派人士。正是出于这个原因,小伽图和马可·布鲁图斯都有些瞧不起西塞罗,认为他虽具辩才,却有失人格。安东尼更是对西塞罗恨之入骨,必欲除之而后快。

相比之下,与西塞罗同为元老院领袖的小伽图却做出了完全不同的选择。在法尔萨卢会战之后,小伽图和庞培余党们一起逃往北非。公元前 46 年,当恺撒的大军抵达北非时,担任乌提卡总督的小伽图得知西庇阿和努米底亚国王朱巴均在塔普苏斯战役中被恺撒打败并自裁,庞培的两个儿子逃往西班牙,他深感大势已去,准备杀身成仁。这一天,他像平时一样处理完公事,送走了最后一批准备继续逃亡的贵族,然后回到自己在乌提卡的临时居所。当晚,小伽图与他的幕僚和朋友们非常平静地在一起用了晚餐,席间大家喝了一些葡萄酒,尽兴地谈论着希腊哲学和自由问题。当客人告辞后,小伽图回到自己的卧室,发现他的短剑被儿子和仆人们藏起来了,因为大家知道小伽图性情刚烈,恐怕他会自杀。于是小伽图大叫道："作为一个罗马贵族，我不能没有佩剑！"并表示如果自己想自杀的话，即使没有短剑也可以采取其他方法。众人拗不过他，只好把短剑还给他。于是小伽图把众人赶出房间，拿出一本柏拉图论灵魂的对话集（《斐多篇》）开始阅读。读完之后，他合上书，然后拔出短剑向自己的胸膛下面刺下去。罗马历史学家阿庇安在《罗马史》一书中描述了小伽图自杀的具体情景：

"把柏拉图的对话集读完了的时候，他想站在门口守卫的人已经睡觉了，他用短剑从胸膛下面刺杀他自己。他的肠子出来了，侍从们听到了一声呻吟，马上冲进去。医生把肠子再放在他的肚里，因为肠子还没有受伤，把伤口缝了之后，用绷带捆起来。当伽图醒过来的时候，他又装作没有醒来的样子。虽然他自怨他的伤还不足以致死，但是他对那些救护他的人表示感激，说他只需要睡眠。于是侍从们带着那把短剑退出房外，把门关上，认为他已经安静了。伽图装作睡觉了之后，悄悄地用手把绷带撕开，裂开伤口的缝线，好像野兽一样，用指甲使伤口增大，把手指插入他的胃内，撕出他的内脏，直到他死去为止，时年约五十。……乌提卡人替他举行了一个隆重的葬礼。恺撒说，伽图不愿使他有做一件光荣事情的机会。"

恺撒所说的"做一件光荣事情的机会"，意即赦免伽图的机

小伽图之死

会。据普鲁塔克在传记《小伽图》中的记载，恺撒在得知小伽图的死讯之后遗憾地说道："小伽图，我对你的轻生弃世始终耿耿于怀，如同你会恨我保全你的性命一样。"后来，西塞罗或许是出于内心愧疚，写了一篇激情洋溢的《论伽图》，赞扬小伽图的高风亮节。恺撒也发表了一篇《反伽图论》进行回应，虽然其观点与西塞罗针锋相对，但是其出众的文采仍然得到了西塞罗的称道，二人在文学上确实是惺惺相惜。

小伽图的女儿波西娅后来嫁给了马可·布鲁图斯，这位烈女曾经鼓励丈夫下决心刺杀恺撒。不久后布鲁图斯兵败自戕，小伽图之女也吞炭身亡。小伽图的儿子早年曾终日厮混于脂粉堆中，后来也在追随布鲁图斯的腓力比战役中壮烈牺牲。伽图家族可谓是一门忠烈，世代英杰！

第 III 节

共和国的"无冕之王"

史家们通常把法尔萨卢会战看作共和与独裁的最后决战，庞培（以及小伽图）之死事实上已成为共和国之殇。在消灭了共和国的主要捍卫者之后，一统江山的恺撒就公然表露出大权独揽的野心，像苏拉当年一样在罗马实行无限期独裁。恺撒的独裁激起了元老院最后一批共和主义者的强烈反感，最终招致了杀身之祸。然而，恺撒虽死，痼疾缠身的共和国却已经无力回天，只能奄奄一息地等待着更加擅长韬晦之策的屋大维将其收尸入殓。

规模空前的凯旋式

公元前 46 年，恺撒再次得胜归来，此时恺撒的敌人除了逃亡到西班牙的庞培余孽之外，都已经死的死，降的降，天下已经尽收其囊中。在战局大定的情况下，恺撒就开始着手整顿政务和改革旧制。在恺撒与庞培的对决中，元老院的大多数元老都追随庞培，经过法尔萨卢战役和北非之战，许多元老已经战败身亡，或者浪迹天涯，因此恺撒就重新提拔了一批新人（多为他的旧部将士）加入元老院，把元老院的员额从苏拉时的 600 人扩增到 900 人，从而为进一步的政治改革奠定重要的人事基础。

在收复北非之后，恺撒终于可以从连年的激战中缓一口气了，也可以借此之机向罗马人民炫耀一下自己的赫赫军功了。于是他在公元前 46 年一连举行了四个盛大的凯旋式，这些凯旋式都是为了纪念他多年来所创建的卓越功勋，果然是实至名归的。其中，第一个凯旋式是为了纪念征服高卢，第二个凯旋式是因为制服埃及，第三个凯旋式是由于平定小亚细亚本都王国的叛乱，第四个凯旋式则是为了庆祝打败北非努米底亚国王朱巴。但是对于法尔萨卢战役的重大胜利，恺撒却并没有举行凯旋式，因为罗马人素来认为，凯旋式只赋予那些征服外国领土的罗马统帅，内战的得胜者无缘享受这种殊荣。所以恺撒在凯旋式中丝毫也不炫耀战胜庞培的业绩，这种高明的做法在某种意义上也安抚了那些归降恺撒的庞培旧部以及曾经崇拜"伟大的庞培"的罗马民众。

与珍视荣誉的庞培相比，恺撒更注重权力。但是作为罗马贵族，恺撒心中同样燃烧着追求卓越和向往光荣的炽烈火焰，因此一旦大功告成，他照样也会大力渲染自己的辉煌成就。庞培一生中举行过三次凯旋式（从二十五岁开始每隔十年一次），可谓是达到了人生之光辉顶点；然而恺撒却在一统天下之后一口气举行了四场凯旋式，其次数和规模都超越了庞培。当年初建军功的庞培对于官场升迁并无太大兴趣,却对博取荣誉的凯旋式志在必得,以至于连强悍的苏拉也不得不让步以满足他的虚荣心。但是恺撒在人生进程中对待权力与荣誉的态度却与庞培迥然相异,他曾经为了追逐权力而放弃了凯旋式的荣耀。

公元前 60 年,恺撒在结束西班牙总督的任期时,曾经想向元老院请求举行凯旋式,以标榜自己在西班牙创立的军功。但是恺撒同时又想竞选公元前 59 年的罗马执政官,于是他陷入纠结之中。因为按照罗马法律的规定,如果恺撒想竞选公元前 59 年的执政官,就必须在公元前 60 年返回罗马,亲自到公民大会中通过参选报名程序;但是如果他想要举行凯旋式,那么在元老院批准之前就必须和准备举行凯旋式的军队一起待在城外,不得擅自进入罗马。这样一来,恺撒就面临着追逐权力(执政官)和享受荣耀(凯旋式)的两难抉择。最后,恺撒毅然放弃了举行凯旋式的机会,返回罗马履行了竞选执政官的手续,并且与克拉苏、庞培缔结了"三头同盟",果然如愿以偿地出任了公元前 59 年的罗马执政官。

公元前 46 年,大功告成的恺撒(时年 54 岁)在罗马举行了为期十天的盛大凯旋式,克丽奥佩特拉母子也作为外国嘉宾应邀来到罗马参加了盛典。成千上万的将士和罗马政要组成了凯旋式的游行队列,罗马街市万人空巷,几乎所有民众都拥挤在罗马大道两旁热烈欢呼。走在队伍最前面的是服色华丽的元老和政府高官，其他文官武将紧随其后。然后是高奏凯歌的庞大乐队，引领着满载战利品缓缓而行的马车队列。车队后面是彰显恺撒辉煌战绩的展示牌队列，巨大的展示牌上画满了高卢、埃及、小亚细亚和北非的战争场面以及罗马军队的胜利情景，包括恺撒的名言"Veni，Vidi，Vici！"。展示牌队列之后是禁锢着各国俘虏的囚车，其中包括高卢人的领袖维金托里克斯、埃及公主阿尔西诺伊（她参与了托勒密十三世反对恺撒的叛乱活动）、战败身死的本都国王法纳西斯和努米底亚国王朱巴的儿子们。再后面就是准备向朱庇特神庙献祭的白色公牛，以及身穿宽大白袍的祭司人群。最后出场的是驾驭驷马战车、头戴镶金月桂花冠——此花冠是唯有希腊奥林匹亚竞技冠军和罗马凯旋将军方可佩戴的最高荣耀象征——的凯旋将军尤利乌斯·恺撒，在他的身后紧跟着高举罗马鹰旗、全副武装的军团将士。军人们踏着整齐的步伐，伸出右手向恺撒和围观民众行"罗马式敬礼"，兴奋的士兵们间或也会戏谑地齐声高喊："罗马的市民们，赶紧把你们的娇妻藏好了，秃头的淫棍回来了！"春风得意、风流倜傥的恺撒则对部下们的善意嘲弄一笑置之。

凯旋式举行期间，恺撒还策划组织了耗资巨大的各种娱乐活动，如戏剧表演、模拟海战演出、角斗士竞技和猎狮斗兽等，并且大宴罗马人民，招待宴席竟达 22 000 万桌之多。凯旋式结束之后，元老院授予恺撒一些特权，比如可以在平时穿戴紫色长袍和月桂花冠（以往这些衣冠只有在举行凯旋式时才能穿戴）。这些形式化的特权深得恺撒的欢心，特别是戴月桂花冠，正好可以遮掩他的秃头之羞。

为了纪念去世的女儿，功成名就的恺撒在举行了凯旋式之后，在距离庞培剧场不远的地方修建了一座宽阔的尤利娅选举会场。这座用于公民投票选举的巨大回廊建筑后来由屋大维完成，毗邻着屋大维爱将阿格里帕所修建的万神殿和大浴场。

恺撒大权独揽

北非被恺撒征服之后，庞培的儿子们逃亡到西班牙继续负隅顽抗。公元前 45 年，恺撒再次率军远征西班牙，最后在孟达战役中彻底击溃了叛军。庞培长子格涅乌斯战败被杀，次子塞克斯图斯躲进密林侥幸逃生，庞培余党几乎被赶尽杀绝。十年之后塞克斯图斯又一度死灰复燃，在西班牙、西西里岛等地组织了强大的海军势力，直到最后被屋大维剿灭。

在孟达战役中，庞培党的另一位重要将领提图斯·拉比埃努斯（Titus Labienus）也战死沙场。拉比埃努斯原本是庞培的门客，早年跟随庞培一起加入苏拉阵营，在战场上展现出较高的军事天赋。后来恺撒出任高卢总督，他转投到恺撒麾下效力，在九

年的高卢战争期间表现出色，成为恺撒非常信任的副将。公元前
49 年，当恺撒与庞培公开决裂后，拉比埃努斯像传统的罗马人一
样，选择了效忠自己以前的主人庞培，毅然决然离开了恺撒。恺
撒对此毫无怨言，还派人给拉比埃努斯送去了行李和盘缠。后来
无论是在法尔萨卢战场上，还是在北非战场上，拉比埃努斯都构
成了恺撒的强劲对手，因为他对恺撒的用兵之道了如指掌。然
而，或许是由于天时之故，庞培派势力一败再败，终至土崩瓦
解。拉比埃努斯也在几度败北之后，最终在孟达战场上血战而
死，演绎了一段悲壮的英雄故事。

孟达战役结束后，恺撒又一次凯旋，此时整个罗马共和国
和附属藩国尽在他的掌握之中。恺撒一方面大刀阔斧地推动一
些有利于国计民生的改革，如进行货币改革、司法改革和历法改
革（编制尤利乌斯历法，即所谓的"儒略历"），重新划分行省、
重建迦太基等地的殖民地和扩大公民权范围，推动市政建设和公
共事业，改善人民生活状况等；另一方面则开始全面集权，削弱
元老院的权力，试图通过独裁的方式从根本上改变传统的共和体
制。他胁迫元老院将他的独裁官任期延长为十年，后来又索性改
为无限期。当年苏拉宣称自己为无限期独裁官，是为了通过集权
来修复传统的共和政治，而且他只当了一年多时间就急流勇退
了；而恺撒攫取无限期独裁官的大权，则是为了彻底颠覆元老院
主宰的共和体制。公元前 45 年，恺撒又要求元老院授予他终身
执政官之职，从而公然践踏了共和国有史以来严格遵循的执政官

年度制惯例。此外，恺撒自公元前 63 年开始就一直担任终身制的罗马大祭司长，这是罗马共和国最高的宗教领袖，现在他又把国家最高官职——执政官也变成终身制了。这样一来，恺撒就把罗马的政教大权全部集于一身，他的亲信如安东尼、雷必达等人则控制着国家的军队和行省大权，罗马共和国实际上已经成为恺撒的家天下了。

恺撒的一系列改革措施旨在广揽民心和安抚老兵，而他的专权独裁则极大地削弱了元老院和贵族寡头的权力。至此，恺撒的"司马昭之心"已然是路人皆知，因而也激起了一帮贵族的强烈不满。谨小慎微的西塞罗在私人信件中抱怨道："如今元老院已经成为我们所共识的某位朋友的后院了。"恺撒招纳的那些庞培旧部更是心生愤慨，特别是马可·布鲁图斯、卡西乌斯等人，尽管恺撒对他们既往不咎，甚至大力提拔，但是对共和国命运的忧虑以及对专制暴君的历史仇恨——罗马共和国建立之初就在法律中明确规定，对于自立为王者，人人可得而诛之——还是激起了他们的反抗之心。正是在这种深沉的忧国之心和强烈的责任意识的驱使下，马可·布鲁图斯、卡西乌斯等贵族策划了刺杀恺撒的阴谋。

恺撒在基本实现了他的改革计划和集权野心之后，还剩下人生的最后一个目标要去实现，那就是远征帕提亚。这是亚历山大当年所进行的伟大事业（征服波斯帝国），也是恺撒魂牵梦萦的恢宏理想。此外，征服帕提亚也是为了给恺撒的盟友和债主克拉苏报一箭之仇，夺回被帕提亚人掠去的罗马军旗和克拉苏遗骸。对于睚眦必报的罗马人来说，当年的帕提亚战败实为奇耻大辱，恺撒若能为克拉苏报仇雪恨，必将赢得更多的民心。但是罗马民间却有一种谶纬之言：只有王者才能够征服波斯（帕提亚帝国乃波斯帝国孑遗）。以往只有亚历山大大帝征服过波斯，所以恺撒若想远征帕提亚，必先自立为王。公元前44年2月，在罗马的一次盛大祭祀活动中，当年的另一位执政官安东尼竟然在众目睽睽之下，三次向恺撒敬献了王冠。惮于罗马人对君主的传统反感心理，恺撒意识到此举的唐突，所以三次都明确地予以拒绝（恺撒或许是想等到完成了征服帕提亚的奇功之后再名正言顺地登基称帝）。为了向广大民众表明自己并没有非分之想，恺撒专门叫人在罗马广场上树立了一根大理石柱，上面镌刻了这样一段话：

> "执政官马可·安东尼请求终身独裁官盖乌斯·恺撒接受王者的权威，遭到恺撒的拒绝。"

恺撒原计划在公元前44年3月18日远征帕提亚，他的大军已经在希腊、马其顿等地整装待发，但是他却在出征前三天遇刺身亡。

共和国的最后卫士马可·布鲁图斯

在古代传记作家普鲁塔克的笔下，马可·尤尼乌斯·布鲁图斯（Marcus Junius Brutus，公元前 85 年—公元前 42 年）是一位品格高尚、人格完美的贵族青年。关于他的出身问题，素来存在着两种不同说法：其一认为他出身于罗马的显赫世家，其先祖就是大名鼎鼎的共和国开国元勋老布鲁图斯；其二则认为他并非老布鲁图斯的后裔，其祖上原是平民阶层，后来因经营有道才跻身朝政。虽然关于马可·布鲁图斯的父系血胤存在着不同看法，但是他的母亲塞维莉娅（Servilia）确是出身名门世家，其祖辈曾有过捍卫共和、反抗暴政的英雄业绩。马可·布鲁图斯的父亲当年曾与平民派领袖雷必达站在一起共同反对苏拉派，战败后被庞培下令杀死；他的母亲则是元老院领袖小伽图的妹妹，后来布鲁

马可·布鲁图斯

图斯又娶了小伽图之女波西娅为妻。可以说，刚烈正直的小伽图对于布鲁图斯的一生影响巨大。

布鲁图斯从小受过良好教养，性情温良，知识渊博，精通希腊哲学和修辞学。成年后的布鲁图斯对政治不感兴趣，专注于经济活动，以擅长放贷理财而著称。但是公元前 49 年恺撒与庞培公开决裂后，布鲁图斯退出金融界加入庞培和元老派的阵营，尽管庞培与他有杀父之仇，由此可见他的共和主义立场。但是他在军营中从来不和庞培说一句话，因为在罗马人看来，与杀父仇人说话是一件耻辱的事情。

布鲁图斯的母亲塞维莉娅既是小伽图的胞妹，也是恺撒最知己的情人。恺撒不仅驰骋战场，而且在罗马上流社会的交际圈中也是春风得意，与许多政要的女眷都结有情缘。例如他与克拉苏之妻、庞培之妻曾有过浪漫故事，而恺撒与塞维莉娅的恋情更是时人尽知。罗马有一段谐谑的小插曲流传甚广：

公元前 63 年，罗马元老们在元老院里激烈辩论着喀提林阴谋事件，正当小伽图在台上慷慨陈词时，他突然看见有人走进来悄悄递给了恺撒一封信，恺撒则匆匆写了一张小纸条交给来人带走。由于恺撒当时是站在为喀提林集团辩护的立场上，因此小伽图断定这封信件一定与喀提林阴谋有关，于是他便对在场的元老们说道，恺撒现在仍然还在给院外的喀提林集团通风报信。

小伽图执意让恺撒把这封信件交给他当众展示，恺撒起初坚决不允，小伽图更加认定恺撒心中有鬼，恺撒迫于无奈，只好把这封信交给了小伽图。小伽图打开一看，此信竟然是其妹塞维莉娅写给恺撒的情书。小伽图非常尴尬，将信件揉成一团扔向恺撒，悻悻地说道："荒唐汉，见鬼去吧！"然后又继续发表他的政治演讲。

　　在法尔萨卢会战前夕，塞维莉娅专门托人给恺撒捎来口信，请求他不要伤害正在庞培营中的布鲁图斯。一向重情义的恺撒传令麾下将士，任何人都不得伤害布鲁图斯。后来布鲁图斯果然在战俘营中被找到，恺撒对他既往不咎，反而还加以重用，在恺撒被刺的时候，布鲁图斯已经升任为罗马的首席法务官，大有希望在近年内出任罗马执政官。但是布鲁图斯最后还是与卡西乌斯共同策划了刺杀恺撒的阴谋。

　　这次刺杀活动的主谋是布鲁图斯的妹夫盖乌斯·卡西乌斯（Gaius Cassius）。卡西乌斯原本也是庞培的部将，在庞培战败之后归降了恺撒，恺撒同样委之以重任，公元前44年卡西乌斯和布鲁图斯一样成为罗马法务官。与温良谦和的布鲁图斯不同，卡西乌斯性情暴烈，刚愎自用，虽然官居高位，但是他仍然对恺撒耿耿于怀，其中既有公愤，也有私怨。公愤是由于他认为恺撒要实行独裁专制，身为罗马元老的他必须起来捍卫共和国；私怨则是由于他觉得自己在各方面都比布鲁图斯更加优秀，但是恺撒却因塞维莉娅之

故而偏爱和重用布鲁图斯。虽然卡西乌斯和布鲁图斯同为法务官，但布鲁图斯却是首席法务官，因此争强好胜的卡西乌斯颇为不满。正是这些公愤私怨促使卡西乌斯策划了刺杀恺撒的阴谋。

恺撒本人没有儿子，埃及女王克丽奥佩特拉为他所生的儿子（恺撒里昂）只是外国情人之子，不能享受罗马公民的正当权益。而且恺撒深知罗马政坛之险恶，因此对于这个非婚生子一向低调处之，只想把他扶植为将来的埃及法老，决不让他参与罗马政治。有一种观点认为，恺撒一直把情人塞维莉娅之子布鲁图斯视若亲子（甚至认为布鲁图斯就是恺撒与塞维莉娅的私生子，此说显然属于无稽之谈），所以刻意培植重用他。实际上，在恺撒把自己的甥外孙屋大维确立为养子之前，他视同子嗣的是另一位布鲁图斯——德奇姆斯·布鲁图斯，他是马可·布鲁图斯的堂兄弟，也与恺撒沾亲带故，一直都是恺撒深为信任的部将（尽管这位布鲁图斯后来也参与了对恺撒的刺杀活动）。但是恺撒对品性高尚、富有睿智的马可·布鲁图斯也是青睐有加，如同当年苏拉对待庞培一样加以扶持。而马可·布鲁图斯先前虽然曾站在庞培和元老派一边与恺撒为敌，但是自从归顺恺撒之后，也确实为恺撒的雄才大略所折服，从心底深深地钦佩恺撒的英雄气概。然而，尽管马可·布鲁图斯对恺撒的人格魅力多有敬重，他仍然在共和理想的驱使下，以及在其妻波西娅的激励下，毅然决然地参与了刺杀恺撒的行动。

布鲁图斯在刺杀恺撒之前有些犹豫，他的妻子波西娅看出了丈夫的踌躇，想要为丈夫分忧，但是罗马男人一向不愿意把政治事务告诉女人。于是波西娅就拔出短刀，刺向自己的大腿，血流如注，然后她义正词严地对布鲁图斯说道："布鲁图斯，我是小伽图的女儿，自从与你结婚以后，不只是一个同寝共食的侍妾而已，应该要分担你的荣辱凶吉而且生死相依。……我一直以身为小伽图的女儿和布鲁图斯的妻子感到无比的自负，要是这两个头衔还无法获得信任，现在经过自我的考验，发现能够无视于肉体的痛苦。"（普鲁塔克）在这种情况下，布鲁图斯便把刺杀恺撒的计划和盘告诉了波西娅，她听后鼓励布鲁图斯说："如果你功败身死，我也决不苟活！"

"3·15 事件"与恺撒之死

恺撒这个人一向襟怀坦荡，充满自信，少有防人之心。战胜庞培之后，他被崇拜英雄的罗马人民奉若神明，同时也采取了一些赢取民心的改革举措，更是深受民众的爱戴。当他大权独揽，相继获得了无限期独裁官和终身执政官等要职之后，他要求元老院集体宣誓捍卫他的人身安全，然后就主动解散了自己的卫队，平时出门只带几个亲信，对任何人都不加提防。

按照一些历史学家的记载，在恺撒被刺的公元前 44 年 3 月 15 日这一天发生了许多"不祥的征兆"，例如 3 月 15 日前夜罗马遭到了巨大暴风雨的袭击，罗马广场上聚集了大群的鸦鸟，有占卜师曾向恺撒作出过"留意 3 月 15 日"的预言等。尤其是恺撒之妻卡尔普尼娅在夜里做了一个噩梦，梦见恺撒遭遇了血光之灾，于是她极力劝阻恺撒前往临时用作元老院的庞培剧场。但是恺撒却因三天后就要远征帕提亚，有一些重要事务和人事安排需要布置，再加上他本人素来对卜术迷信嗤之以鼻，所以坚持要去元老院参加会议。正在犹疑之间，一直为恺撒所重用的德奇姆斯·布鲁图斯来到恺撒家中，他代表元老院专程前来迎奉恺撒。据说这位德奇姆斯·布鲁图斯才是老布鲁图斯的嫡传后裔，具有渊源深厚的贵族血统，他早在 20 岁左右起就一直追随在恺撒的身边，参加过高卢之战和罗马内战，是恺撒特别信赖的年轻将领。恺撒平时将其视同嗣子，准备在临行前任命他为山南高卢总督，负责镇守意大利的北大门。在恺撒死后所颁布的遗嘱中，德奇姆斯·布鲁图斯被列为屋大维之后的第二顺位继承人。但是德奇姆斯·布鲁图斯却对此一无所知，他也在捍卫共和政制的理想驱策下参与了卡西乌斯、马可·布鲁图斯等人主使的谋杀阴谋。

由于对德奇姆斯·布鲁图斯充满了信任，况且还有恺撒的另一位心腹——当年的执政官安东尼相陪同，于是恺撒就坦然地与他们一起前往元老院。

在去往庞培剧场的路上，恺撒正好遇上了那位预示过不祥之兆的占卜师，他戏谑地调侃道："今天不是 3 月 15 日吗？"言外之意是说自己仍旧安然无恙。结果这位占卜师回答道："不错，今天是 3 月 15 日，但是今天还没有过去！"

当恺撒一行人来到庞培剧场时，一位参与阴谋的元老借口有事要与在任执政官商量，把身强力壮的安东尼拦在了门外。恺撒进入剧场议事厅之后，在数百位与会者的众目睽睽之下，遭到 10 多位怀揣短剑的元老们的攻击，最后身中 23 刀（一说为 43 刀）而死。他看到连自己钟爱的德奇姆斯·布鲁图斯也拔出短剑刺向

恺撒之死

自己时，说出了最后一句话："还有你吗，孩子？"然后拉起衣袍遮住面孔，倒在了庞培塑像的阶下，时年 56 岁。后世的文学家和艺术家往往把这里所说的"布鲁图斯"当作了马可·布鲁图斯。

参与刺杀恺撒阴谋的一共有 14 位元老，其中 9 位是庞培的旧将（如马可·布鲁图斯、卡西乌斯等），恺撒对他们从来不加防范，还予以重用；另外 5 位则是恺撒的部将（如德奇姆斯·布鲁图斯等），他们长期效命于恺撒麾下，深得恺撒的信任。这些不同政治背景的罗马要员都参与了卡西乌斯和马可·布鲁图斯主使的刺杀阴谋，其共同的原因当然都是对共和政体的忠诚和对专制君主的憎恶。庞培的旧部或许还受一些罗马传统的报恩复仇心态的影响，而恺撒的拥趸们，以及与庞培有个人宿怨的马可·布鲁图斯，则超出了个人恩怨，完全是出于一片捍卫共和国的赤诚之心，这在当时德行沦丧、人心不古的政治环境中可谓是弥足珍贵的，虽然其间也难免夹杂着一些对恺撒政治变革方略的误解。

由于马可·布鲁图斯是刺杀恺撒的主谋之一，所以作为恺撒养子的屋大维得势之后，自然就对布鲁图斯加以贬抑。一直到罗马帝国终结乃至在中世纪西欧社会中，布鲁图斯都声名狼藉，被归于奸邪大恶之流。在中世纪大诗人但丁的长诗《神曲》中，布鲁图斯和卡西乌斯被打入地狱的最下一层"犹大狱"中，在那里有 3 个正在遭受折磨的罪大恶极之人，除了出卖耶稣的首恶犹大之外，另外两个就是刺杀恺撒的主谋布鲁图斯和卡西乌斯：

"那受到最大的刑罚的

上面那个就是犹大·伊斯喀里奥，

他头在里面，两腿在外面使劲划动。

把头朝下的那另外两个中，

那从黑色的脸孔吊下来的是布鲁图斯——

看他怎样扭动，不发一言；

那另一个是卡西乌斯，四肢似乎多么僵硬。"

但是后来莎士比亚在他的剧作《恺撒大帝》中，却把马可·布鲁图斯描写成为一位不畏强暴、伸张正义的高尚青年，从此以后布鲁图斯就成了西方人心中的英雄楷模。

恺撒悲剧的历史意义和深刻教训

经过法尔萨卢会战和北非、西班牙等一系列战役，恺撒消灭了庞培派势力，极大地打击了元老院和贵族寡头，实现了大权独揽的政治宏图。然而"壮志未酬身先死"，踌躇满志的恺撒在推行了一系列旨在改变传统共和体制的政治改革之后，正准备进一步实现亚历山大伟业——征服帕提亚——的前夕，遭到了马可·布鲁图斯等元老派的刺杀。恺撒遇刺后，罗马共和国再度陷入混乱；"后三头同盟"应运而生，罗马共和政体不可挽救地走向了彻底瓦解。

恺撒的结局固然是一场悲剧，但是恺撒却与前面的那些政坛巨星不一样，虽然恺撒本人也充满了追求权力和创造辉煌的野心，但他却是一个高瞻远瞩、与时俱进的政治家。曾经治理过西班牙、高卢等海外行省的恺撒非常敏锐地洞察到，以往那种以元老院为主体的寡头统治形式，可以有效地治理小国寡民的共和国，却很难适应一个幅员辽阔、人口众多的大帝国。一方面，寡头统治集团的治理能力随着国家版图的迅猛扩展和自身德行水平的急剧下降而日益捉襟见肘；另一方面，随着越来越多的意大利人甚至外省人获得了公民权，作为全体人民意志代表的罗马公民大会已经变得名不副实，完全沦落为一个由城市暴民组成的政治机构。在罗马的寡头集团和平民大众双方都竞相走向腐败堕落，而新兴的军队要素在政坛上的重要性不断加强的情况下，时代就开始呼唤一位手握重兵且拥有民心，用武力和集权方式来威慑元老院的雄才大略者，而恺撒就是在这种现实形势下应运而生的历史性人物。生活在共和国末期、经历了社会动乱的恺撒深切地意识到，传承了四百多年的共和体制已经越来越不合时宜，像苏拉那样苦心孤诣地去修补共和制度的做法是无济于事的，必须重建一种更新的政治体制来替代它。虽然恺撒最终功亏一篑，遇刺身亡，但是他所推进的政治变革事业却被屋大维继承和实现。从这种意义上来说，无论是担任终身独裁官却"壮志未酬"的恺撒，还是被尊为"奥古斯都"而大定乾坤的屋大维，都是时代潮流的顺应者。英国著名的罗马史专家塞姆在《罗马革命》一书中写道：

> "恺撒能够看到，在一个世界帝国里，显贵阶层的统治已经变得不合时宜了；而在全意大利的居民都已取得公民权的情况下，罗马平民掌握的权力也已落后于时代。恺撒确实比许多人所设想的更加保守，更像一个纯正的罗马人……但恺撒被强行推上了独裁者的位置。这意味着一个人将取代法律、政体和元老院进行长期统治，意味着新的力量与观念迟早要获得胜利，军队和行省的地位将要上升，而从前的统治阶级则已日薄西山。……历史上的悲剧并不是传统意义上的'是'与'非'之间的冲突所酿造的。根据各自的立场来看，恺撒和布鲁图斯都是正确的。"

从古代的亚里士多德、波利比乌斯一直到近代的孟德斯鸠，西方许多政治学家都持有一个共同的思想观念，他们认为民主制只能运用于雅典这种小国寡民的城邦，共和制可以适应罗马共和国这种中等体量的国家，而君主制则更适合于帝国这样的超级大国。罗马从共和制向帝制的转变充分印证了这种观点，随着罗马迅猛膨胀成为一个世界帝国，少数寡头控制的元老院和乌合之众组成的公民大会已经没有能力来治理这个国家了，于是拥兵自重并收揽人心的政治强人就会脱颖而出，从而水到渠成地将共和制转化为帝制。帝制就像腐蚀剂，逐渐从外部向内芯渗透，从对外扩张的霸权逐渐演化为国内政治的强权，最终使帝国的内政外交全都掌握在一个依仗军队高度集权的专制君主之手。

苏拉是第一个率领外省军队来夺取罗马政权的人，恺撒也如法炮制，挥兵越过卢比孔河而颠覆了元老院的统治（苏拉和恺撒所开创的以军干政的先例后来在罗马帝制时代愈演愈烈）。苏拉试图依靠军队和元老贵族的支持来修复传统的共和体制，恺撒则想利用军队和广大民众的拥护来改变共和政体。苏拉最后寿终正寝，他想要完成的事业很快就付之东流；恺撒虽然遇刺而死，他所推行的变革事业却被屋大维最终实现。由此可见，苏拉与恺撒这两个强权独裁者，其个人命运和历史意义是迥然相异的。

恺撒的政治变革之所以功败垂成，一个重要原因就在于他未能建立起一支忠诚强大的政治团体或党派。恺撒只是靠着个人魅力和利益诱惑来推行改革措施，他的支持者们是一个良莠混杂的庞大群体，其中既有他的忠诚部属，也有一些居心叵测的投机者，利用他的宽宏大度来猎取政治利益，很难与他同心同德。从刺杀恺撒的那些同谋者的组成情况，就可以看出恺撒身边缺少一些理想信念相近的政治同道者。仅凭着军队的效忠和民众的拥戴，恺撒是很难实现他的政治变革理想的，他还必须建立一个同心协力的政治团队，依靠一批志同道合者来共同推进变革宏图。

恺撒最初是以马略、秦纳事业继承者的身份而受到了平民阶层的大力支持，而后又因与克拉苏、庞培等权贵建立政治同盟而势力大涨，再往后则依靠军队的效命而攫取了国家政权，并且使得许多趋炎附势的元老贵族如蚁附膻般地归降帐下。如此看来，恺撒阵营实际上是一个五味杂陈的大缸。无论是什么身世背景、持有什么样的政治立场，只要具有才能并愿意依顺，恺撒就一视同仁地予以重用。甚至连穿长裤的高卢人，也被恺撒增补进了罗马元老院，从而遭到穿托加袍的元老们的嘲笑。为了笼络人心，恺撒将元老从 600 名增加到 900 名，财务官从 20 名增加到 40 名，法务官从 8 名增加到 16 名，不拘一格地网罗人才，然而这种宽宏的做法却为自己的悲剧埋下了种子。现在元老院和高官行列中充满了各色人等，既有恺撒的忠实拥趸（如安东尼），也有见风使舵的中立派（如西塞罗），还有庞培的党徒（如卡西乌斯），以及出于高尚动机的叛变者（如两位布鲁图斯）。这些人持有不同的政治立场，怀着不同的利益诉求，全都因恺撒的宽容和慷慨而聚集在一起。结果，当恺撒在庞培剧场遭到 14 位元老——其中的好几位已经被恺撒内定为各行省总督，甚至稍后的罗马执政官——刺杀时，其他数百位元老都瞠目而视，袖手旁观，竟无一人施以援手（恺撒的死党安东尼被早有预谋的刺杀者同党拦在了门外）。这恰恰说明恺撒在"结党营私"方面的失败，他太过自负于自己的人格魅力和慷慨仁慈，而未能建立起一支忠心耿耿、精诚合作的政治团队。

后来屋大维充分吸取了恺撒失败的深刻教训，他在统一罗马、攫取政权的过程中，不惜将整个国家机器全部打散重组，创建了许多新的权力机构和行政组织，将老一辈权贵打得落花流水，培养了一批忠实于自己的新生代党羽，从制度上和组织上确保了他的至上地位和绝对权威。因此，恺撒未竟的政治变革方案到屋大维那里得以顺利实现。

共和国的危机与政治强人的应对方略

马其顿战争和布匿战争结束之后，随着罗马版图的不断扩大，罗马共和国的政治危机日益暴露，各种社会矛盾迅速激化。格拉古兄弟开启了最初的改革，他们试图缓解民间疾苦，扩大公民范围，通过建立平民和骑士阶层的同盟来抗衡贵族与元老的统治。但是他们的改革导致了暴乱的发生，进一步加深了平民与贵族、穷人与富人、意大利人与罗马人之间的仇隙，致使共和国危机四伏，从而促使萨图宁、苏尔皮奇乌斯、马略、秦纳等野心家利用民众的不满而煽动起暴民政治。当贵族和平民双方都公然将暴力活动引入政坛时，政治改革就开始转化为社会革命，共和国也就走向了崩溃的边缘。

苏拉试图力挽狂澜，拯共和于将倾之中。他以军队为后盾，采取独裁手段来重建共和体制，通过一系列复古改革措施，以加强以元老院为首的贵族寡头统治。但是苏拉充其量只能维持共和制度的外观，却无力挽救共和精神的沦丧；他可以修复一座堡垒，却未能培育出一支守军。由于没有后继者来进行守卫和维护，共和国很快又陷入了风雨飘摇之中。

"伟大的庞培"试图在激烈的政治冲突之中卓然傲立，一方面他以赫赫军功赢得了民众的崇拜，另一方面他始终与元老院及权贵寡头保持着良好关系。然而，尽管庞培具有杰出的军事才能，但他在政治上却缺乏远见卓识和雄心大志，因此只能长期游移于平民与贵族、军事与政治、恺撒与元老院等一系列二元因素之间，既无独到的改革方略，亦无坚定的保守立场，最终沦为罗马政治斗争的牺牲品。

在沧海横流的共和乱世中，善于审时度势的恺撒借助格拉古兄弟和马略、秦纳等人所鼓动的民势，笼络保民官，驾驭公民大会，并且倚重于政治权重日增的强大军队，用独裁方式来削弱元老院的权力，试图从根本上改变传统体制，一劳永逸地解决共和国危机。恺撒虽然功败垂成，他的未竟事业却由屋大维完成，屋大维最终实现了从共和向帝制的历史转化。

概言之，对于日趋颓败的共和旧舍，格拉古兄弟首先开启改革来"拆墙"，苏拉试图通过复古更化去"补墙"，庞培首鼠两端，游移不定，恺撒和屋大维则要将共和旧舍推倒重建，最终建立起宏伟的帝国大厦。

第 V 章

"后三头同盟"与共和国的谢幕

恺撒之死使得罗马很快就陷入第三次内战中，起初是恺撒派与共和派的立场冲突，而后则是恺撒派内部的权力之争。在多方博弈的情况下，作为恺撒继承人的屋大维异军突起，在复杂的政治环境中借力打力，纵横捭阖，与安东尼、雷必达结成了"后三头同盟"，共同消灭了西塞罗、布鲁图斯等共和派力量。控制了罗马政局的新三头重新划分势力范围，三分天下，相互掣肘。最终羽扇纶巾的屋大维慑服了久经沙场的雷必达，打败了拔山盖世的安东尼，再度统一了罗马，并在恺撒变革的基础上，实现了罗马从共和向帝制的政制转型。

巨星陨落，群雄蜂起

恺撒虽然独裁专权，野心昭然，但是在崇拜英雄的罗马民众心中却如同天神一般伟大，这位政坛巨星骤然陨落之后，罗马共和国立即就陷入了新的骚乱之中。以安东尼为首的恺撒派党羽、马可·布鲁图斯所代表的共和派势力，以及群龙无首、摇摆不定的元老院权贵，再加上异军突起的政坛新星屋大维，形成了错综复杂的政治博弈格局。

恺撒遇刺后的乱象与运筹

公元前 44 年 3 月 15 日恺撒被刺之后，那些阴谋得逞的元老兴奋地高举着血淋淋的短剑冲出了庞培剧场，直奔罗马卡庇托尔山上的朱庇特神庙。在他们看来，自己已经为罗马共和国铲除了一个暴君，必定会得到广大人民的热情拥护。然而，当民众听说了恺撒被刺的消息之后，所有人都躲在家中闭门不出，大家对恺撒之死充满了疑惧和迷茫。马可·布鲁图斯原准备到罗马广场向人民发表演讲，结果广场上空无一人，于是他只得与行凶的元老们一起来到朱庇特神庙，在这个神圣的地方待了一夜，准备到第二天再相机行事。

当布鲁图斯、卡西乌斯等元老拔剑刺向恺撒时，庞培剧场中有几百位元老在场，大家都被眼前的血腥场面惊呆了，既没人阻止也没人加入这个谋杀行动，他们眼睁睁地看着凶手们一剑一剑地把恺撒刺死。惊愕之余，元老们纷纷作鸟兽散，惊魂未定地奔回家中。在恺撒被刺的当天，整个罗马城被一片死寂气氛笼罩，人人如同惊弓之鸟，时局显得诡异莫测。

马可·安东尼（Marcus Antonius，公元前 83 年—公元前 30 年）在恺撒遇刺时被与凶手同谋的元老拦在了庞培剧场门外，他得知恺撒的死讯时，也完全处于措手不及的惊恐之中。身体强壮、性情刚烈的安东尼多年以来一直死心塌地地追随恺撒，无论是在军队中作为恺撒的副将，还是在罗马公民大会中作为推行恺撒政治路线的保民官，都始终对恺撒忠心不二（虽然他的一些鲁莽行为也曾引起恺撒的不满）。恺撒被刺时，安东尼已经升任为恺撒的同僚执政官，但是由于罗马城内不允许驻军，手中无兵的安东尼面对变局一筹莫展，只能赶紧逃回城外的家中，静观其变。恺撒的另一位忠实部将雷必达此时也身在罗马城外，他作为独裁官的副将骑兵长官，手中掌握着军队。这位马可·雷必达（Marcus Lepidus，公元前 89 年—公元前 13 年）就是当年那位因反对苏拉而被庞培剿灭的平民派领袖雷必达的儿子，他早年即效命于恺撒帐下，一直是恺撒最信任的部属之一，曾经出任过公元前 46 年的罗马执政官。在得知恺撒被刺的消息之后，雷必达本想率领军队杀入罗马城中为恺撒报仇，但是由于一时间各种消息莫衷一是，雷必达也只能暂时按兵不动，等待局势明朗之后再做决定。

安东尼雕像　　　　　　　　　　　　　　　　　　　　雷必达雕像

以卡西乌斯和马可·布鲁图斯为首的14位元老在密谋行事时，也曾考虑到了元老院的前领袖人物西塞罗，大家了解西塞罗一向都是反对专制的共和主义者，而且在元老院和罗马人民心中德高望重。但是众人也深知年迈体衰的西塞罗谨小慎微，明哲保身，因此在行事之前并没有告知西塞罗。由于刺杀恺撒的行动是在匆促之际决定的，密谋者们知道，3 月 15 日是恺撒最后一次参加元老院会议，三天之后他就要率军远征帕提亚，他们此后再无下手机会（深明大义的罗马人从来不会在对外战争期间伤害自己的军队统帅）。而且由于缺少了西塞罗这样老谋深算的政治家参与，因此密谋者们对于刺杀恺撒之后该如何收拾局面，事先完全未作考虑，只是凭着一腔热血匆忙采取了行动。当恺撒倒在血泊之中时，参与谋杀的元老们关于如何采取下一步行动发生了分歧。大多数人认为应该斩草除根，趁着恺撒余党尚未动员起来，将其连根拔除，特别是忠于恺撒的执政官安东尼和骑兵长官雷必达，必须一网打尽，方可解除后顾之忧。但是志向高洁的马可·布鲁图斯却坚决反对这种做法，他认为刺杀恺撒只是为了消除暴君，如果殃及安东尼等人，则必将引发内战，致使罗马再度陷入生灵涂炭的悲惨状态中。布鲁图斯的正义的观点最终说服了众位元老。

正当元老们心神不宁且在意见上有分歧的时候，西塞罗赶到了朱庇特神庙。事件发生之后，政治嗅觉敏锐的西塞罗立即意识到，这是一个重新展现领袖魄力的大好时机，于是他及时来到朱庇特神庙与谋杀集团共商大计。经过一番协商，最后大家一致同意，必须立即召开元老院会议来制定方针。但是按照罗马法律规定，只有执政官才有资格召集元老院会议，而现在恺撒已死，唯一的执政官就是安东尼了，只能由他来召集元老院会议。于是，躲到家中的安东尼被元老们召回了罗马，3 月 17 日，即恺撒被刺后的第三天，执政官安东尼召集元老们在西里欧山的"大地之母"神庙中举行了会议。

在这次元老院会议中，谋杀集团和恺撒党羽达成了协议。双方一致同意，不再对违背誓言刺杀恺撒的元老们——元老院不久前曾经集体宣誓捍卫恺撒的人身安全——进行追责，但是恺撒生前制定的一切方针政策都照常实施。会议还公布了恺撒准备在 3 月 15 日宣布的人事安排名单，这个名单令一些参与谋杀者陷入了愧疚和自责之中。其中，德奇姆斯·布鲁图斯被任命为至关重要的山南高卢（北意大利）行省总督，并且将在总督任期结束后出任公元前 42 年的罗马执政官；第一个扑向恺撒的刺客喀司卡（Casca）被指派为罗马保民官，另外几位参与谋杀活动的元老分别被任命为亚细亚行省（小亚细亚西南部地区）、比提尼亚行省（小亚细亚西北部地区）和新阿非利加行省（努米底亚）的总督。恺撒的心腹们也分别被安排了行省总督的职务——雷必达将出任近西班牙和纳尔榜高卢两个行省的总督，普兰库斯（Plancus）被任命为山北高卢行省总督，卸任执政官以后的安东尼则被安排在马其顿行省——原计划作为恺撒东征帕提亚的军事大本营——执掌军政大权。但是远征帕提亚的伟大计划却因统帅身亡而搁置，成为日后一些雄心壮志者——从安东尼一直到图拉真皇帝——心驰神往的光荣梦想。最后，会议还确定了第二天（3 月 18 日）在罗马广场上为恺撒举行国葬，由执政官安东尼在葬礼上发表悼词和公布恺撒的遗嘱。

达成和解后,叛逆者与恺撒派双方握手言和,恺撒之死已经成为历史旧事,布鲁图斯等人期盼的共和国复兴宏图似乎曙光在望。当天晚上,安东尼和雷必达分别在家中宴请了卡西乌斯和马可·布鲁图斯。大家把盏言欢,一团和气。

然而,3 月 18 日的恺撒葬礼却使得一切和谐愿景灰飞烟灭,罗马又重新笼罩在刀光剑影之中。

安东尼控制罗马政局

公元前 44 年 3 月 18 日,惊魂未定的罗马人民都涌向了罗马广场,在这里他们将要与神一般伟大的"恺撒大帝"诀别。

按照某些历史学家以及莎士比亚在《恺撒大帝》中的描述,马可·布鲁图斯和安东尼分别在恺撒葬礼上发表了演讲,在演讲中,布鲁图斯一方面表达了自己对恺撒这位大英雄的敬爱,另一方面又说明了元老们为了捍卫共和国,必须用刀剑来惩罚恺撒的理由。但是后世的研究者们都认为布鲁图斯在当天并没有发表演讲,他的这段演讲是前一天(3 月 17 日)在卡庇托尔山上对民众们所讲的,在 3 月 18 日恺撒的国葬上发表演讲的只有安东尼一人。在这次演讲中,安东尼充分利用罗马人民对恺撒的崇敬之心，成功地点燃了广大民众对谋杀者的愤怒和仇恨。他当众宣读了恺撒的遗嘱，里面写明把恺撒姐姐之外孙屋大维指定为第一继承人（恺撒死后屋大维即成为养子），把德奇姆斯·布鲁图斯指定为第二顺位继承人（据说德奇姆斯·布鲁图斯闻言后当即面色苍白，迅速逃离了罗马）。恺撒在遗嘱中还明确表示，他将分给每位罗马公民 75 德拉克马（在当时三口之家一天的花销大约为 0.5 德拉克马）。此外，恺撒还宣称把台伯河畔的私人花园、庭院和步道全部无偿地捐献给罗马人民，供罗马人休闲之用。正当群众被恺撒的慷慨捐赠感动时，安东尼叫人抬来了恺撒血迹斑斑的尸体，然后对在场民众发表了一番极富煽动性的演讲，号召有良心的罗马人为惨遭杀害的恺撒复仇。罗马历史学家阿庇安在《罗马史》中对当时的情景描写道：

　　"他用长矛的尖高举恺撒的长袍，在空中摇闪，长袍上有短剑刺穿的洞孔，为独裁官的血染红了。于是人民好像戏剧中的合唱队一样，用最悲伤的音调哀悼恺撒；由于悲伤，他们又愤怒填胸了。演说完了之后，依照国家的风俗习惯，人民在合唱队中对死者歌唱其他的哀歌，并奏哀乐；于是他（安东尼）又缕述他（恺撒）的事业和他的悲惨命运。从这些悲哀的声音中，人们好像听见恺撒本人在什么地方说话了，他指名列举那些他曾给予恩惠的敌人，也说到凶手本人，好像很诧异的样子，叹息说，'啊，我赦免了这些人来杀害我的！'人民再也不能忍耐了……"

于是，愤怒的人群高举着火把奔向那些忘恩负义者的府邸，杀害恺撒的凶手们纷纷逃离罗马，亡命天涯。

安东尼之所以要煽动民意，逼走布鲁图斯等人，其主要动机并非替恺撒报仇，而是想趁乱成为群龙无首的恺撒派的新领袖。在恺撒遇刺时，安东尼正出任罗马执政官，本来就是一人之下、万人之上的权势人物。而恺撒一死，安东尼自然就想取而代之。当时在混乱之中，马可·布鲁图斯阻止了众元老进一步加害安东尼的想法，因此安东尼对布鲁图斯怀有感恩之心，并不想加害于后者。但是他必须利用民众的复仇情绪把这些共和派元老赶出罗马，以便他独步政坛，大展宏图。而促使安东尼急于想掌控全局的另一个原因，就是被公布的恺撒遗嘱。

恺撒在准备出征帕提亚之时，曾立下了私人遗嘱，以备战争不虞。遵照惯例，恺撒的遗嘱保存在罗马的维斯塔神庙中，他死后方可公布。恺撒遇刺之后，他的遗嘱由神庙女祭司当着恺撒亲人和安东尼等亲信的面予以公布，令安东尼大失所望的是，恺撒指定的继承人中竟然没有自己的名字，恺撒只是指定他作为遗嘱的执行人。恺撒将大部分财产——恺撒在经营高卢的九年期间已经积聚了大量财富，打败庞培统一罗马之后更是财源滚滚——都留给了名不见经传的甥外孙屋大维，更重要的是，屋大维将因此而成为恺撒名正言顺的政治接班人。为了避免自己大权旁落，安东尼不仅要趁着远在马其顿军中历练的屋大维赶回来之前首先控制住罗马政局，而且还要对布鲁图斯等杀害恺撒的凶手网开一面，以便日后或许会与之联手来共克时艰（毕竟布鲁图斯等人代表着强大的共和派势力）。同时安东尼也觊觎着恺撒遗留下来的巨额财产，想利用自己作为遗嘱执行人的特殊身份，抢在屋大维继承之前将这些财产充作公帑，以便日后为自己的政治发展所用。

安东尼在煽动民意逼走了马可·布鲁图斯、卡西乌斯等人之后，又利用自己作为在任执政官的特权，向元老院提出将忘恩负义的德奇姆斯·布鲁图斯调任马其顿总督，自己则以卸任执政官的身份接任山南高卢总督之职（实际上是更改了恺撒所做的行省总督人事安排）。因为山南高卢或北意大利是罗马共和国的北方门户，具有重要的战略意义，谁控制了山南高卢，谁就掌握了罗马的命运。当年恺撒就是连续担任了九年的山南高卢总督，最后才成就了入主罗马、一统天下的大业。安东尼的如意算盘遭到了德奇姆斯·布鲁图斯的坚决抵制，后者在山南高卢集结自己的旧部整军以待。于是安东尼又与逃亡在外的马可·布鲁图斯和卡西乌斯进行联络，分别安排二人出任马其顿总督和叙利亚总督，安抚共和派人士；他自己则在罗马招兵买马，准备联合恺撒党羽雷必达（纳尔榜高卢和近西班牙总督）和普兰库斯（山北高卢总督）三面合围山南高卢的德奇姆斯·布鲁图斯。

至此，恺撒身后的罗马共和国已经分裂成几大块：马可·布鲁图斯和卡西乌斯等共和派在东方养精蓄锐，准备重振共和制度；安东尼在罗马操纵民意，联络恺撒派党羽，准备用武力来消灭抗命的德奇姆斯·布鲁图斯；缺乏领袖人物的元老院犹如一盘散沙，在共和派和恺撒派之间摇摆不定，形同傀儡；老谋深算的西塞罗深居简出，躲在自己的别墅中静观时局，伺机而动。恺撒已经在人们的记忆中逐渐黯淡，所有的权臣政客都在审时度势，争权夺利，只有一个人立志要为恺撒报仇，这个人就是年轻的屋大维。

屋大维是谁？

恺撒在遗嘱中清晰地写明，一旦他遭遇了不测，第一继承人将是他的甥外孙屋大维。盖乌斯·屋大维（Gaius Octavius，公元前 63 年—公元 14 年）早年丧父，从小一直生活在外祖母（恺撒姐姐）尤利娅身边，而尤利娅则在丈夫亡故之后与自己的母亲（恺撒之母）居住在一起。所以屋大维从小是在恺撒家中长大的，恺撒一直就很喜爱这个身体羸弱却才思敏捷的孩子，而幼小的屋大维也始终把恺撒当作心中的英雄偶像。当恺撒准备东征帕提亚时，他提前安排年满 18 岁的屋大维到正在马其顿阿波罗尼亚集结的罗马军队中，打算让这位年轻人跟随他一起参加帕提亚征战，经历战争磨炼，日后成为国家的栋梁之材。为此，恺撒还专门为屋大维配备了一位同龄的良将马可·阿格里帕（Marcus Agrippa，公元前 63 年—公元前 12 年），后者将终生伴随屋大维，帮助他建功立业，治理国家。

屋大维雕像

当恺撒的遗嘱宣布将屋大维指定为第一继承人和养子的时候，罗马人根本就不知道屋大维是何人。当时的屋大维才刚年满18岁，正在阿波罗尼亚的军队中待命，未建寸功，亦无任何官职

古罗马帝国的辉煌 第 II 卷 共和蜕变

阿格里帕雕像

头衔，是一个名不见经传的小人物。当屋大维得知恺撒被刺身亡的消息之后，他身边有一群年轻的幕僚如阿格里帕等人献计献策，建议他立即赶回罗马，继承恺撒的事业。屋大维接受了阿格里帕等人的建议，星夜从马其顿赶往希腊，然后又从希腊海岸乘船到达意大利的布林迪西，准备从布林迪西北上，前往罗马与安东尼会晤。但是他在去罗马之前，首先来到其继父前执政官菲利普斯在那不勒斯的别墅，与一批闻讯赶来的恺撒幕僚和亲信会合。这些恺撒的旧部在得知恺撒遗嘱的内容之后，决心遵照恺撒的遗愿拥戴年轻的屋大维为新领袖，而对安东尼违背遗嘱擅自专权的行为颇为不满。大家建议屋大维在去罗马会见安东尼之前，先去拜访居住在附近别墅中的西塞罗，这位蛰居乡间、经验丰富的政坛耆宿或许能够帮助屋大维实现继承恺撒遗产和事业的愿望。

早在恺撒"出道"之初,西塞罗就已经是罗马元老院的重镇,与更加年长的卢库鲁斯和年轻的小伽图同为元老院的领袖人物。恺撒消灭了庞培和小伽图之后,对西塞罗不计前嫌,以礼相待;而西塞罗虽然在政治立场上与恺撒相悖,但是在文学上却与恺撒往来唱酬,颇有惺惺相惜之感。恺撒专权之后,明哲保身的西塞罗不敢当面冒犯恺撒,遂潜心于文学修辞之事,如闲云野鹤一般逐渐淡出政坛。因此,布鲁图斯等人策划刺杀恺撒的阴谋,并未邀请西塞罗参加。一向志在维护共和体制的西塞罗在态度上是同情布鲁图斯等人的做法的,认为他们刺杀恺撒是为共和国剪除了危险的敌人。所以当众元老在刺杀恺撒之后惘然无措时,年迈的西塞罗专程赶到卡庇托尔山上的朱庇特神庙,与布鲁图斯等元老共商大计,满心以为这一次自己又可以在罗马政坛上大展宏图了。但是等到安东尼操纵民意控制了罗马政局之后,素来对安东尼充满了鄙夷轻蔑之情的西塞罗不得不再次扫兴地远离罗马政坛,隐居乡间。而屋大维的来访让西塞罗心中重新燃起了实践柏拉图"哲学王"思想的希望,他试图利用这位初出茅庐却是恺撒合法继承人的单纯青年来对付利欲熏心的安东尼,借助屋大维来实现自己的政治理想,就像当年伟大的哲学家亚里士多德培育了伟大的王子亚历山大那样。

屋大维极尽谦卑地来到了西塞罗的别墅,他对西塞罗的才华德行赞美备至，甚至把西塞罗尊称为"仲父"，希望西塞罗能在政治上给予他指点和帮助。西塞罗一心想利用这位年轻人所拥有的"恺撒继承人"的政治感召力来对付安东尼，而少年老成的屋大维则尽量满足西塞罗的虚荣心，试图借助西塞罗在元老派中的巨大影响力来扩充自己的政治阵营。双方各自出于别有用心的政治目的，西塞罗的如意算盘是扶持这位稚嫩的恺撒派新领袖来扳倒狐假虎威的安东尼，屋大维的真实意图则是借重西塞罗的人脉资源来联合各方政治势力，与安东尼争夺恺撒派乃至罗马共和国的领导权。

屋大维从那不勒斯来到罗马，遭到了安东尼的冷遇，后者以各种理由拒绝将恺撒的遗产归还给屋大维。遭受挫折的屋大维只能转而去向恺撒的好友和旧部寻求支持，他唯一可以依凭的资本就是"恺撒继承人"的身份。恺撒虽死，其名仍垂，"恺撒"的名字本身就是一种巨大的精神资源。因此，深念恺撒旧恩的许多部属和拥趸纷纷从四面八方前来投奔屋大维，声势日增的屋大维很快就得到了大量的金钱和人力支持，足以与安东尼分庭抗礼，争夺恺撒派领袖的地位了。

按照恺撒的遗嘱，屋大维不仅成为恺撒财产的第一继承人，而且也成为恺撒的养子，获得了恺撒的家族身份，他的名字也由盖乌斯·屋大维改成了盖乌斯·尤利乌斯·恺撒·屋大维（Gaius Julius Caesar Octavius）。这样一来，屋大维就在政治上成为恺撒名正言顺的接班人，得到了讲究忠诚的罗马人的普遍认可。从此以后，屋大维在公开场合的名字就改为"恺撒"了。到了日后他一统江山、掌控全局之时，元老院又授予他一个更加响亮的名称"奥古斯都"，所以他的名字又改为"奥古斯都"了。

面对着屋大维的迅猛崛起，安东尼极力控制元老院来巩固自己作为恺撒接班人的地位，同时试图安抚、拉拢到东方任职的马可·布鲁图斯和卡西乌斯。此外，安东尼还念念不忘山南高卢总督的肥缺，准备在公元前 44 年底卸任执政官之后前往此地赴任，因此也与已经率军驻扎在阿尔卑斯山南麓的德奇姆斯·布鲁图斯处于剑拔弩张的关系之中。

在屋大维与安东尼的争权抵牾之中，西塞罗旗帜鲜明地站在屋大维一边。他的政治谋略是，先利用乳臭未干的屋大维（以及恺撒的巨大声威）挫败野心勃勃的安东尼，然后再回过头来收拾这个"孩子"（西塞罗私下对屋大维的称呼），易如反掌。从公元前 44 年 9 月开始，再度活跃起来的西塞罗在罗马元老院里连续发表了 14 篇反对安东尼的精彩演讲，这些演讲理据充分，激情澎湃，极具感染力，篇篇如同利刃一般直击安东尼的要害。在这些名为"反腓力论"的演讲——借指当年希腊著名演说家德摩斯提尼反对马其顿国王腓力二世吞并希腊城邦之野心的演讲——中，西塞罗再一次凭借他那能抵十万精兵的雄辩口舌，淋漓尽致地揭露了安东尼的政治野心和道德劣迹，抨击了他的贪婪、无耻、好色和下流秉性，嘲弄安东尼无论是在肉体上还是在精神上都像一个粗鲁的角斗士。在这些演讲中，西塞罗还大力赞扬屋大维，刻意渲染品性高尚的屋大维与道德败坏的安东尼之间的巨大反差。

安东尼因此对西塞罗恨之入骨，这些演讲也成为招致西塞罗杀身之祸的重要原因。

一步登天

安东尼在元老院里遭到了西塞罗的猛烈攻击，而且由于执政官任期即将结束，他急于要得到山南高卢总督的职位，因此不惜以执政官的身份赶到布林迪西港口，去接管因中止帕提亚远征而从希腊返回意大利的恺撒军队。安东尼以替恺撒复仇的名义，率领这支军队直奔北意大利去进攻德奇姆斯·布鲁图斯，但是在行军途中许多将士纷纷离开安东尼而投奔到屋大维麾下。相对于安东尼的权柄，这些恺撒旧部更加认可恺撒的遗嘱。与此同时，西塞罗已经动员元老院通过了对安东尼的谴责决议，公元前 43 年上任的两位罗马执政官也换成了支持屋大维的恺撒亲信希尔提乌斯和巴苏斯。屋大维则趁机招募恺撒的旧部，很快就组成了一支强大的军队，以元老院为后盾，与两位当任执政官率领的罗马军团合兵一处，名正言顺地开赴北意大利去讨伐安东尼。元老院破例把这位从未担任过任何行政职务的 19 岁青年吸纳为元老，并授予他"代行法务官"的职衔，还承诺他可以比苏拉规定的法定年龄（42 岁）提前 10 年竞选罗马执政官，这种荣耀是当年战功卓著、春风得意的"伟大的庞培"都未曾享受过的。屋大维之所以寸功未建即享此殊荣，一方面是挟势于恺撒的声名恩威，另一方面则是由于西塞罗的鼎力荐举。此外，元老院也需要借重恺撒继承人的合法地位来对抗僭越权位的安东尼，从而吸引更多的恺撒旧部唾弃安东尼，归顺共和国。

公元前 43 年 4 月，当安东尼的军队正在围攻困守意大利北部城市穆提那（Mutina，今摩德纳）的德奇姆斯·布鲁图斯的时候，屋大维和两位执政官率领的联军从背后对安东尼发起了攻击。经过激烈的战斗，腹背受敌的安东尼兵败西逃，两位罗马执政官都在激战中殉职沙场，他们手下的军队和安东尼的败将一起都归附到屋大维的旗下，屋大维因此而实力大增。德奇姆斯·布鲁图斯虽然解了城下之围，但是他知道作为恺撒养子的屋大维决不会轻饶他。为了赢得权力之争，屋大维可以和元老院联手对抗同属恺撒派的安东尼，但是他决不会和德奇姆斯·布鲁图斯以及正在东方观望的马可·布鲁图斯、卡西乌斯等人握手言和，因为他们之间存在着不共戴天的杀父之仇。深知和解无望的德奇姆斯·布鲁图斯只能弃城逃亡，准备前往马其顿去投靠马可·布鲁图斯，在逃亡途中被高卢本地居民抓获杀死。这位罗马共和国开国元勋老布鲁图斯的嫡传子孙，被恺撒指定为第二继承人却参与了刺杀恩主阴谋的恺撒爱将，最终还是遭到了应得的报应。

穆提那战役失利之后，安东尼带着残部向西翻越阿尔卑斯山进入高卢地区，那里有恺撒的两位忠实部将，一位是近西班牙行省和纳尔榜高卢行省的总督雷必达，另一位则是山北高卢行省总督普兰库斯。雷必达与安东尼是儿女亲家，关系密切；而山北高卢的普兰库斯则在安东尼与屋大维之间举棋未定，打算进一步观望局势变化情况之后再做决定。

穆提那战役是屋大维的幸运之星。在这次激战中，骁勇善战的安东尼铩羽败北，杀父仇人德奇姆斯·布鲁图斯在随后的逃亡中被杀，同行的两位罗马执政官也战死疆场，交战双方的残兵剩勇全部归顺到屋大维麾下，从而使得他坐收渔利，声势大振。更重要的是，两位在任执政官的阵亡使得精明的屋大维捕捉到了一个千载难逢的良机——他正可以挟胜利之势和强大军威来填补这个空白，提前实现登临罗马权力顶峰的梦想。于是，旗开得胜、手握重兵的屋大维在北意大利虎视眈眈地觊觎着罗马，一面扩充实力，整顿军务，另一面则在策划竞选罗马执政官的计划。他试图利用西塞罗的虚荣心，拉拢这位不甘寂寞的资深政客共同填补执政官的空缺，却被瞻前顾后的西塞罗婉拒了。西塞罗的政治理想是与据守东方的马可·布鲁图斯的共和派势力共同领导共和国，而不是成为一位"新恺撒"的幕僚。虽然他一直认为自己可以将屋大维玩弄于股掌之间，但是他对屋大维的吹捧逢迎还是引起了马可·布鲁图斯等共和派人士的反感（布鲁图斯在信中公开指责西塞罗："你所做的不是废除独裁统治，而只是更换一个主人而已。"）。因此，西塞罗要刻意避免与恺撒继承人同流合污的嫌疑。

屋大维竞选执政官的要求遭到了元老院的否定，于是这位果敢的年轻人就像他的养父恺撒一样，率领 8 个军团再一次越过了卢比孔河，势如破竹，直取罗马。元老院可以支配的 3 个罗马军团都纷纷倒戈易帜，屋大维顺利地进入罗马。公元前 43 年 8 月 19 日，屋大维和恺撒外甥佩提乌斯在罗马公民大会中被广大民众推举为执政官，此时离他 20 岁的生日还差一个月的时间。

按照苏拉"年功序列"的规定，一个人要想在仕途上进取，必须在年满 21 岁之后才能担任公职，然后依次晋升，至 42 岁方可竞选执政官。庞培当年 23 岁率兵"出道"，屡建军功，在 36 岁时（公元前 70 年）打破苏拉的规定而出任执政官，已经算是一种特例了。恺撒虽然野心勃勃，却也是按部就班地逐级升迁，历经财务官、市政官、法务官和西班牙行省总督之后，至 41 岁（公元前 59 年）才出任执政官。现在，离担任最低公职的年龄尚且不及的屋大维，在几乎没有任何行政履历的情况下，却一步登天地成了罗马执政官，这在罗马共和国的历史上可谓是前无古人，后无来者！

至此西塞罗才蓦然发现，这位接近弱冠之年的政治家绝非等闲之辈，他将比恺撒更加难以对付！现在的屋大维不仅握有重兵，声名大噪，而且也公开表露出强烈的政治野心，年迈力衰的西塞罗已经无法控制他了。但是西塞罗仍然抱有一丝希望，那就是怂恿屋大维与正在高卢准备反扑的安东尼决一雌雄，以期在两败俱伤的结果中坐收渔利，联合布鲁图斯等共和派来收拾残局。

但是人小鬼大的屋大维却另有自己的打算，他心中非常明白，作为恺撒的养子和法定继承人，他的利益是与恺撒派休戚与共的。他与安东尼之间虽然发生过争权夺利的冲突，但是大家毕竟都是恺撒派的栋梁重镇，相互厮杀的结果只能是为西塞罗、布鲁图斯等共和派火中取栗。屋大维同样清醒地意识到，西塞罗是想先借用他来消灭安东尼，然后再兔死狗烹，与共和派联手来对付自己。更重要的是，屋大维一直对恺撒怀有深切的感恩之心，从小就接受恺撒的身教言传，而后又被恺撒指定为螟蛉之子，恺撒对他恩重如山。所以自从"出道"之日起，屋大维就刻骨铭心般地将替恺撒复仇作为人生和从政的首要目标。现在马可·布鲁图斯、卡西乌斯等谋杀恺撒的首恶仍然在东方养精蓄锐（他们所掌握的兵力已达 17 个军团），而且与恺撒旧敌庞培的小儿子塞克斯图斯——恺撒死后又在西班牙死灰复燃——暗中勾结，试图联络元老院（以及西塞罗）共同对抗恺撒派。在此形势下，屋大维的当务之急是与安东尼、雷必达等恺撒旧部握手言和，充分利用恺撒所赢得的民意和军心，合力消灭恺撒的新仇旧恨，打击共和派势力。至于恺撒派内部的权力之争，谁来充当恺撒接班人的问题，可以留待上述当务之急解决之后再来考虑。

屋大维利用执政官的权力，动用国库资金组建了拥有 11 个军团的庞大军队，然后率兵北上，再一次进入山南高卢地区与安东尼、雷必达相会。但是这一次他们不再是兵戎相见，而是重修旧好，共商大计。公元前 43 年 11 月，双方在北意大利波洛尼亚附近的一个河心岛上会晤。屋大维虽然已经羽毛丰满，但是资历深厚的安东尼和雷必达仍然在实力方面具有优势。于是，屋大维为了实现为恺撒复仇的首要目标，再次采取了韬光养晦的妥协策略。三位恺撒派的领袖捐弃前嫌，共同缔结了"后三头同盟"。

第 II 节

"后三头同盟"与屋大维的胜利

从苏拉独裁开始，凌驾于寡头集团和平民势力之上的僭主政制在罗马政坛上的权重不断加强。虽然苏拉的初衷是用独裁手段来修复共和旧制，但是这种集权做法却为后来的别有用心者开了先河。从恺撒借助"前三头同盟"而攫取政权，到屋大维缔结"后三头同盟"来消灭异己，集权者都是通过缔结政治联盟，借力打力，一步一步地达到大权独揽、一统天下的最终目的。"前三头同盟"随着恺撒与庞培的公开决裂而彻底瓦解，独裁与共和的对决也随着法尔萨卢会战的结果而胜负立判。恺撒之死意味着共和因素再次复兴的希望，而"后三头同盟"的缔结则标志着集权与共和之间最后的生死决战。

三头专权与公敌宣告

在"后三头同盟"缔结之前，罗马政治格局的大致情况如下：大权在握的屋大维统治着意大利本土和山南高卢；安东尼和雷必达、普兰库斯等恺撒旧部占据了意大利西边的近西班牙、纳尔榜高卢和山北高卢地区；马可·布鲁图斯和卡西乌斯的共和派势力控制了东方的马其顿、希腊、小亚细亚和西亚；庞培之子塞克斯图斯则在南方的北非和远西班牙等地东山再起。而西塞罗和元老院的如意算盘则是，联合布鲁图斯，拉拢小庞培，利用屋大维来打击安东尼。

在这样的复杂局势下，屋大维选择了联合西边的恺撒派势力，与之共掌罗马大权，消灭东方和南方的恺撒之敌。因此，屋大维在波洛尼亚与曾经的对手安东尼及其盟友雷必达缔结了"后三头同盟"。三人商定，他们将分别率领军队进入罗马，全面接管国家政权，三人共治罗马，为期五年。由于安东尼在恺撒被刺之后就宣布永久废除独裁官职务，所以三位政治巨头不再使用"独裁官"的名称，却享有独裁官的绝对权力。现在，恺撒派的所有力量都团结起来，在"为恺撒复仇"的神圣口号感召下进军罗马，开始对刺杀恺撒的元老和支持者们进行公敌宣告和大肆杀戮。塞姆在《罗马革命》中写道：

"罗马城在恐惧和种种异象中瑟瑟发抖。元老院火速从伊特鲁里亚地区招来了一批占卜师。其中最受尊敬的一位惊呼古老的王政正在重新降临，并当场自尽身亡。……三位将领向罗马行进，分别在不同日期举行的庆典仪式中进城。于 11 月 27

日表决通过的《提提乌斯法》（ Lex Titia ）确立了波洛尼亚协定中提出的三头政治。……

　　"恐惧下的罗马社会见证了复仇的残酷欲望和贪得无厌、背信弃义等可耻罪恶的胜利。罗马的法律和政治体制已被颠覆。"

当年苏拉和马略最先在罗马开启了公敌宣告和不经审判夺人性命的先河，后来无论是庞培掌权还是恺撒独裁，都极力避免这种破坏法制、践踏人性的恶劣行径。恺撒不仅不对自己的政敌加以惩罚，反而予以重用，最终酿成了杀身之祸。现在，恺撒的复仇者们要变本加厉地讨还血债了。专横跋扈的安东尼本来就在元老院和权贵阶层中树敌甚多，性格粗鲁的雷必达也在罗马有一些公私对头；涉世未深的屋大维则在血腥的杀戮活动中表现得异常冷漠，他吸取了恺撒的教训，对敌人绝不能宽容。后三头各自列出了自己欲加惩处的公敌，名单中既有恺撒的真正敌人，也有一些毫无过错的无辜者（或许是由于他们的财富引起了剥夺者的贪欲），甚至还包括后三头自己的亲戚，如雷必达的兄弟、安东尼的舅舅等，可见复仇的烈火和利益的算计已经使得人性沦丧殆尽。在"后三头同盟"颁布的公敌名单中，除了逃亡在外的布鲁图斯、卡西乌斯等谋杀凶手之外，还包括 300 多名元老和 2 000 多名骑士阶层人士。一旦被宣布为"国家公敌"——公敌名单上的名字是不断滚动增加的——无须审判即处以死刑，其财产也被剥夺侵吞。苏拉当年采取的告密制度重新被启用，告密者将会获得被告人的财产和其他资源，这样就进一步助长了公报私仇的邪恶和贪婪。在颁布的第一批公敌名单中，首当其冲的就是资深元老、前执政官西塞罗。

在最初制定公敌名单时，安东尼坚决要求将西塞罗作为头号公敌杀无赦，后者发表的 14 篇"反腓力论"演讲令安东尼恨不得剥其皮，啖其肉。雷必达对此建议也积极附和，因为西塞罗那张尖酸刻薄之嘴也曾经攻击过他。屋大维起初还想保全这位曾经帮助过自己的"仲父"，但是拗不过安东尼和雷必达的坚定意志，不得不同意将西塞罗作为三人结盟的牺牲品。穷途末路的西塞罗在逃亡途中被安东尼派来的刺客杀害，这位一心想利用屋大维来实现自己的政治理想的政界耆宿，最后竟成为屋大维进行政治交易的筹码。

　　安东尼出身于律师之家，其父早亡，其母改嫁给科尔内利乌斯·朗图鲁斯。后者在公元前 63 年的喀提林阴谋案中被西塞罗未经审判处以死刑，所以安东尼早年就对西塞罗怀有仇恨。安东尼性情豪迈，放荡不羁，后来在参与政治活动中与克劳狄乌斯等损友交往甚密，效法克劳狄乌斯、库里奥等人以煽动民意为己任，在担任保民官期间积极协助恺撒对抗庞培和元老院，因此与西塞罗的矛盾进一步加深。此外还有一层私人原因，野心家克劳狄乌斯死后，他的妻子弗尔维娅先改嫁库里奥，在库里奥阵亡后再嫁于安东尼。这个女人对克劳狄乌斯当年的政敌西塞罗一直怀恨在心，所以不断在安东尼耳边火上浇油，一定要置西塞罗于死地而后快。后来安东尼追杀了西塞罗之后，令人砍下了西塞罗的头和手，挂在罗马广场上示众。据说弗尔维娅把西塞罗的舌头从嘴里拉出来，用手中的簪子不断刺扎，一边扎一边以恶毒的语言进行辱骂，以发泄她（以及克劳狄乌斯和安东尼）对西塞罗雄辩口舌的刻骨仇恨。

通过公敌宣告，后三头不仅消灭了自己的政敌，而且剥夺和侵吞了元老、骑士们的大量财产，一夜暴富。然后他们再用这些财富来扩充军队，网罗党羽，势力随之大涨。

掌控罗马政局的后三头也划分了各自的势力范围：恺撒当年赖以起家、对罗马具有钳制作用的山南高卢和山北高卢归属强势的安东尼管辖（原山北高卢总督普兰库斯调任公元前 42 年的罗马执政官）；西班牙和纳尔榜高卢仍然是雷必达的地盘；资历最浅的屋大维只分得了偏远的北非，以及西西里、撒丁、科西嘉等岛屿的统辖权。屋大维深知安东尼和雷必达心齐势大，且与自己多有芥蒂，故而只能忍气吞声，徐图后计。当下他最重要的事情是团结一切恺撒派力量，共同剿灭共和派，为恺撒复仇。

为了巩固与安东尼的联盟，屋大维舍弃了未婚妻，迎娶了安东尼的继女克劳狄娅——弗尔维娅与前夫克劳狄乌斯所生——为妻。这样一来，"后三头同盟"的关系又在婚姻关系上得到了加强。

公元前 42 年 1 月 1 日，罗马元老院通过了一项决议，将已故的恺撒尊为神明，并为他在罗马广场上修建一座神庙。自罗马创建者罗慕路斯之后，恺撒是第一个被封神的人，由此也开启了神王一体的东方神权政治传统（埃及的法老、波斯的皇帝、希腊的亚历山大大帝以及罗马帝制时期的诸多奥古斯都均是如此）。

马可·布鲁图斯之死

公元前 42 年，分别控制了共和国北方、西方和南方的后三头，打着"为恺撒复仇"的神圣旗号，对据守东方的布鲁图斯和卡西乌斯发起了攻击。骁勇善战的安东尼和文质彬彬的屋大维统率 19 个军团共计 12 万名将士开赴希腊，去与布鲁图斯、卡西乌斯集结的 17 个军团共计 10 万大军进行决战；身为执政官的雷必达（以及普兰库斯）则坐镇罗马，治理后方。当年秋季，双方军队在希腊的腓力比发生了会战，当时两军都把战阵分列为左右两翼，由安东尼对阵卡西乌斯，屋大维对阵布鲁图斯。第一轮会战的结果是，安东尼打败了卡西乌斯，但是布鲁图斯却击溃了屋大维。幸亏屋大维及时逃离战场，否则就被杀死在乱军之中了。

屋大维一直身体羸弱，疾病缠身，一生中历经坎坷，却总能够逢凶化吉，似有福星高照。安东尼曾经嘲笑屋大维是一个"依靠自己的名字（恺撒）获得一切的男孩"，并且断言这个病恹恹的年轻人活不了多久。安东尼是行伍出身，身强力壮，作风凶狠剽悍（所以西塞罗才会讥讽他在肉体上和精神上都像一个角斗士），因此完全不把弱不禁风的屋大维放在眼里。然而历史总是具有幽默感，强悍的安东尼最后饮恨疆场，不寿而夭；羸弱的屋大维竟然活到 76 岁高龄，在功成名就的荣耀中寿终正寝。

由于当时战场上信息传达不畅，性情刚烈的卡西乌斯不知道布鲁图斯一翼取得了胜利，还以为己方已经全线崩溃，于是他就拔剑自刎了。卡西乌斯一死，他的军队陷入了群龙无首的混乱状态，很快就全军覆没。于是，安东尼就与撤退的屋大维重新合兵一处，共同应对布鲁图斯。布鲁图斯在实力悬殊的情况下，孤军奋战，最终兵败，自杀而死。

布鲁图斯虽然性情温良，儒雅谦恭，但是在秉性和人格上却继承了小伽图的遗风，刚正不阿，疾恶如仇。尽管恺撒待他恩宠有加，但是为了捍卫共和国，布鲁图斯毅然决然地刺杀了恺撒。后来当他避祸到东方，西塞罗多次希望他能与屋大维联手共同对付安东尼，都被独具慧眼的布鲁图斯断然拒绝了。布鲁图斯早已看出，屋大维比恺撒更有野心，对于共和国更加危险。他在信中写道："推翻安东尼，用屋大维的个人统治取而代之究竟有什么好处呢？"他劝告西塞罗不要为虎作伥，并且表示自己决不会与屋大维同流合污，宁死也不接受屋大维的宽恕。"西塞罗这个人可以放弃他的一切原则，心甘情愿地忍受奴役，投靠一位合乎自己心意的主子。可我布鲁图斯则要继续同一切让个人凌驾于法律之上的权力斗争到底。"

根据普鲁塔克在《希腊罗马名人传》中的描述，布鲁图斯在腓力比决战前夜曾与卡西乌斯有过一段对话，他对自己的妹夫和战友这样说道：

> "卡西乌斯，当我年轻的时候还不通人情世故，不知道出于何种缘故，我的思维方式受到哲理信念的引导，对于小伽图的自裁抱持谴责的态度，认为这是亵渎神圣的行为，不是男子汉大丈夫应有的作风，回避神圣的自然之道，没有勇气面对横逆的处境，完全抛弃东山再起的打算。等到现在要面对自己的命运，这时我的内心浮现另外的想法，要是这一次神明不让我们达成企图，那么我决定不再对未来抱任何希望，更不会用战争的准备工作，再来证明我没有放弃理想，而是满足于气数的安排死而无怨。就在 3 月望日（即刺杀恺撒的 3 月 15 日）那天，我将生命奉献给国家，从那时起我复活在自由和荣誉之中，人生如此，夫复何言。"

腓力比兵败之后，自知无力回天的布鲁图斯恳请他的一位挚友在下坡处执剑而立，自己则从上坡冲向剑尖，气绝身亡。马可·布鲁图斯一生都像舅舅小伽图一样，生得刚烈，死得悲壮。小伽图的儿子小马可·伽图虽早年玩物丧志，纵情声色，但在腓力比战役中也追随布鲁图斯血战至死。小伽图之女波西娅在得知布鲁图斯的死讯后决意为夫殉节，趁人不备把燃烧的火炭吞入嘴里，窒息而亡。

　　腓力比战役结束后，安东尼找到了布鲁图斯的遗体，将自己身上的紫色统帅战袍盖在上面，以表示对这位高尚对手的敬仰之情。布鲁图斯的骨灰被人送给了他的母亲塞维莉娅，这位具有传奇色彩的罗马名媛先后承受了兄长、情人和儿子之死的巨大痛苦，这三个男人的故事构成了罗马共和国晚期历史的重要内容。

　　安东尼和马可·布鲁图斯之间并没有什么深仇大恨，而且后者还在恺撒被刺之后极力阻止了元老们株连安东尼的意图，因此安东尼一直对布鲁图斯怀有感恩之心。但是屋大维和布鲁图斯之间却有着不共戴天的杀父之仇，因此一定要将其置于死地。然而从内心而言，屋大维对布鲁图斯仍然是抱有敬佩之情的，下面这两则故事表明了屋大维对于恺撒之敌马可·布鲁图斯和西塞罗的真实态度。

　　　　在完成了罗马统一、实现了从共和向帝制的转化之后，晚年的屋大维有一次去视察北意大利地区，在米兰城里看到了一尊马可·布鲁图斯的雕像。于是他对身边恭敬相迎的官员们说了一句话："看来你们这里一直窝藏着我的一个敌人。"官员们面面相觑，不明就里，屋大维便指着布鲁图斯的雕像说："这不是我的敌人吗？"诚惶诚恐的官员们马上要叫人来拆毁这座雕像，却被屋大维阻止了。他对他们说道："你们应该好生善待这尊雕像，他是一个英雄！"

还有一次，屋大维走进孙辈的房间时，发现孩子们正在阅读西塞罗的散文。他们看见屋大维进来时，就赶紧把这位"国家公敌"的书藏在身后，屋大维却微笑着鼓励他们说："我的孩子，这位作者有高深的学问，还是一位爱国志士。"

政治归政治，情义归情义，罗马人一向是公私有别、爱憎分明的。后来屋大维消灭了安东尼，却对安东尼与屋大维娅（Octavia）的子女善加养育，之后竟通过政治联姻而衍生出尤利乌斯－克劳狄王朝诸帝。

腓力比决战与共和国之殇

腓力比决战构成了罗马历史上的一个重要转折点。后世一些历史学家认为，公元前 48 年恺撒在希腊法尔萨卢以少胜多打败庞培，此战标志着共和制度的终结。恺撒从此以后就大权独揽，虽然名义上未曾称帝，但是实际上已经成为罗马的专制统治者。然而也有一部分历史学家认为，相比起公元前 48 年的法尔萨卢战役，公元前 42 年屋大维和安东尼在腓力比打败布鲁图斯和卡西乌斯，才真正意味着共和体制的灭亡。在此之前，布鲁图斯等人出于捍卫共和国的崇高动机而刺杀了恺撒，危机深重的共和国仍然在顽强奋争，一息尚存的共和希望被布鲁图斯从罗马带到了东方的土地上。但是随着西塞罗等元老被宣告为公敌惨遭杀戮，尤其是布鲁图斯和卡西乌斯在腓力比决战中兵败身亡，共和国的最后一点火种就彻底熄灭了。因此，后三头的公敌宣告运动和腓力比会战才意味着罗马共和制度的真正终结。

从实质上看，自从格拉古兄弟改革和马略与苏拉的内战开启以来，罗马共和国就一直处于两种不同政治体制的激烈冲突之中。恺撒与代表元老院利益的庞培之间的较量，以及屋大维、安东尼与代表共和立场的布鲁图斯、卡西乌斯之间的激战，这两场生死对决都属于"共和"与"专制"之间的冲突。腓力比会战的结局宣告了这场旷日持久的政制拼搏的最终结果，专制彻底击溃了共和，最后一丝共和的希望随着布鲁图斯（以及西塞罗）的失败被埋葬在历史的尘埃之中。至于后来屋大维与安东尼之间的争权夺利和相互搏杀，那已经不再是共和与专制之间的较量，而是专制内部的争斗了。冲突的性质已经从"捍卫共和"变成了"谁来实行专制"，或者说，谁将接替恺撒来完成从共和向帝制的转化。

在公敌宣告运动和腓力比战役之后，罗马共和派力量基本上已经被赶尽杀绝。恺撒统治时期曾把元老院员额扩增为 900 人，在后三头的公敌宣告运动中，有 300 多位元老被杀或者逃亡，还有一批追随布鲁图斯、卡西乌斯的元老贵族在腓力比战役中以身殉职。因此，元老院损失惨重，花果飘零，后三头趁机把自己的亲信党羽补充进元老院。一些名不见经传的冒险家一夜之间就成为地位显赫的元老，其中有外邦人、出身低贱者甚至获释的奴隶。无论其过往的资历和德行如何，只要忠实于屋大维、安东尼或雷必达，在公敌宣告运动或腓力比战役中表现出色，就可以飞黄腾达，晋升元老甚至成为执政官（在后三头的统治下，执政官已经形同傀儡）。在这种情况下，古老的显贵家族及其传统美德都在迅速地没落，一批投机逢迎、唯利是图的暴发户正在茁壮成长。在沧海横流、泥沙俱下的革命时代，"闻所未闻的亨通官运如今在向那些贪得无厌的、心狠手辣的、不择手段的社会渣滓微笑"。塞姆在《罗马革命》中写道：

> "共和国已经灭亡了。无论军事斗争的最终结果如何，它都永远不可能得到重建。专制主义在暴力和公敌宣告的支持下进行着统治。最优秀的人物要么已经死去，要么已被宣布为公敌。元老院里现在充斥着地痞无赖；从前曾作为美德勋章的执政官头衔现在已沦为对诡计或罪恶的犒赏。
>
> "'此时已没有道德，没有法律'（Non mos, non ius）……

忠诚占据了上风。王权在恺撒的血泊中诞生了。"

在罗马历史的重大转折关头，两个假设性的问题引起了学者们和普遍人的极大兴趣。尽管历史事件是不能作假设的，发生了的事情就是唯一的历史事实，但是人们还是禁不住要对一些重大的历史事件设想另外的可能性。这两个与罗马历史命运攸关的问题就是：

1．如果布鲁图斯等人没有刺杀恺撒，罗马共和国将会出现什么样的结局？

2．如果克丽奥佩特拉的鼻子高一点或者矮一点（即如果她不是那么迷人），恺撒尤其是安东尼的下场将会如何？罗马最终将鹿死谁手？

第二个问题或许带有戏谑的色彩，属于文人墨客们浪漫发挥的话题，因而无须讨论；第一个问题倒是多少具有一些历史的严肃性，它蕴含着罗马历史发展的另一种现实可能性。

当年刺杀恺撒的元老们虽然怀有不同的动机，但是捍卫共和国仍然是马可·布鲁图斯等人的主要目的，这也是那些受到恺撒恩惠的爱将们（如德奇姆斯·布鲁图斯等）参与其中的重要原因。毕竟共和国已经走过了四百多年的风雨历程，共和的观念早已深入人心，罗马人尤其是贵族阶层对于君主专制深恶痛绝。早在共和国第二任执政官瓦列里乌斯时就明确规定：任何人若敢自立为王，人人得而诛之。数百年来，罗马元老院一直对深孚民意、大权在握的政治领导人——功勋卓著的执政官或独裁官——戒备有加，唯恐其凭恃军权和民意成为专制君主。格拉古兄弟改革的失败，一个重要原因就是罗马权贵阶层认为他们想利用民众的支持而僭取王位。马略的专权同样激起了元老院的极大反感，他最后落得身败名裂的下场。苏拉的独裁曾一度使罗马贵族阶层受到了一次大惊吓，但是这位独裁者最终却是用集权的方式来修复共和，有惊无险而已。当庞培屡建战功、声名显赫时，小伽图、西塞罗和罗马元老院也深感不安，好在庞培爱荣誉更甚于爱权力，并未构成共和国的真正威胁。但是恺撒却充满了政治野心，独裁专权，而且确实想对传统的共和体制进行一番根本性的变革。因此，尽管他功德无量，受到了广大民众的衷心拥戴，但仍然被胸怀共和理想的元老们刺杀而死。在高尚单纯的布鲁图斯等人看来，专制的威胁全系于恺撒一身，恺撒一旦被杀，共和国也就会化险为夷，安然无恙了。

与高瞻远瞩的恺撒相比，布鲁图斯显然是目光短浅的，虽然他忧国忧民的精神可嘉。事实上，古老的共和体制发展到公元前 1 世纪，已经是千疮百孔，岌岌可危，完全不能适应罗马超级帝国的现实状况了。任何一个胸怀野心的专权者都可以使它毁于一旦，相对而言，恺撒还算是最具有保守情怀和崇高品味的破坏者。恺撒对共和国的改造计划始终想采取一种温和的方式来实施，他与庞培和元老院的彻底决裂固然是由于他的权力欲，但是小伽图等人的煽风点火、挑拨离间也难辞其咎。至于攫取无限期独裁官之职，恺撒也并非始作俑者，苏拉已经开创了先例。当恺撒与庞培在法尔萨卢决战时，老一辈的元老大多追随庞培，但是年轻的贵族子弟和一批杰出的骑士（"意大利之花"）却旗帜鲜明地站在恺撒一边，如克拉苏之子、德奇姆斯·布鲁图斯等人，以致西塞罗在给朋友的信中抱怨道："这些豪门望族出身的年轻人，心甘情愿地跟随恺撒，把手中长矛指向庞培阵营里的父母亲人。"恺撒本人就出身于罗马最古老的贵族门第，他身上始终保存着罗马传统的贵族美德，而他麾下最核心的青年将领也都是豪门之后，这些因素决定了恺撒不可能从根本上颠覆具有浓郁贵族色彩的共和体制。可以说，恺撒所推行的亲民和自由的政治路线比起庞培及元老院所代表的保守政治路线，更能够赢得年轻一代贵族和骑士们的拥护。在打败庞培之后，恺撒对于归降自己的青年贵族们（如马可·布鲁图斯、卡西乌斯等）既往不咎，一视同仁，并未像苏拉和后三头那样采取公敌宣告的残酷做法；对于持不同政见者如西塞罗等人也是以礼相待。凡此种种，都说明恺撒虽然继承和发扬了格拉古兄弟以来的平民改革路线，但是其骨子里还是具有深切的贵族情结，他只是想对共和国进行根本性的改革，而非颠覆性的革命。

　　如果恺撒未曾遇刺，他是否会利用手中的独裁权力对罗马共和国的政治结构进行大规模的重组，缓解平民对贵族的深仇大恨以及平民大会与元老院的紧张关系，从而使病入膏肓的共和国平缓地过渡到一种强权僭主和新生寡头的混合政制呢？这个假设性问题，随着恺撒的被刺身亡已经沉入了永无答案的历史深渊。

更进一步说，假如恺撒未曾在公元前 44 年 3 月 15 日遇刺，那么三天以后他将率领罗马大军远征帕提亚。此战必将规模浩大，充满凶险，而且耗时长久。倘若恺撒在此战中遭遇不测，以身殉职，或者随军出征的屋大维殒命沙场，英年早逝，那么罗马共和国以后的故事将如何展开？至少不会发生"后三头同盟"对共和派赶尽杀绝（公敌宣告和腓力比会战），以及屋大维为共和国收尸入殓的事情。

由此看来，布鲁图斯等胸怀崇高理想的元老们刺杀恺撒，与其说是延缓了共和国的衰竭，不如说是加速了它的毁灭。

当然，历史不能作假设。公元前 44 年 3 月 15 日恺撒被刺身亡；一年多以后，控制了罗马政局的后三头开始了公敌宣告运动；公元前 42 年秋，刺杀恺撒的主谋马可·布鲁图斯和卡西乌斯在希腊腓力比战败自戕。恺撒的独裁已经成为过去，拥护共和理想的最后一批角色也已鸣锣下场，现在的罗马进入了后三头的统治时代。"后三头的新秩序是用公民的鲜血奠基，以专制暴政为支撑的；它的丑恶足以让世人将恺撒担任独裁官的时期视为黄金时代。"（塞姆）

"后三头"实力对比的变化

　　"后三头同盟"在某些方面颇类似于"前三头同盟"。当年恺撒与克拉苏、庞培缔结同盟，三者之中克拉苏年事最高，庞培的功勋及权势最大，年纪最轻且"出道"最晚的恺撒则深通韬略，最终打败庞培而一统天下。在"后三头同盟"中，雷必达年龄最长，安东尼实力最强，而年少的屋大维却工于心计，最后削平群雄，消灭安东尼而成就帝业。就此而言，屋大维无论是在名字上还是在才能上都堪称"恺撒"。

　　腓力比战役之后，后三头的实力对比也发生了微妙的变化。安东尼在腓力比会战中立了首功，他的实力和声望因此大涨。战争结束后，安东尼的势力范围从蛮荒的高卢转向了富饶的东方地区。在罗马帝国的广阔疆域中，东部地区——希腊、小亚细亚、西亚——保存着希腊化时代的丰硕果实，其经济状况远比西部地区繁荣昌盛，文化生活也更加兴旺发达。在后三头之中，安东尼的实力本来就最为强盛，他占据了东方富庶之地更是如虎添翼。安东尼凯旋后，筹集军费，厉兵秣马，不久即率领自己麾下的军团再赴东方，准备完成恺撒未竟的伟大事业——征服帕提亚。此外，安东尼生性豪爽、放荡不羁，奢靡繁华的东方世界正好符合他的口味。不久以后他又与美貌娇艳的埃及女王相遇，沉溺于儿女情长的热恋之中，夜夜笙歌，乐不思蜀。

抱病在身的屋大维战后返回罗马,开始安顿老兵,并继续推进公敌宣告运动和整顿国家内务,对元气大伤的元老院进行重组。现在安东尼的重心已经转移到东方,屋大维就趁势逐渐控制了高卢,这里本来就是恺撒的发家之地,理所当然应该属于其继承人屋大维所有。此外,屋大维又从未建战功的雷必达手中夺得了西班牙,尽管这里仍然有塞克斯图斯的势力在作乱。作为补偿,雷必达获得了北非的统辖权。

安东尼率部开赴东方以后,屋大维与安东尼留守罗马的悍妻弗尔维娅以及弟弟卢西乌斯·安东尼(Lucius Antoniy,担任公元前41年的罗马执政官)发生了武力冲突。依靠自己的亲密战友——具有军事天才的阿格里帕的帮助,屋大维在佩鲁西亚战役中打败了安东尼的代理人。屋大维赦免了被俘虏的安东尼之弟,派他到西班牙去担任总督;弗尔维娅则逃亡到希腊,不久后就在战败的愤懑和对克丽奥佩特拉的嫉恨中——此时安东尼正在埃及与克丽奥佩特拉共浴爱河——郁郁而终。

公元前40年,安东尼带领大军从希腊渡海来到意大利的布林迪西,准备为其弟报一箭之仇。虽然安东尼把佩鲁西亚战败归咎于弗尔维娅,认为这场战争完全是由这位悍妇的嫉妒所造成,但是他仍然打算教训一下不守规矩的屋大维。双方的军队在布林迪西形成了对垒之势,安东尼不仅阵容强大,而且还与西班牙的小庞培势力、东方的共和派残余以及在公敌宣告运动中幸存下来的逃亡者结成了新的联盟,准备共同对付借"恺撒"

之名来实现个人野心的屋大维。屋大维的军队势单力薄、缺衣少粮，而且完全缺乏海军力量的支持，屋大维再一次面临着困境。

然而幸运之神又一次站到了屋大维一边。双方的将士都是罗马人，他们不愿意为了将领们的权力之争而同室操戈。在士兵们强烈的反战情绪影响下，以及一些恺撒派人士的斡旋之下，安东尼与屋大维再度握手言和，双方在布林迪西进行了会晤，重新划定势力范围。虽然这次会晤是安东尼和屋大维两个人的妥协，但是也兼顾了雷必达的利益（当时雷必达正在北非平定叛乱）。经过协商，两位巨头达成了共识：希腊（包括马其顿）、小亚细亚、西亚等东部地区以及作为罗马盟友的埃及属于实力雄厚的安东尼，高卢和西班牙等西部地区划归恺撒的继承人屋大维，南方的西西里岛和北非分给雷必达管辖，而意大利本土则由三人共治。至此，雷必达已经成为一个可有可无的摆设，罗马帝国实际上已形成二分天下局势。

安东尼与克丽奥佩特拉

公元前 41 年，当安东尼在东方地区招纳安抚各国君王、整顿军务，准备东征帕提亚期间，他在西里西亚的塔尔苏斯城会见了埃及女王克丽奥佩特拉。此前，恺撒曾与克丽奥佩特拉一见钟情，帮助她取代其弟托勒密十三世成为埃及统治者；克丽奥佩特拉则为恺撒生了一个儿子，即托勒密·恺撒（Ptolemy Caesar），昵称恺撒里昂。公元前 44 年恺撒遇刺时，克丽奥佩特拉正带着恺撒里昂住在罗马，由于害怕受到牵连，母子俩星夜逃出罗马，返回埃及。

由于恺撒在罗马有妻室，恺撒里昂只是他与克丽奥佩特拉逢场作戏的结果，按照罗马法律，这个外国情人所生之子是不能享受罗马公民权的。精明的恺撒深知此道，而且考虑到罗马政坛凶险四伏，因此他一直对恺撒里昂的身份讳莫如深。当年恺撒离开埃及之前，让克丽奥佩特拉与另一个弟弟托勒密十四世结婚，恺撒里昂名义上成为托勒密十四世之子。恺撒遇刺之后，屋大维和一些罗马元老始终不承认恺撒里昂是恺撒的儿子，恺撒唯一的合法继承人就是养子屋大维。他们声称，这个名叫恺撒里昂的埃及孩子是淫乱的克丽奥佩特拉与他人所生，只是盗用了恺撒的名字而已。

但是安东尼却始终要捍卫恺撒里昂的正当权益，坚称他就是恺撒的亲生儿子。这一方面是出于他对恺撒的忠诚，另一方面也是为了挑战屋大维因继承"恺撒"之名而攫取的正统地位。

　　当时的埃及仍处于托勒密王朝的统治之下，这是当年亚历山大身后留下的三个希腊化王国中硕果仅存的一个（马其顿王国和塞琉古王国此前已经被罗马人吞并），虽然在名义上保持着独立，但是实际上已沦为罗马的附庸。公元前 41 年，当安东尼以盟主身份召见埃及女王时，精明诡谲的克丽奥佩特拉使了一个手腕（就如同她初见恺撒时让人把自己卷在地毯里一样），她借口说自己乘坐的大船无法到达安东尼在西亚的驻地，邀请安东尼到小亚细亚的塔尔苏斯与她会面。安东尼欣然前往塔尔苏斯，所见到的奢华场面令他大为惊叹！

　　埃及自古以来就以繁荣富庶而著称，而埃及法老生活方式的奢靡豪华程度更是举世无双。当安东尼到达塔尔苏斯海岸时，他看到埃及女王克丽奥佩特拉乘坐着十排桨的宏伟舰船，旌旗飘扬，笙箫齐鸣，极尽奢侈。安东尼身为罗马大将，东征西讨，却从未见过此等阵势。克丽奥佩特拉事先做了精心准备，浓妆艳抹，光彩照人，如同埃及女神伊西斯一般高贵典雅。生性风流的安东尼对她一见倾心，心生爱慕，深叹人间竟有如此秀色！虽然当时二人会面还是商谈罗马与埃及的结盟之事，但是安东尼从此就对女王魂牵梦萦，回到叙利亚处理了一些公事之后，很快就来到埃及首都亚历山大，与克丽奥佩特拉在莺歌燕舞、觥筹交错的奢华中度过了一个悠闲快乐的冬季。而此时他的妻子弗尔维娅和弟弟卢西乌斯·安东尼正在佩鲁西亚与屋大维浴血奋战。

安东尼会见埃及女王

等安东尼在埃及过了一段惬意销魂的日子，回到西亚的推罗之后，他才得知弟弟和妻子战败的消息。于是安东尼率领大军经希腊开赴意大利，准备教训一下屋大维。但是在到达布林迪西之后，双方却化干戈为玉帛，重修旧好。安东尼与屋大维重新划分了势力范围，而且还抱得了美人归。

公元前 40 年，屋大维不仅与安东尼修复了同盟关系，而且还再一次与后者缔结了政治联姻，将美貌贤惠的姐姐屋大维娅嫁给了鳏居不久的安东尼（弗尔维娅已在希腊愤恨而死）。三年前，当后三头初次在波洛尼亚缔结同盟时，安东尼曾把自己的继女克劳狄娅嫁给了屋大维。但是屋大维对这位年长且凶悍的再醮之女非常厌恶，未曾与她同房，不久后就将其休掉了。现在屋大维又在布林迪西会晤时把自己的姐姐屋大维娅嫁给了安东尼，再度接续上了两人之间的政治联姻。安东尼娶了年轻、漂亮又贤惠的屋大维娅之后，两人如胶似漆（就像当年庞培与恺撒之女尤利娅的恩爱情景一样），一时间就把克丽奥佩特拉抛至九霄云外。此后的几年里，安东尼再没有见过埃及女王。在屋大维娅的协调之下，各据东西的安东尼与屋大维也相安无事，度过了三年多的和平时光。

布林迪西和约签订之后，安东尼带着新婚娇妻返回东方，开始反击乘虚入侵的帕提亚人。屋大维则返回罗马，继续利用人民的支持——这是他从恺撒那里继承的法宝——来推进他的革命事业，控制罗马的政局。从当时的势力构成情况看，安东尼得到了罗马大部分贵族、骑士以及共和派元老的拥护，而且还在极力拉拢西班牙的小庞培势力；屋大维的基本盘是罗马的平民阶层，包括控制了公民大会的城市无产者，以及一批年轻的军事将领和冒险家。安东尼想借助小庞培来制约屋大维，以便自己可以没有后顾之忧地去征服帕提亚。屋大维则要彻底消灭小庞培的力量，完全控制罗马共和国的西部江山，并趁安东尼忙于东方战争之机逐渐分解、争取共和派和中立者的力量。公元前 37 年，三位巨头齐聚意大利南端的塔兰托，续签了六年前签订的"后三头同盟"协议。协议规定，三人各自的势力范围保持不变，"后三头同盟"延续到公元前 33 年底为止。

在塔兰托续订同盟协议之后,安东尼和屋大维分别率领军队去进攻帕提亚和小庞培占据的西西里。安东尼对帕提亚的东征遭受了挫折,最后铩羽而归,死伤两万多名士卒。但是屋大维却在夺取西西里的战斗中又一次化险为夷,反败为胜,依靠阿格里帕的高超战术最终打垮了小庞培的庞大军队(小庞培逃亡到亚细亚被杀)。屋大维还乘胜利之威,以非凡的胆略慑服了试图与之争功的雷必达,剥夺了他的兵权,让他回罗马去担任声望甚高却无实权的大祭司长之职(恺撒死后,这个终身制的宗教领袖之位一直空缺)。这样一来,雷必达就从三头同盟中退出去了,罗马再次面临着两虎相争的格局。

罗马与埃及之战

安东尼从塔兰托返回东方之前,把妻子屋大维娅留在了意大利,他对这位贤淑的女人已经渐生厌倦,而对妖艳的埃及女王的激情又被点燃。公元前 36 年,安东尼东征帕提亚以失败而告终,他回到埃及之后,就一头扎进了埃及女王的温柔乡中,两人又缠绵悱恻地厮守在一起。克丽奥佩特拉先后为安东尼生了三个孩子(其中有一对孪生子),安东尼则一不做二不休,把留在罗马的屋大维娅休掉，与埃及女王公开结婚。恺撒当年也与克丽奥佩特拉有过私生子，那不过是逢场作戏罢了；而安东尼却与克丽奥佩特拉公开结婚，明媒正娶。相比之下，风流倜傥的恺撒精于政治权衡，放荡不羁的安东尼却更具浪漫情调。

陷入热恋中的安东尼鬼迷心窍，不仅休妻另娶埃及女王，而且公然宣称，将他和克丽奥佩特拉所生的三个孩子分别封为小亚细亚、叙利亚和尚未被征服的帕提亚的国王，而将克丽奥佩特拉及其与恺撒所生的托勒密·恺撒尊为统治东方各国的"万王之王"（以前只有有丰功伟绩的亚历山大大帝享有过这个荣耀的名称）。深深痴迷于东方绝对君权和奢靡文化的安东尼把他与埃及女王的结合渲染为酒神狄奥尼索斯与美神阿佛洛狄忒之间的"神圣婚礼"，并心悦诚服地拜倒在克丽奥佩特拉的石榴裙下。按照后来奥古斯都时代的御用文人的说法，这位妖娆的女王任意摆弄着英勇的罗马将军安东尼，试图利用他的武功来征服罗马，建立一个一统地中海的埃及大帝国：

> "这位疯狂的女王执意
>
> 摧毁卡庇托尔山的神庙，谋划
>
> 我们伟大国度的葬礼。"
>
> （贺拉斯：《克丽奥佩特拉之死》）

公元前 33 年屋大维第二次出任罗马执政官，而此时"后三头同盟"事实上已经瓦解。屋大维抓住安东尼的昏聩之举大做文章,他在元老院和罗马广场对安东尼的道德败坏、奴颜媚骨的行为进行了猛烈抨击,特别揭露了安东尼把罗马共和国的东部地区作为私人礼物献给埃及女王的卖国行径。罗马是一个共和国,屋大维是共和国的执政官,安东尼只是共和国派驻东方的一位管理者,然而他却将元老院和罗马人民委托其管辖的东方地区分封给了一个外国女王及其淫乱之子!如此卑劣的叛国行为激起了罗马人民的极大愤慨。不久以后,屋大维又运用强权手段从罗马维斯塔神庙的女祭司手中攫取了安东尼的遗嘱文件,并当众公布。在这份文件里,安东尼明确表示,托勒密·恺撒就是恺撒的亲生儿子,他自己死后将要和埃及女王合葬在亚历山大,其遗产归克丽奥佩特拉的子女所有。这份遗嘱无疑证明了安东尼对祖国的背叛,他不仅出卖了罗马的东部地区,而且还死心塌地地协同埃及女王让罗马沦为亚历山大的附庸,让这位蛇蝎女人"在卡庇托尔山上发号施令"。于是,在罗马人民群情激奋的开战声中,一场罗马与埃及之间的生死决战就拉开了帷幕。

无论是屋大维本人,还是后来的罗马历史学家和文学家,都明确地把这场战争说成是罗马与埃及之间的国家冲突,而非屋大维与安东尼之间的权力之争。征服埃及这个蓄意与罗马作对的敌国,是数百年来罗马人开疆拓土的伟大事业的新里程碑。如果只是屋大维与安东尼的战争,那不过是罗马人打罗马人而已,没有什么值得炫耀的。因此,这场战争的双方统帅,一边是神圣高尚的罗马共和国领袖恺撒·屋大维（他在公元前 31 年开战时第三次出任罗马执政官），另一边是妖魅邪恶的埃及女王克丽奥佩特拉（安东尼只不过是为虎作伥的受惑者）。这场战争的性质及其统帅的品性，从一开始就决定了战争的结局。

这场战争不再是罗马人的内部权斗，而是以罗马为中心的西方世界与以亚历山大为中心的东方世界之间的地缘冲突。从某种意义上说，它上承罗马与雅典的分野，下启罗马与君士坦丁堡——西罗马帝国与东罗马帝国、天主教会与东正教会——的抵牾，以及罗马与巴格达（中世纪阿拉伯帝国阿拔斯王朝首都）的争锋。事实上，自从亚历山大大帝东征以后，希腊化世界的重心就从希腊的雅典转移到了埃及的亚历山大。因此，屋大维时代的东西方文明对垒主要就表现为罗马与亚历山大的争锋，以及罗马与泰西封的抗衡。

当安东尼决心要与帕提亚一较高下时，他继承了恺撒的西方文化理想。但是当他在帕提亚战败并匍匐在埃及女王的裙裾之下时，他就已经沦为东方文化的俘虏，由伟大的罗马将军蜕变为卑鄙的埃及走狗。

这就是在屋大维蛊惑之下的罗马人的普遍看法。对于壮心不已的罗马人来说，只有首先战胜了妖魅的埃及，才能最终征服野蛮的帕提亚。

亚克兴海战

公元前 31 年，屋大维在罗马元老院和公民大会的授权之下向埃及开战，同年 9 月，双方在希腊安布拉西亚湾的亚克兴（Actium）海域进行了一场激烈的海战。当时屋大维的海军和安东尼与埃及女王的联合舰队势均力敌，屋大维本人并不擅长军事指挥和沙场奋战（这是他与恺撒的根本差别之一），将战场的指挥权交给了他的亲密战友阿格里帕。

当年屋大维刚"出道"时，独具慧眼的恺撒就给他配备了一位颇具军事才能的青年助手阿格里帕。阿格里帕和屋大维年龄相仿，出身较为卑微，但是很早就表现出过人的军事天分，自从 18 岁以后他就一直追随在屋大维身边。恺撒遇刺时，阿格里帕和屋大维正在马其顿阿波罗尼亚军中整装待发，得到信息后，阿格里帕伴随屋大维星夜赶回意大利。在屋大维后来的政治发展过程中，阿格里帕一直作为屋大维的军事首辅，多次帮助屋大维扭转战局，反败为胜。在亚克兴海战中，阿格里帕仍然担任罗马军团的前敌指挥官，负责统领调度所有的军事力量。

在安东尼与埃及女王的联合阵营这一边，众将领在关于战场和军事指挥权等问题上发生了严重分歧。从未经历过重大战役的埃及女王把战争视同儿戏，准备亲自统帅强大的埃及海军参加战斗。但是安东尼手下的一些重要将领都坚决反对这位刚

愎自用的女人参战，而且不赞成与屋大维的军队进行海战，他
们主张把对方军队引到希腊陆地上来进行决战。安东尼麾下的
军队阵容强大（总兵力达 30 个军团之多），久经沙场，具有丰
富的陆战经验，却并不擅长海战。但是埃及女王极力建议安东
尼在海上作战，因为女王所乘坐的埃及旗舰是十排桨的巨轮，
颇为壮观，充分显示了埃及王国的赫赫威风，在气势上明显压
倒了屋大维由小型舰船组成的寒碜海军。据普鲁塔克所言，克
丽奥佩特拉坚持参战的另一个原因，是唯恐屋大维娅会来化解
双方的矛盾，动摇安东尼与屋大维一决雌雄的决心。一向惧内
的安东尼拗不过埃及女王，只好同意在海上与屋大维进行决战，
而且不顾众将领的激烈反对，坚持要让克丽奥佩特拉担任联合
舰队的统帅。他的将领们改变不了安东尼的决定，而且不愿意
忍受克丽奥佩特拉的辱骂，一些人索性就背离安东尼前去投奔
屋大维，如安东尼的海军将领埃诺巴布斯（Ahenobarbus）等人。
此前，安东尼的肱股大将普兰库斯和提提乌斯（Titius）也是出
于同样的原因转向了屋大维麾下。

公元前 31 年 9 月 2 日，双方海军在亚克兴海域展开了激烈
的会战。安东尼与埃及女王的联合舰队拥有 500 艘舰船，其中
许多都是八排桨至十排桨的巨型船只，而且装饰得花团锦簇，极
力炫耀东方王国的富饶奢华。屋大维和阿格里帕率领的 400 艘战
船，大多轻巧灵活，虽然其貌不扬，却便于快速穿梭。双方的参
战人员也大致相当，加上陆军将士均在 10 万人以上。尽管安东

尼在舰船规模方面占据上风，但是其军队士气却远远不能和屋大维军相比，安东尼麾下的罗马将士在心理上难免有一种屈辱羞耻的感觉——他们是在协从敌国与自己的祖国作战。至于那些从东方各国招募来的军队，更是乌合之众，迫于安东尼的威逼或者为了金钱利益而战，战斗力低下，一触即溃。虽然屋大维在军事才能和德行方面完全无法与恺撒相提并论，但是他的舆论宣传能力却比恺撒强太多。在维吉尔的《埃涅阿斯纪》中，这位最受屋大维器重的罗马第一诗人对亚克兴海战的情景这样描写道：

"一边是奥古斯都率领着意大利人作战，在他一边有元老们和平民们，家神和司国家命脉的大神，而他巍立在船头，额角吐出两道轻快的火光（指闪耀的头盔），他父亲恺撒的星在他头顶照耀着。另一边是阿格里帕，乘好风，借神力，统帅战舰，战兴正酣，他头上戴着一顶海军冠，形状像一只船头，这是辉煌战功的标志。对面是安东尼，还有他从外国收来的财宝和各种各样的武器，因为他刚从远征东方日出诸国和红海沿岸胜利归来，他携带着埃及的、东方的、远至巴克特里亚的士兵，还有（说来可耻！）他那埃及妻室跟随着他。所有的船只互相撞击，划动的船桨和三岔的船头，在海面上搅起一片白沫。……所有的埃及人、印度人、阿拉伯人和萨拜人都吓得转身逃跑。至于那埃及女王，人们可以看到，她唤来了风，正在张帆，把帆抖开。司火之神把她勾画成面色苍白，一片杀人流血的景象使她感到死亡来临，浪潮和西北风催着她，前面是为她而悲伤的尼罗河的巨大的身躯，敞开着它的大袍，召唤着那些失败者来躲进它的衣衫里、它的蓝色的怀抱里、它的港汊纵横的水域里。"

亚克兴海战的真实情况现在已经无法还原，但是按照一些历史书中的说法，当双方舰船激战正酣的时候，被血肉横飞的残酷场面吓得魂飞魄散、"面色苍白"的埃及女王带着自己的旗舰和六十艘埃及船只突然扬帆掉头逃跑了。眼见自己的女王撤退了，儿女情长、英雄气短的安东尼也带着几十艘战舰追她而去，结果导致了他的整个舰队在海上群龙无首而全军覆灭。这场名为罗马与埃及之战，实为罗马巨头权力之争的冲突就这样合乎意料地结束了，再一次给后世的哲学家和文人们提供了一个"正义必将战胜邪恶"的佐证。

亚克兴海战基本上决定了屋大维与安东尼之间这场权力斗争的结局。自从罗马开启内战以来，除了马略与苏拉的武力冲突之外，另外三场决战都是在希腊的土地上发生的。无论是恺撒与庞培的法尔萨卢战役，安东尼、屋大维与布鲁图斯、卡西乌斯的腓力比战役，还是屋大维与安东尼及埃及女王的亚克兴海战，都是分别控制了罗马帝国西部地区和东部地区的两大势力之间的生死较量。而且从政治性质上看，主动进攻的西方势力都代表了一种新兴的专制因素，如恺撒与屋大维；而处于守势的东方势力则维

亚克兴海战

系着一种岌岌可危的共和传统，如庞培、布鲁图斯等人（甚至连安东尼在与屋大维决战之前也吸引了许多罗马共和派人士和小庞培的残余势力）。这三场决战的结果都是西方势力战胜了东方势力，同时也意味着专制的因素压倒了共和的传统。

那么，在罗马共和国的最后阶段，到底是专制因素还是共和传统代表着正义？换言之，所谓的"正义"到底应该从历史意义上还是道德意义上来评价？

安东尼和克丽奥佩特拉之死

　　亚克兴海战后，屋大维乘胜追击，像当年的恺撒一样从希腊一直追到了埃及。安东尼手下镇守利比亚昔兰尼加的四个军团很快就缴械投降了，穷途末路的安东尼在消沉绝望中度过了人生的最后时光，与克丽奥佩特拉一起组建了夜夜狂欢的"极乐会"和尝试各种自杀方式的"偕亡社"（Dies Together）。他们派出使者去觐见屋大维，表示克丽奥佩特拉可以退位，安东尼愿意在埃及做一个与世无争的平民，只求屋大维放他们一条生路。但是冷酷的屋大维拒绝了他们的要求，他向埃及女王提出，如果她处死了安东尼，就可以换取优渥的待遇。万念俱灰的安东尼提出要与屋大维单打独斗，决一胜负；胜券在握的屋大维自然不屑于这种低贱的角斗士行径。安东尼决心奋力一搏，组织了最后一批残兵剩勇出城去与屋大维军队决战，结果又一次得到了众叛亲离的悲惨结局。在最后的时刻，安东尼像一个真正的罗马战士那样自刎而死，不失其英雄本色。

　　按照一些文学作品的描述，奄奄一息的安东尼被克丽奥佩特拉的随从送到了女王藏身的一个封闭堡垒中，最后死在了伤心欲绝的克丽奥佩特拉的怀抱中。而忠实于爱情的克丽奥佩特拉也身穿埃及法老的盛装，手执帝王权杖，躺在安东尼身边让毒蛇咬死了自己。这段英雄美女的浪漫故事终于有了一个令人潸然泪下的悲壮结局。

这只是文学作品的浪漫渲染，历史事实却不尽相同。安东尼死后，公元前 30 年 8 月 1 日，屋大维的军队开进了埃及首都亚历山大，克丽奥佩特拉很快就成为屋大维的阶下囚。风情万种的埃及女王还想用自己的姿色去征服比她小六岁的屋大维，但是铁

屋大维与克丽奥佩特拉

石心肠的屋大维却不为女色所动，他的如意算盘是把埃及女王作为战利品带回罗马去举行凯旋式，炫耀自己的赫赫功勋。埃及女王在得知屋大维的意图之后，以一种高傲的方式维护了王者的尊严——她用一条毒蛇结束了自己的生命。

屋大维按照东方帝王的隆重仪式把克丽奥佩特拉与安东尼合葬在一起，他的御用诗人贺拉斯也在《克丽奥佩特拉之死》中表达了对这位"疯狂女王"的敬佩之情：

> "但是，她宁愿选择
>
> 更高贵的死，既不畏惧刀剑的寒魄，
>
> 如世间女子，也没借着快艇
>
> 去某处秘密的海岸藏躲，
>
> 而能面不改色，平静地扫视已经
>
> 化为废墟的宫殿，然后勇敢地引领
>
> 凶狠的毒蛇，直到自己的身体
>
> 将它黑色的毒液饮尽，
>
> 这精心设计的死是她最坚定的挑衅：
>
> 被野蛮的战船拖走，失去尊贵的身份，
>
> 在凯旋仪式上任人羞辱——这一切
>
> 骄傲的女人断不能容忍。"

克丽奥佩特拉死后，屋大维很快就把她与恺撒的私生子托勒

克丽奥佩特拉之死

密·恺撒杀死。虽然屋大维是恺撒的养子，但是他深知，"出现一大群恺撒可不是什么好事"，恺撒的亲子对于养子无疑是巨大的隐患（尽管屋大维一直都不承认托勒密·恺撒是恺撒之子）。安东尼与埃及女王所生的儿子被带回罗马，在凯旋式上游行示众，后来下落不明；女儿则被嫁给非洲的毛里塔尼亚国王为妻。但是安东尼与屋大维娅所生的两个女儿却得到了善待，后来竟衍生出尤利乌斯－克劳狄王朝的几位皇帝。

　　这场罗马与埃及的决战以安东尼和克丽奥佩特拉的死亡而告终，大获全胜的屋大维顺势吞并了埃及，亚历山大大帝留下的最后一个希腊化王国——托勒密王国——至此寿终正寝。从此以后，繁荣富庶的埃及就成为罗马皇帝（奥古斯都）的私人领地，由他委派心腹来进行管理。

安东尼的后裔与屋大维的帝国

屋大维的一生与两个男人结下了不解之缘，一个是他的盟友和对手安东尼，另一个则是他的得力臂膀阿格里帕。阿格里帕在亚克兴海战中打败了安东尼，但是他们两人的后裔都与屋大维开创的尤利乌斯－克劳狄王朝有着复杂的血缘关系，可以说他们的血胤共同组成了这个王朝。

安东尼和屋大维娅生了两个女儿，姐姐叫大安东尼娅，妹妹叫小安东尼娅。小安东尼娅后来和德鲁苏斯——屋大维之妻李维娅与前夫所生——结婚，生育了日耳曼尼库斯和克劳狄乌斯等子嗣。日耳曼尼库斯的儿子卡利古拉成为屋大维开创的尤利乌斯－克劳狄王朝的第三位皇帝（屋大维本人和其养子提必略——屋大维之妻李维娅与前夫所生——分别为第一位和第二位皇帝），克劳狄乌斯则成为这个王朝的第四位皇帝（该王朝的最后一位皇帝尼禄则是阿格里帕与屋大维之女尤利娅所生的三世后裔）。这种结果也算是一种历史报应吧——屋大维消灭了安东尼，开创了罗马帝国的第一个王朝，但是这个王朝的后继者竟然是安东尼和屋大维娅所生女儿的后裔。

安东尼之妻屋大维娅

屋大维从小就身体羸弱，老是一副病恹恹的模样，安东尼曾经断定他活不了多久，但是他却活到了 76 岁高龄，至公元 14 年才寿终正寝。然而，屋大维虽然一统江山，功成名就，他毕生最大的遗憾也如同恺撒一样：没有亲生儿子来继承事业。屋大维在接班人的问题上可谓是煞费苦心，他只有一个女儿，为了繁衍后裔让女儿先后嫁了数人，殚精竭虑地想让具有尤利乌斯家族血统的后裔来继承帝位。但是命运多舛，屋大维寄予厚望的尤利乌斯家族血脉子嗣（外甥、外孙等）都先他而亡，最后他竟鬼使神差地让安东尼的后裔——虽然是女系一脉——继承了香火，成为罗马帝国的统治者。安东尼九泉有知，也会欣然含笑了。

第 III 节

从共和到帝制

公元前 30 年，屋大维消灭了安东尼和埃及女王，将埃及纳入罗马版图，完成了罗马帝国的统一。他结束了长达半个世纪之久的频繁内战，开创了长期和平，雅努斯神庙的大门终于关闭了。现在战争已经结束，接下来的事情就是如何把恺撒的未竟事业进行到底，实现从共和向帝制的转化。

重组元老院，开创元首制

屋大维和恺撒是完全不同类型的人。恺撒具有雄才大略，武功文治兼备，且深有文学修养，待人宽宏大度，比屋大维更加富有人格魅力和浪漫情操。而屋大维则是少年老成，工于心计，冷酷严厉，深通政治权谋和韬略运筹。屋大维的最初崛起固然是借助了恺撒的名义，但是他在艰难坎坷的发展道路上却充分展现出自己出众的政治智慧和精明头脑。

　　时势造英雄，屋大维利用恺撒被刺后的罗马政坛乱象，异军突起，纵横捭阖，年仅 19 岁就担任了罗马执政官，20 岁就缔结了"后三头同盟"。到公元前 30 年，屋大维打败安东尼、统一罗马的时候年方 33 岁，可谓雄姿英发。但是擅长韬光养晦的屋大维却深深汲取了恺撒锋芒毕露而招致杀身之祸的历史教训，凯旋后不显山不露水，按部就班地开启了政治变革的历程。

　　屋大维消灭了安东尼之后，他的敌人基本上都已土崩瓦解，他将国家权力尽收囊中。当年腓力比战役结束后，屋大维就趁着安东尼忙于东方事务、雷必达远赴非洲的大好时机，在罗马培植自己的党羽，把心腹都增补进元老院或者提拔为各级官员，为日后的政治统治奠定组织基础。当年恺撒之所以功亏一篑，其中一个重要原因就是没有建立起一个忠诚的党派团体，他的麾下汇集了大量的叛党残余和逐利之徒。所以年轻的屋大维从一开始就非常注重培育自己的忠实部属，并把他们安插到国家的重要机构中。

　　在缔结了"后三头同盟"后，共和国由三位巨头来共同管理，大家都不再担任执政官（只有雷必达出任过公元前 42 年的执政官，在安东尼和屋大维率兵进行腓力比会战期间镇守罗马）。在后三头统治的十年期间，执政官实际上已经成为他们的代理人，沦为罗马政坛上的二流角色。到了公元前 33 年，雷必达被解除了军权，屋大维与安东尼处于剑拔弩张的紧张状态中，"后三头同盟"已经瓦解，这时屋大维再度出任罗马执政官。两年以后（公元前 31 年），与安东尼重启战火的屋大维第三次担任执政官，此后就一直连任多年。在此期间，屋大维已经消灭了安东尼和一切敌对势力，如同当年的苏拉和恺撒一样，在罗马树立了绝对的权威。

当苏拉和恺撒大权独揽的时候，他们都曾迫使元老院授予其一个至高无上的官职——独裁官，而且是无期限的。但是在恺撒遇刺之后，当时的执政官安东尼在与元老们协商之后，宣布永久性地废除"独裁官"职位，因为这个官职已经变得声名狼藉，很容易使人联想到专制君主。因此，在独裁官被永久废除之后，罗马就再也没有比执政官更高的官职了。

到公元前 27 年，屋大维已经像马略一样担任了七届执政官（其中有五届是连任）。在此期间，他对罗马元老院进行了彻底改组，将其中的异己者加以清除，把自己的党羽增补进去。经过重新组合，到了公元前 18 年，屋大维将元老院人数从恺撒时代的九百人压缩到六百人，又回到了苏拉当年的议员规模。到此时，经过血腥的内战冲刷，罗马元老院里传统的名门望族早已是风雨飘摇，现在增补进来的大多是新生代的暴发户，其中也包括一些外省人甚至获释奴隶。"他们的举止和谈吐是粗鄙的；他们的异族名字是对罗马贵族的讽刺。"（塞姆）他们的出身和背景各不相同，但是有一点是共同的，那就是曾经为屋大维立下过汗马功劳，对屋大维忠心耿耿。实际上，此时的罗马元老院已经成为屋大维的私家庭院，元老们都成为替他看家护院的马弁，唯其马首是瞻。一个以元老院为核心的屋大维党已经卓有成效地建立起来了。

屋大维被重新洗牌的元老院授予了一个重要称号——"元首"（Princeps），意即"元老院首席"（Primus Inter Pares）。这个称号其实早已有之，最初是用来指称元老院中那些最受人敬仰的德高望重的领袖人物，例如西庇阿、梅特鲁斯、西塞罗、小伽图等人。"元首"同时也被称作"第一公民"（The First Citizen）。屋大维通过"元首"或"第一公民"的称号来表明自己并非凌驾于元老院和罗马人民之上的专制君主，仍然还是共和国的公民，只不过是坐在元老院的首席交椅上，或者排在共和国公民行列的排头兵而已。"元首"或"第一公民"的称号完全符合罗马共和国的"S.P.Q.R."的精神内涵，与国王、僭主、法老、皇帝乃至独裁官等专制统治者有着本质区别。

在现代世界中，各国最高领导人仍然被称为"国家元首"。

至高无上的"奥古斯都"

公元前 27 年 1 月 13 日，已经是第七次担任罗马执政官的屋大维突然在元老院里发表了名为"恢复共和"的演讲。他庄严地宣布，现在战争已经结束，和平已经开启，罗马人民过上了安居乐业的幸福生活，因此自己将放弃一切权力和职务，将共和国交给元老院和罗马人民来管理：

> "内战平息之后，经全体国民的一致同意，我掌控了所有的权力。在我第七次担任执政官时，我决心将自己的所有权力归还到元老院和罗马人民的手里。"（《奥古斯都功德碑》）

屋大维的这个决定非常类似于公元前 80 年苏拉的急流勇退，而此时他尚未年满 36 岁。群情激动的元老们纷纷恳请屋大维不要放弃他一手打造的共和国，没有他的英明领导，国家将不可能长治久安。屋大维勉强地接受了元老们的请求，同意继续履行职务，尽力为共和国服务。3 天以后，元老院再次举行会议，有人建议赋予屋大维"再世的罗慕路斯"的称号，但是老将普兰库斯却提议授予他一个全新的荣誉称号："奥古斯都"。

"奥古斯都"一词具有"神圣的""庄严的""至尊的"含义，它源于罗马宗教活动中的"庄严的占卜仪式"（Augusto Augurio），这是一个比"伟大的"（Magnus）更加神圣崇高的称谓。

罗马共和国建立之前曾经经历过七王的统治，但那时的王国只是弹丸之地，国王的权力也非常有限。在共和国成长的四百多年间，罗马再也没有出现过国王，更没有东方式的专制君主（如波斯的皇帝或埃及的法老）。在罗马共和国，最高的行政长官就是年度制和同僚制的执政官，他们充其量只是国家的公仆，而不是集权的统治者。偶尔产生的独裁官虽然享有至高无上的权力，但那只是一个有限期规定（6 个月）的非常设官职，而且自从恺撒被刺杀以后就已经永久性地被取消了。由于罗马人民一向对专制君主深恶痛绝，所以此前所有的专权者（马略、苏拉、恺撒等）都不敢贸然接受帝王的称谓和象征（恺撒曾在公众集会时 3 次拒绝了安东尼献给他的王冠）。现在这个全新的尊称"奥古斯都"倒是为屋大维的集权统治提供了一个很好的名头，它更多地具有神圣的意味，而无专制的嫌疑，正好适合深受元老院和罗马人民爱戴的屋大维的身份。从此以后，"奥古斯都"就成为一个比执政官更加庄严神圣、也更有实权的至高称号，使屋大维既享有了东方皇帝的集权之实，又避免了专制君主的坏名声。

在中国，第一个使用"皇帝"名号的人是秦王嬴政，他自称为"始皇帝"，即第一个皇帝。中国先秦时代曾有过"三皇五帝"的传说，三皇即伏羲氏（泰皇）、燧人氏（天皇）和神农氏（地皇），五帝即黄帝、颛顼、帝喾、尧、舜。嬴政统一六国之后，召集君臣商议更名之事。丞相王绾、廷尉李斯等人上奏，称其丰功伟绩"五帝所不及"，上古有泰皇、天皇和地皇，以泰皇最贵，故而建议秦王取"泰皇"为名号。嬴政认为自己"德兼三皇，功盖五帝"，于是决定："去'泰'，著'皇'，采上古'帝'位号，号曰'皇帝'。……朕为始

皇帝。后世以计数，二世三世至于万世，传之无穷。"（司马迁
《史记》）

在罗马，与中国的"皇帝"一词相对应的至高称号就是"奥
古斯都"。自从屋大维之后，罗马帝国以及后世西方形形色色的
帝国的最高统治者都被称为"奥古斯都"，意即"皇帝"。所以，
研究罗马历史的学者们通常都把公元前 27 年屋大维获得"奥古
斯都"称号作为共和制与帝制的分水岭。

也正是从这一年开始，屋大维的正式名称改为：英白
来多·尤利乌斯·恺撒·奥古斯都（Imperator Julius Caesar
Augustus）。

手握军权的"英白来多"

在意大利和欧洲的一些地方，古罗马时期修建的凯旋门上面
都会镌刻着一些重要的词语或缩写语，如"CAESAR"（恺撒）、
"DIVINE"（神圣的）、"AUG."（奥古斯都）等，而写在第一
位的往往是"IMP."。"IMP."是"Imperator"的缩写，意思就是
"凯旋将军"或"大统帅"。这个名称原本是军队将士自发地赋
予他们所敬爱的带兵将领的尊称，后来逐渐演变为执掌兵权的军

队统帅的光荣称号，庞培、恺撒等人都曾获得过这个光荣称号。公元前36年，屋大维依靠阿格里帕打败了小庞培之后，也被士兵们赋予了"Imperator"的称号。

公元前29年，从东方胜利归来的屋大维在罗马举行了盛大的凯旋式，然后就开始解散军队和安置老兵。现在罗马已经进入和平时期，不再需要维持庞大的军队。屋大维把战时扩充和收编的70个罗马军团仅仅保留了26个，布置在高卢、叙利亚、西班牙等边疆地区，其余的军团尽数解散。他给老兵们分配了殖民地的肥沃土地，发放金钱物资奖励，赢得了广泛的人心。

屋大维虽然解散了军队，但是他深知军权不可放弃。屋大维时代的罗马帝国不仅包括意大利和希腊等核心区域，而且还覆盖了西边的西班牙，北边的高卢，东边的小亚细亚和西亚，南边的北非和埃及等地区。按照共和国的惯例和苏拉所强化的规定，意大利本土是不允许驻军的；而希腊、西西里、撒丁以及北非等高枕无忧之地也不需要驻军。但是高卢面临着莱茵河彼岸的日耳曼人的骚扰，叙利亚面临着幼发拉底河以东的帕提亚人的威胁，这些地区必须派遣军队驻守，以便御敌戍边。而西班牙虽然面对大海，但是这里的土著民族经常发生叛乱，而且西班牙长期以来一直是庞培派的大本营，所以也需要派兵镇守。公元前27年屋大维发表"恢复共和"演讲，受到元老们的极力挽留之后，他表示自己愿意在以后的十年中承担一项艰难的使命——负责治理高卢、西班牙和叙利亚（包括塞浦路斯和西里西亚）这三个边疆行省。这不仅是罗马帝国最大的三个行省，而且也是需要驻扎重兵的地区。这样一来，罗马的行政区划就被分为驻军的皇帝行省和不驻军的元老院行省，前者由奥古斯都本人指派代理人进行统治，后者则由元老院任命总督来进行管辖。于是，军权就牢牢地控制在奥古斯都的手里了。

当年"前三头同盟"在卢卡划分势力范围，恺撒统治高卢，庞培治理西班牙，克拉苏管辖叙利亚，三人共拥有二十多个军团。而此时，屋大维一人就将这三个地方全都变成了自己的囊中之物，驻扎在这三个行省的总兵力也是二十多个军团，可见屋大维的格局要比"前三头"大得多。除了西边的西班牙、北边的高卢和东边的叙利亚之外，屋大维还将南边的埃及设置为皇帝的私人领地，由他委派专人进行管理。后来随着一系列扩张征服，屋大维又把新纳入罗马版图的诺里库姆、潘诺尼亚、伊利里库姆、默西亚等地（多瑙河沿岸直至黑海的帝国北部地区）以及小亚细亚西部的加拉提亚等地都变成了皇帝行省。屋大维在执政的早中期还不断地到各个行省去巡游视察，加强与统兵将领们的联系，使他们始终保持着对奥古斯都的绝对忠诚。这样一来，罗马帝国的四周地带以及主要的军队都掌握在屋大维手里，只要他一声令下，他的心腹部属们马上就会率领军队开进意大利，元老院和公民大会岂敢不俯首听命？

除此之外，屋大维还建立了禁卫军团（Praetorian），包括 9 个大队，每个大队的编制为 1 000 人，包括步兵和骑兵。禁卫军

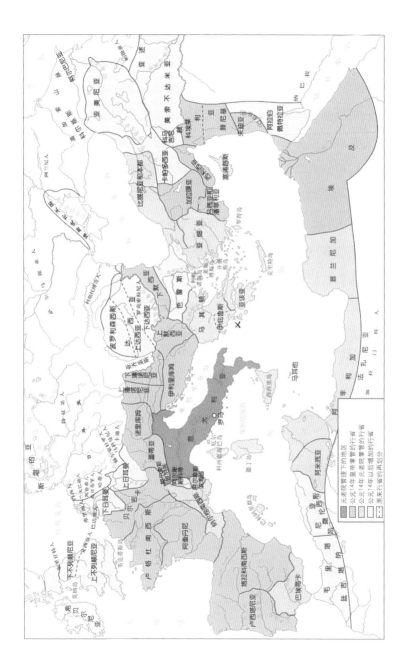

奥古斯都统治时期的皇帝行省和元老院行省地图

分别驻守在罗马和意大利各地，用于维持社会秩序，同时也对元老院产生了重要的威慑作用，这样就弥补了行省军队远水救不了近火的缺憾。屋大维的亲密战友阿格里帕担任禁卫军团总指挥，禁卫军的主要来源是忠诚勇猛的罗马骑士阶层青年，其神圣天职就是保护元首和罗马的安全（屋大维深深汲取了恺撒解散卫队毫不设防的沉痛教训）。禁卫军团的年薪待遇远远高于罗马军团，这支卫戍部队完全听从奥古斯都和阿格里帕的号令。

历代罗马皇帝都深知，军队是保障集权统治和政权稳固的根本。因此，纪念皇帝丰功伟绩的凯旋门上，往往都会把"IMP."写在最前面，在中文里这个缩写词就被译为"皇帝"。

人民领袖和宗教领袖

屋大维不仅成为元老院的"元首"，拥有"奥古斯都"的至高权力，掌握"英白来多"的军事统帅权，管辖罗马帝国四周的重要行省，而且他还获得了一项非常重要的权力，那就是保民官特权（Tribunicia Potestas）。

自从罗马共和国建立之日起，罗马社会的主要矛盾就是贵族与平民的矛盾，二者之间的关系变化决定了共和国的兴衰存亡。到了共和国后期，从格拉古兄弟开始，历经马略、苏拉、庞培、恺撒，一直到屋大维，他们都致力于协调贵族与平民之间的关系，只不过各自的立场互不相同，有人偏重于平民，有人偏重于贵族。恺撒和屋大维都是依靠平民的大力支持而发迹的，但是他们却属于贵族阶层（屋大维原本并非贵族阶层，后因成为恺撒养子而继承了尤利乌斯家族的贵族身份）。按照罗马法律的规定，贵族（指古老的血统贵族）出身者不能担任平民保民官，因此恺撒和屋大维只能利用安插在公民大会中的保民官来推行自己的政治路线。

当年贵族出身的克劳狄乌斯为了成为平民保民官，曾自贬身份，由贵族变为平民，最后成功地担任了保民官。到了屋大维执政时期，他虽然碍于身份和法律的限制不能成为平民保民官，但是他却通过公民大会的支持，获得了保民官特权，特权包括如下内容：第一是具有保民官召集公民大会的权力；第二是拥有保民官在公民大会中的政策提案权；第三是拥有保民官对元老院决议的否决权；第四是享受保民官人身神圣不受侵犯的权利。这样一来，屋大维不仅成为控制元老院的"元首"，而且还成为享受保民官特权的"人民领袖"，因而就把这两个长期以来相互对峙的社会阶层——贵族和平民——全部置于自己的控制之下。

公元前 13 年，被解除兵权后担任罗马大祭司长的雷必达也寿终正寝了，于是屋大维就顺理成章地接过了这一终身制头衔（恺撒一直到死都保有这个头衔），从而又成了罗马的最高宗教领袖。虽然这个职务并没有太大的政治权力，但是在虔信宗教的

身穿大祭司袍的奥古斯都

罗马人民心中却享有很高的声望，从而进一步巩固了屋大维作为人民领袖的权威地位。在一些罗马雕塑中可以看到，成为奥古斯都之后的屋大维较少身着戎装（不同于后世的许多罗马皇帝），更多时候是穿着大祭司袍，更像是东方的神王（如埃及的法老）。

建立"元首的辅助机关"

公元前 23 年，在经历了一场关乎生死的大病，以及平定了一次未遂的叛国阴谋之后，屋大维终于辞掉了执政官的职务（至此他已担任了十一届），而把更多的国家事务交给他所信任的忠实战友阿格里帕、精明的梅塞纳斯（Maecenas）以及他的妻子李维娅来管理。屋大维现在已经是至高无上的奥古斯都了，执政官头衔变得无足轻重，他只需要抓住两样最重要的东西——行省军队统帅权和保民官特权就行了。事实上，屋大维与恺撒一样，始终就是靠着军队和民众的拥戴而掌握政权的。

到了统治的晚年，早已不再担任执政官的屋大维越来越意识到建立一个由自己亲信所组成的内朝的重要性，于是他就筹划了一个常设的行政中枢机构。这个被称为"元首的辅助机关"（Concilium Princepium）的内朝就相当于今天的政府内阁，但是其权力却凌驾于元老院和公民大会的立法权之上。罗马共和国原本是没有政府内阁的，所有的重要事情都是由执政官和元老院共同商议，然后交给公民大会表决。现在元老院和公民大会的权力越来越流于形式，所以屋大维索性就建立了这个"元首的辅助机关"来取代它们。这个机构由奥古斯都本人、两位在任执政官和几位其他重要官员，以及通过抽签产生的15位元老共同组成，屋大维本人在其中扮演了核心角色。有任期限制的官员和由抽签产生的元老不断变更，但是奥古斯都却永远不变（另一个不变的核心人物就是奥古斯都的重要搭档阿格里帕），操纵着这个以自己为核心的行政中枢来主宰国家的一切大政方针。于是，国家元首或"第一公民"现在又成了内阁首脑，这个精简高效的内朝凌驾于拥有立法权的元老院和公民大会之上，同时也兼理司法事务。至此，共和国已经成为奥古斯都的一人之天下，他把国家元首、政府首脑、军队统帅、人民领袖、宗教领袖等重要职位和相关权力全部集于一身。

从立法上来说，屋大维身居元老院首席之位，并且拥有保民官的一系列特权，同时控制了元老院和公民大会；从行政上来说，屋大维是"元首的辅助机关"的核心与首脑（司法权也属于"元首的辅助机关"的职权范围）；从军事上来说，屋大维是三军大统帅；从宗教上来说，屋大维是罗马大祭司长。此外，屋大维还拥有一个超越所有机构和权力的至高无上的头衔——"奥古斯都"，他生前就已经被罗马人民崇奉为神明，和遇刺的恺撒一起与诸神并列，接受罗马人民的崇拜。

公元前 2 年，元老院又赋予屋大维"祖国之父"的光荣称号，这是罗马城的奠基者罗慕路斯、共和国的捍卫者卡米卢斯，以及打败了凶悍的辛布里人的伟大将领马略曾经享受过的荣耀。"祖国之父"与"奥古斯都"相映生辉，使屋大维成为罗马有史以来最伟大的英雄。

屋大维去世以后，"奥古斯都"的称号也被载入了罗马历法。由于屋大维是在公元前 30 年 8 月率军进入亚历山大、征服埃及的，而且他也是在公元 14 年 8 月去世的，所以罗马历中的 8 月就改为"Augustus"（英文为"August"）；而尤利乌斯·恺撒是 7 月出生的，因此罗马历中的 7 月也相应改为"Iulius"（英文为"July"）。罗马历法中的一些月份都是献给神明的，如 1 月献给双面神雅努斯、3 月献给战神马尔斯、6 月献给朱庇特的妻子朱诺，等等，只有 7 月和 8 月这两个月份是分别献给神化了的恺撒和屋大维的。

罗马统治下的和平

在屋大维时代,独裁官被永久废除了,但是"奥古斯都"却应运而生,一个新历史纪元由此开始。从表面上看,屋大维实行的元首政治仍然属于共和政制的范畴,并没有多少人明确地意识到它已经转向了帝制。尽管在元老院和执政官之上有了一个至高无上的"奥古斯都",但是罗马仍然被视为共和国,它的标志仍然是"S.P.Q.R."。而且身为奥古斯都和元首的屋大维在一些重大事务上并不独断专行,他仍然尊重元老院的意见,与元老们——大多是屋大维的心腹党羽——精诚合作。屋大维虽然大权在握,却并非东方——波斯、埃及等——意义上的专制君主,他开创了所谓的"两头政治",即元首为一头,元老院为另一头,双方相互协调,元老院在罗马政治生活中仍然发挥着重要的作用。所以在屋大维去世之后,继任的奥古斯都们都要尽力处理好与元老院的关系,碰上一两个孱弱无能的皇帝,往往还会被强势的元老院玩弄于股掌之间。

从公元前 27 年屋大维获得"奥古斯都"称号开始,一直到公元 284 年戴克里先称帝,在这长达 300 年的时间里罗马政制被称为元首制。在或多或少发挥作用的元老院和形同虚设的公民大会之上,有一个执掌军权的奥古斯都统管全局,罗马的政治状况取决于奥古斯都与元老院之间或松或紧的联盟关系。这种以元首制为特征的"两头政治"在名义上仍然属于共和政制，只不过现在不再是元老院与公民大会之间的共和，而是元首或奥古斯都与元老院之间的共和。公元 284 年戴克里先登上皇帝宝座后，开始把元老院踢到一边，将法律的颁布和废止完全掌控在手中，甚至把首都从罗马转到东方的尼科米底亚（小亚细亚北部），一种东方式的绝对君主专制才最终鸣锣上场。

屋大维一方面通过循序渐进的集权方式，潜移默化地实现了从共和向帝制的转化。但是另一方面，他也结束了内战，给罗马人民带来了和平和秩序。屋大维统治罗马长达 44 年之久（从公元前 30 年到公元 14 年），在此期间，屋大维对外息兵罢战。他与东方宿敌帕提亚帝国握手言和，帕提亚人也归还了当年缴获的克拉苏军团军旗和一些幸存的罗马战俘。在北方，强大的罗马军团沿着莱茵河、多瑙河一线布防，两条河流彼岸的日耳曼民族尚未形成气候，不足以对罗马帝国产生威胁。西边和南边则面对着大海和沙漠，罗马人更是可以高枕无忧。自从屋大维关闭了雅努斯神庙大门之后，地中海周边世界在罗马人的统治下度过了长达 200 年的和平时代。小规模的对外扩张时有发生，但是没有再爆发过大型战争，整个国家处于一派和平安宁的景象中。

屋大维在对外息兵的同时，也对罗马城进行了大规模的改造。他大兴土木，修建公共工程，使罗马的面貌焕然一新。他斥资修缮了年久破损的弗拉米尼亚大道，并支持阿格里帕和其他部属新修了从罗马通向四面八方的许多道路和城市水渠。屋大维还着手实施在罗马广场上修建恺撒神庙和在帕拉蒂尼山上修建阿波罗神庙的计划，以战神马尔斯神庙为中心的奥古斯都广场也在筹建之中。按照维吉尔在《埃涅阿斯纪》中的说法，屋大维曾"向意大利诸神做庄严不朽的誓言，要在全城建造 300 座大庙"。公元前 13 年，屋大维在罗马的战神广场上修建了一个标志性的建筑，即和平祭坛（Ara Pacis），以此来标榜自己所开创的和平时代。这座大理石建造的和平祭坛后来被整体搬迁到今天的罗马和平祭坛博物馆室内安置，紧挨着面目沧桑的奥古斯都陵墓。和平祭坛的四周墙面上雕刻着大地女神特瑞斯怀抱人类婴儿、罗马人始祖埃涅阿斯向家神佩纳特斯（Penates）献祭、母狼哺乳罗慕路斯兄弟，以及屋大维的家族人物和元老们的雕像，以此彰显罗马的神圣起源和屋大维的丰功伟绩。

屋大维曾经夸耀说，他接手了一座砖土的罗马城，却留下了一座大理石的城市。按照罗马人的说法，诸神喜爱大理石，为了取悦神明，所以要把罗马城全部翻新。罗马的许多恢宏建筑都是从屋大维时代开始建造的，在他所奠定的基础上，后来的统治者们薪火相传，终于建成了一座灿烂辉煌的"永恒之城"。屋大维也因此成为"罗慕路斯再世、祖国之父和罗马城的再造功臣"。

在屋大维统治期间，意大利人甚至外省人已经迅速地开启了罗马化的历程，许多成功人士跻身罗马元老院和权力中心。"罗马"的含义早已不再局限于那个狭小的七丘之城，甚至也不限于意大利，而是代表一个真正意义上的地中海世界帝国。罗马帝国

罗马和平祭坛

的人口在几十年间稳步增加（根据罗马人口普查的结果，享有罗马公民权的成年男子人数从公元前 28 年的 406.3 万增长到公元 14 年的 490.7 万），人民安居乐业，国家兴旺发达，罗马帝国进入了繁荣昌盛的鼎盛时代。

屋大维还大力推动传统宗教的复兴运动，整饬道德，颁布

《婚姻法》和《通奸罪法》来保障家庭权益，鼓励人民结婚生子，遏制愈演愈烈的淫乱风气，弘扬古朴的美德精神。同时屋大维也热衷于促进文化事业的发展，他的重要助手梅塞纳斯不仅擅长外交，而且也善于招揽天下文人墨客，许多优秀的诗人和艺术家都聚集在他的门下，其中最重要的有维吉尔和贺拉斯。因此，屋大维也开启了罗马文学艺术的黄金时代。

罗马伟大的桂冠诗人贺拉斯对屋大维统治时代的和平强盛景象赞美道：

> "恺撒（指屋大维）啊，你的统治
> 已为各处的农田复活了丰盛的蔬果，
> 已从帕提亚人傲慢的门柱上为我们的
> 朱庇特夺回了被敌人抢走的军旗，
> 已在全境消弭了兵祸，
> 关闭了罗慕路斯建造的雅努斯拱门，
> 为逾越正确秩序的放纵套上了缰绳，
> 清除了泛滥的罪，重新召回了
> 古老的美德，正是靠它们，
> 我们拉丁民族的名字和意大利的力量
> 才不断增强，罗马帝国的名声和威望
> 才从太阳栖息的西方一直
> 延伸到它每日升起的东方。"

自由还是和平？

英国历史学家林托特在《罗马共和国政制》一书中写道："共和国后期，富有魅力的官员，以其对人民大会的重大影响，再度成为共和国的典型特征，它始自西庇阿·埃米利安乌斯，终于庞培和恺撒，更准确地说，可能是恺撒的继承者（即屋大维）。由于长期地、连续地出任同一支军队的统帅，他们的权力越来越大，自马基雅维利以来的历史学家和政治学家，都把这一点作为共和国垮台的一个重要因素。"在格拉古兄弟之前，很少有罗马官员通过操纵公民大会来实现政治目的；在马略进行军事改革之前，临时征召对外作战的罗马军团也不会对罗马内政产生任何实质性的影响。但是到了共和国后期，随着罗马版图的迅猛扩大和各种社会矛盾的日益激化，传统的共和机制已经无法应对新的时代问题。在这种情况下，作为共和国压舱石的元老院的领导作用和政治权重被不断削弱，而广大民众的怨恨情绪和暴力倾向却日益强化，特别是效忠于统兵将领——而非共和国——的职业军队在政治舞台上势力剧增，从而就使得一些"富有魅力的"政治野心家利用军队和民众的支持成为罗马的集权统治者。这就是共和国走向衰亡的重要原因。

纵观罗马的历史演变过程，从王政时期的君主政体，到共和国早中期的贵族统治，再到共和国后期的民主改革和内战冲突，罗马终于在经历了革命的混乱之后，到奥古斯都时期又回归到新一轮的集权统治。这个政治轮转过程恰如威尔·杜兰在《世界文明史·恺撒与基督》中所言：

> "共和沦亡于法尔萨卢城之后，而革命结束于亚克兴岬一役。罗马刚好完成了柏拉图和我们所知道的政体演变说：君主政体、贵族政体、寡头政治、民主政治、革命混乱、独裁政治。在历史回轮的运转中，一个自由的世纪已过，接着来的是一个纪律的世纪了。"

在法尔萨卢会战中，以及六年以后的腓力比会战中，代表革命力量的恺撒、屋大维等人战胜了代表共和势力的庞培、布鲁图斯等人，从而宣告了共和国的沦亡；而在亚克兴海战中，随着屋大维打败安东尼，轰轰烈烈的革命时代也行将结束，一个具有雄才大略的集权统治者将要收拾革命造成的乱局，重新给人民带来和平与秩序。随着奥古斯都和元首政治的产生，自由也就伴同共和一起走向了终结。和平及秩序必须与纪律相共生，而纪律往往又需要靠强权来维系。塞姆一针见血地指出：

> "在历次内战期间，每个派别、每个领袖都宣称自己在同时捍卫自由与和平。但这两个概念是不能彼此共存的。当和平真正到来的时候，那是专制统治下的和平。'和平将随主宰一同

到来'（Cum domino pax ista venit）。"

奥古斯都充分证明了这一点，他结束了内战，给罗马人民带来了和平，修建了宏伟的和平祭坛。从此以后，贵族们不再要求权力，平民们也不再进行革命，大家都踏踏实实地过日子，享受幸福安宁的美好生活。相比起乱哄哄的自由，和平是一个弥足珍贵的好东西！

公元 14 年 8 月 19 日，76 岁高龄的屋大维在享尽人生辉煌之后溘然长逝。临终前，他向亲属和朋友们交代完后事，然后像希腊喜剧演员一样说了一段精彩的终场词：

"既然我已经出色地扮演了我的角色，

你们就鼓掌吧，

让掌声伴送我退出这舞台。"

（苏维托尼乌斯：《罗马十二帝王传》）